教育部人文社会科学重点研究基地
延边大学朝鲜韩国研究中心

朝鲜韩国法研究

RESEARCH ON LAW OF
DPRK AND ROK

（第1卷）

主　编／金河禄　蔡永浩
副主编／卢青锡　金香兰

法律出版社 | LAW PRESS

编 委 会

序

20世纪中叶,随着第二次世界大战的结束,在朝鲜半岛形成了北南双方的长期对峙,并广泛影响了东北亚的地缘政治。但自20世纪90年代,随着冷战的结束,和平与发展成为当今世界两大主题,任何一个国家都不能采取闭关自守的政策。中朝友谊源远流长,中韩建交虽只有20余年,但两国关系发展迅猛,在21世纪初建立了面向21世纪的战略伙伴关系。而法律领域的交流与合作是国际关系发展的重要组成部分。因此,研究朝鲜与韩国法对于扩大中朝、中韩关系的发展具有重要意义。

当今世界,随着经济全球化的发展,各国都面临着在法学领域互相借鉴和吸收的问题。作为人类文明产物的法律,虽然各国由于政治制度、经济体制和历史文化传统各异形成了一定区别。但它却不能成为阻碍世界各国经济贸易往来、文化交流和人员往来的樊篱。而与此相反,世界各国只有不断强化包括法律在内的人文交流与沟通,才能为促进彼此的经贸合作、助推各自的经济社会发展提供强大动力。近年来,学者们关注朝鲜与韩国法律制度的研究,并积累了一定的研究成果。

长期以来,延边大学由于其特有的人文背景和学术传统,一直将朝鲜半岛作为重要研究对象,并设有教育部人文社会科学重点研究基地“朝鲜韩国研究中心”等研究机构,其相关领域的研究成果得到了国内外学界的广泛认可。延边大学法学院依托其特有的地缘优势和人缘优势,开展了对朝鲜法与韩国法的系统研究,取得了一系列重要成果,成为这一领域的重要学术交流平台。他们通过举办学术研讨会、合作课题研究等形式积极推动学术研究。目前,经过他们认真而积极的筹备,《朝鲜韩国法研究》即将面世。在此,作为学术界同行,我表示祝贺,并希望《朝鲜韩国法研究》越办越好。

即将出版的《朝鲜韩国法研究》,作为集国内朝鲜韩国法学者智慧的重要学术园地,反映了我国学术界最新的研究成果,既有对法律体系的宏观视角研究,也有具体法律制度功能的研究,对拓展法学研究领域、丰富比较法素材具有重要意义。希望《朝鲜韩国法研究》关注学术前沿与焦点,兼容并包,突出比较法特色,探索法律发展道路的多样性,努力打造成学术品牌,为推动我国社会主义法治国家建设作出贡献。

韩大元*
2015年4月10日

* 中国人民大学法学院院长,教授、博士研究生导师,中国宪法学研究会会长。

出版说明

中国与朝鲜半岛一衣带水、文化交融，自古以来，就已形成了密切的经济文化交流关系，并共同创造了灿烂的古代东亚文化。在第二次世界大战结束后的中国与朝鲜半岛关系中，由于中朝同属“社会主义阵营”，两国关系长期友好，并且在政治、经济和文化等领域开展了广泛的交流与合作。但从20世纪90年代特别是自进入21世纪，由于和平与发展开始成为当今世界的两大主流，中朝两国关系开始回归理性的“正常国家关系”。而与之形成对比的是，中韩两国虽然经历了近40年的隔绝，但自1992年建交以来两国关系却发展迅猛、合作领域不断拓展，并在21世纪初建立了面向21世纪的战略伙伴关系。2014年7月3～4日，应朴槿惠总统的邀请，习近平主席对韩国进行了为期两天的国事访问。在此次访问中两国元首的高层互动高瞻远瞩，极大充实了中韩两国战略合作伙伴关系的内涵，使中韩两国关系迈上了一个新台阶。

自1992年中韩两国建交，中韩两国的经贸合作与人文交流不断发展，随之两国的法律交流也日益密切。目前，围绕韩国成功的经济社会发展经验，了解韩国相关法制，开展韩国法研究，已成为进一步发展中韩两国关系之关键。而恰在此时，我国国内也涌现了一批具有韩国法教育背景，并致力于中韩两国法律交流的专家和学者。此外，随着近年来中朝两国确立“政府引导、企业为主、市场运作、互利共赢”的经济合作方针，两国的经济合作也在不断发展，特别是随着2009年《中国图们江区域合作开发规划纲要》已获国务院正式批复,我们认为中朝两国的经济合作与文化交流,也必将迎来又一轮新的快速发展时期。但回顾迄今我国的朝鲜韩国法研究,不可否认的是朝鲜韩国法研究和中朝、中韩的法律交流仍处于分散状态,所以有必要通过创建《朝鲜韩国法研究》这一学术交流园地,展示并交流相关学者的研究经验和信息。

目前,国内从事朝鲜半岛法律研究的大学主要有延边大学、中国政法大学、西北政法大学、华东政法大学、浙江大学、华东理工大学、中央民族大学、中国海洋大学、山东大学、青岛大学、烟台大学和渤海大学等学校。近年来,随着中朝、中韩两国交往的日益密切,法律学者和实务人员的交流也日趋频繁,法律交流不仅规模不断扩大,而且层次也不断提高,使中国的朝鲜韩国法的研究队伍日益扩大、研究成果大量涌现。随着朝鲜半岛问题的持续升温,朝鲜韩国法研究也迎来了前所未有的发展良机,所以《朝鲜韩国法研究》将肩负推动我国朝鲜韩国法研究发展的历史重任,努力使其发展成为进一步繁荣我国法学研究,促进中国与朝鲜半岛法律交流与合作的重要力量,努力使《朝鲜韩国法研究》对我国域外法研究产生积极影响。

随着朝鲜半岛问题日益凸现,不仅中朝两国正在通过确立"正常的国家关系",积极寻求在经济合作与其他领域合作的新突破,而且中韩两国的全方位战略伙伴关系也在迅猛发展。所以作为致力于朝鲜韩国法研究的专家和学者,为了进一步繁荣和发展我国的法学研究,促进中国与朝鲜半岛的法律交流与合作,促进中国与朝鲜半岛的全方位交流与合作,实现东北亚的和平稳定与发展繁荣,我们将竭尽全力办好《朝鲜韩国法研究》这一重要园地。最后,真诚希望《朝鲜韩国法研究》能够得到国内外同行的广泛关注与认可。

金河禄

2015年4月10日

Contents

目录

国内学者论文

韩国学者论文

附　录

国内学者论文

朝鲜的对外经济合作法律环境及其分析

金河禄*

朝鲜地处东北亚核心地带并且与我国东北山水相连,联合国倡导的图们江区域合作开发、我国推进的长吉图开发开放先导区建设,都迫切需要朝鲜的积极合作与广泛参与。与此同时,由于朝鲜面临"强盛大国"①建设进程严重受阻、促进经济发展的外部环境进一步恶化等诸多问题,也迫切需要进一步强化与中国等周边国家的经济合作。目前,中国正致力于发展成负责任的世界性大国,并且试图通过进一步强化与朝鲜等国的合作、通过推动图们江区域的合作开发进程,在东亚的和平稳定和繁荣发展中发挥建设性作用。所以了解朝鲜宪法有关对外经济合作的相关规定,研究朝鲜的对外经济合作法制环境,已成为必须予以关注的重要问题。

---

* 延边大学法学院教授,社会科学处处长,韩国首尔大学法学博士。研究方向:经济法。

① "强盛大国"始见于1998年朝鲜劳动党中央机关报《劳动新闻》,当时该报把它称为"社会主义经济的基本路线"。1999年《劳动新闻》又进一步明确提出"强盛大国"建设的具体目标是,在不远的将来,把朝鲜建设成思想、军事、经济均具有最强大威力的社会主义国家,并且认为"强盛大国"建设应包括思想、军事和经济这三个方面的内容,而其中的经济建设在强盛大国建设中具有特殊意义。2001年朝鲜对强盛大国内涵做出了进一步解释,认为经济实力是国家强盛复兴的基础,军事和政治思想威力必须依靠强大的经济实力。

一、朝鲜宪法中的对外经济合作

在任何一个现代国家,宪法都是具有最高法律效力的根本大法和基本法。我们说宪法具有最高的法律效力,主要包含了以下三层具体含义:一是包括法律在内的一切规范性文件,都必须依据宪法规定而制定,是宪法规定的具体化;二是包括法律在内的一切规范性文件都不得与宪法相抵触,如有抵触必将被撤销或宣布无效;三是宪法为一切国家机关、武装力量、政党、社会团体以及公民个人的最高行为准则。这一点在朝鲜也并不例外,所以要明确朝鲜对外经济合作法制所蕴含的基本精神,进而理解朝鲜的对外经济合作法制环境,首先必须了解朝鲜宪法中的基本精神,明确朝鲜宪法围绕对外经济合作有哪些原则规定,这是因为朝鲜所有的对外经济合作法规,均源自其宪法并且都是其宪法精神的具体贯彻。

《朝鲜民主主义人民共和国宪法》(以下简称《朝鲜宪法》)形成于1948年[①],后来随着其主体思想体制的不断强化,已先后经历了五次较大修改,并且在1992年和2010年的修改中,为了在党和国家各项事业的发展进程中,彰显金日成"主体思想"和金正日"先军思想"的指导地位,突出以最高领导人为核心的"唯一"领导体制,先后删除了"马克思列宁主义"和"共产主义"并写入"先军思想",最终使其在2012年发展为名副其实的"金日成—金正日宪法"。

关于国家的基本性质和宪法的基本精神,《朝鲜宪法》不仅在其序言的开头和末尾明确指出"朝鲜民主主义人民共和国是体现伟大领袖金日成同志和伟大领导者金正日同志思想及领导的主体社会主义国家","朝鲜民主主义人民共和国社会主义宪法是把伟大领袖金日成同志和伟大领导者金正日同志的主体国家建设思想和国家建设丰功伟绩法律化的'金日成—金正日宪法'",而且还在第一章第1条明确规定"朝鲜民主主义人民共和国是代表全体人民利益的自主的社会主义国家"。由此,我们既可以把"主体思想"认定为贯穿朝鲜宪法始终的核心精髓,也可以把朝鲜的国家性质理解为"主体思想"统领下的社会主义国家。

目前,在《朝鲜宪法》中成为其核心精髓的"主体思想",在人和世界的关系这一基本的哲学问题上认为:"人是一切的主人,人决定一切。人是具有自主精神的社会存在。人的一切行动决定于思想意识,人具有自主的思想意识,所以不盲目地顺从外部世界,而根据自己的意志和要求,有目的有意识地改造世界。人是世

① 《朝鲜宪法》形成于1948年,截至目前共经历了五次修改,朝鲜现行宪法又称"金日成—金正日宪法",形成于2012年4月。

界上最发达最有力的存在，改造自然和社会的是人，发展科学和技术的也是人。所以人是支配世界的主人，是决定一切的因素。"[①]在此基础上得出了，人民群众是社会历史的主体、人类历史是为实现人民群众自主而斗争的历史、在革命斗争中起决定性作用的是人民群众自主的思想意识，人民群众是革命和建设的主人也是推动革命和建设的力量。即人就是自己命运的主人也是开拓自己命运的力量等着力强调自主的结论，使其成为影响宪法对外经济合作相关规定的重要因素。

关于朝鲜的对外经济合作，《朝鲜宪法》根据成为其核心精髓的"主体思想"，不仅在第17条规定："自主、和平、友好是朝鲜民主主义人民共和国对外政策的根本宗旨和对外活动的原则。国家根据完全平等、自主、相互尊重、互不干涉内政和互惠的原则，同一切友好对待我国的国家建立国家关系或政治、经济、文化关系。国家加强同拥护自主性的世界人民的团结，反对一切形式的侵略和对他国内政的干涉，积极支持和声援各国人民为维护国家主权、实现民族与阶级解放而进行的斗争。"而且还在第37条规定："国家鼓励我国的机关、企业和团体与外国的法人或个人创办合营、合作企业，鼓励在特殊经济区创办并运营各种企业的活动。"由此，为朝鲜开展对外经济合作提供了最基本的法律基础。

目前《朝鲜宪法》除序言以外，共有7章172条，其中可以为对外经济合作立法提供法律基础的，主要是序言中的相关规定和以上谈到的第17条、第37条。而这些规定由于其内容过于原则并且过于强调以我为主，未能充分考虑外方合作者的利益，使得据此形成的对外经济合作法制虽然目的在于通过招商引资实现自身经济发展，但从外部世界的视角来看，还不足以打破投资者的种种疑虑。

二、朝鲜对外经济合作的基本法制

长期以来，由于朝鲜一直把社会主义生产关系和自立型民族经济作为其国家最基本的经济基础，并且坚持走独立自主的社会主义发展道路，在国家的经济生活中实行严格的"计划经济"、[②]奉行"先军政治"，[③]社会主义法制尚不完备，社会生活的法制化程度较低。但是，自从20世纪90年代以来，朝鲜为了进一步强化对外经济合作，制定了《外国人投资法》、《合作法》、《合营法》、《外国人企业法》、

① 杨昭全著：《金日成传》，香港亚洲出版社2010年版，第1167~1168页。

② 《朝鲜宪法》第34条规定："朝鲜民主主义人民共和国的人民经济是计划经济。……"

③ 《朝鲜宪法》在序言中明确指出："……金正日同志全面深化发展了金日成同志创立的永恒不灭的主体思想和先军思想，将其作为自主时代的指导思想发扬光大……"

《外国人投资企业破产法》、《外国投资企业和外国人税法》和《涉外经济合同法》等法律,构建了朝鲜对外经济合作法制的基本框架。

(一)外国人投资法

《朝鲜民主主义人民共和国外国人投资法》(以下简称《朝鲜外国人投资法》)制定于1992年,后来根据其需要已进行六次修改。朝鲜制定该法目的在于鼓励外国投资者投资并且保护外国投资者的合法权益,在朝鲜的法律体系中外国人投资法是规范外国企业及个人投资关系的基本法律。目前《朝鲜外国人投资法》共有22个条款,内容涉及外国人投资法的使命与地位、外国人投资企业和外国投资银行的设立、外国投资者的权益保障、经营活动条件的保障、投资当事人、投资领域及投资方式、投资鼓励项目、在特殊经济区给予的特惠经营权及其保障、外国投资者的出入境保障、土地的租赁期限、企业职工的录用和投资纠纷的解决等内容。

根据《朝鲜外国人投资法》第2条对相关用语的界定,所谓外国人投资是指外国投资者,以开展经济活动为目的,将自己的财产、财产权和技术引进朝鲜的活动;外国投资者是指在朝鲜投资的外国法人和个人;外国投资企业是指外国人投资的企业和外国企业;外国人投资企业是指在朝鲜设立的合作企业、合营企业、外国人企业;合作企业是指朝方投资者和外方投资者共同投资、由朝方投资者负责经营,并依照合同约定偿还对方投资份额或分配利润的企业;合营企业是指由朝方投资者与外方投资者共同投资、共同经营,并根据投资比例分配利润的企业;外国人企业是指仅由外国投资者投资并经营的企业;外国企业是指在朝鲜投资管理机关登记的,并在朝鲜境内开展经济活动的外国企业;外国投资银行是指在朝鲜设立的合营银行、外国人银行、外国银行的分行;特殊经济区是指根据朝鲜制定的特别法规,在投资、生产、贸易、服务等经济活动中享受特殊待遇的地区。

关于《朝鲜外国人投资法》的主要内容,值得一提的主要有以下若干具体规定:外国投资者在朝鲜设立和经营外国人投资企业和外国投资银行必须经朝鲜投资管理机关的批准,目前朝鲜的投资管理机关包括有关的中央机关和特殊经济地区的管理机关;①朝鲜鼓励采用包括高新技术在内的现代技术项目、生产具有国际竞争力产品的项目、基础设施建设项目、科学研究和技术开发项目的投资,并且对这些项目投资的外国人投资企业给予减免所得税等各种税款、提供有利的土地使用条件、优先提供银行贷款等优惠条件;②根据《朝鲜外国人投资法》第12条,

---

① 参见《朝鲜外国人投资法》第3条。

② 参见《朝鲜外国人投资法》第7条、第8条。

外国投资者可以以现金、实物、工业产权和财产权进行投资，投资财产和财产权的价值，根据当时的国际市场价格由当事人协商确定；为了确保外国投资者开展正常经营活动，《朝鲜外国人投资法》规定国家以租赁方式给外国投资者提供其经营活动所必需的土地，土地的最长租赁期为50年并且可以转让或抵押。①

关于《朝鲜外国人投资法》的主要内容，除了上述若干具体规定，需要明确的还有以下三点具体内容：一是关于企业的职工录用。根据《朝鲜外国人投资法》第16条，外国人投资企业的职工录用在原则上应优先录用朝鲜职工，但是通过与投资管理机构的协商企业也可以录用部分外籍的管理人员和特殊工种的技术人员。二是企业的纳税义务。根据《朝鲜外国人投资企业法》第17条，外国人企业应缴纳所得税、交易税和财产税等。三是对外国投资者投资财产的保护。根据《朝鲜外国人投资法》第19条，国家对外国人投资不实行国有化或者征收，如果出于公共利益的需要实行国有化或征收，应按法定程序对其价值给予充分补偿。

（二）合营法

举办合资企业是世界各国引进外资的重要方式之一，为了引进外资、扩大与世界各国的经济技术交流，朝鲜早在1984年就已制定了《朝鲜民主主义人民共和国合营法》（以下简称《朝鲜合营法》），后来又根据其需要先后进行八次修改。目前《朝鲜合营法》共有46个条款，内容涉及合营当事人、合营领域与鼓励对象、合营企业的债务承担、合营企业的所有权与自主权、优惠待遇、合营企业的设立申请与批准、出资比例及出资财产的定价、出资方式及出资的转让、出资期限、知识产权的出资限额、注册资本、企业的董事会及职权、企业的管理人员、合营企业的投产期限、物质购买与产品销售、职工的录用及管理、资金贷款与财务管理、职业同盟组织活动的保障、储备基金的积存、企业的结算及分配、税金缴纳及减免、企业亏损的弥补、合营企业的解散及纠纷的解决等内容，其中很多内容与我国过去的合资企业法基本相同。

分析考察《朝鲜合营法》的具体内容，虽然与我国过去的合资企业法基本类似，但在以下若干方面具有明显区别：一是根据《朝鲜合营法》第2条，朝方的合营当事人不仅应当是经投资管理机关批准的机关、企业和团体，而且所设立的企业在原则上也仅限于生产领域；二是根据《朝鲜合营法》，合营企业以其注册资本承担在其经营中所发生的债务责任，合营企业的注册资本应占投资总额的30%至50%以上，合营当事人的出资比例由合营当事人协商确定，合营企业的利润分配

---

① 参见《朝鲜外国人投资法》第15条。

应当在利润总额中扣除所得税和各种储备基金之后再由合营各方按出资比例分配剩余利润;[①]三是根据《朝鲜合营法》,合营各方的出资既可以是货币,也可以以实物、工业产权、土地使用权、资源开发权等财产权进行出资,出资方式为财产或财产权的,应有合营当事人根据当时的国际市场价格协商确定;合营当事人以专利权、商标权和工业图案权等知识产权出资的,其出资不得超过注册资本的总额的20%。[②]

在《朝鲜合营法》中需要我们关注的,除了以上内容还有以下三个问题:一是合营企业的账户。根据《朝鲜合营法》第28条,合营企业应当在朝鲜银行或外国投资银行开户,如果需要在境外银行开户,应当报外汇管理机关批准。二是储备基金的积存。根据《朝鲜合营法》第35条,合营企业应当在年结算利润中,每年提取5%作为企业的储备基金,直至达到注册资本的25%。储备基金只能用于弥补企业的亏损或增加企业的注册资本。三是基金的种类及设立。根据《朝鲜合营法》第36条,合营企业应当设立用于扩大再生产、技术发展、职工奖励、文化福利和职工培训等事业的基金,而企业设立基金的种类和规模,则由董事会讨论决定。

(三)合作法

《朝鲜民主主义人民共和国合作法》(以下简称《朝鲜合作法》)制定于1992年,截至2011年已根据其需要共进行了七次修改。朝鲜制定并实施该法目的在于,实现对外经济合作方式的多样化,进一步活跃与世界各国的经济技术交流。目前该法共有23个条款,内容涉及合作当事人、鼓励合作的领域、禁止或限制合作的领域、投资优惠、设立合作企业的申请与批准、出资份额的转让、职工录用、关税征收、投资偿还与利润分配、企业所得的优先利用、共同协议机构、税款的缴纳、合作期限与合作期限的延长、合作企业的解散、会计结算、清算和纠纷的解决等内容。

作为规范对外经济合作关系的重要法律,《朝鲜合作法》与中国的合作企业法比较,需要指出以下若干问题:一是根据《朝鲜合作法》的相关规定,朝方的合作当事人既可以是企业,也可以是机关和团体。二是朝鲜虽然鼓励在能够引进尖端技术和现代设备、能够生产具有国际竞争力产品等领域开展的合作,但禁止或限制在产品不符合环境保护标准、出口自然资源、技术落后和经济效益差等领域

① 参见《朝鲜合营法》第4条、第11条、第15条、第37条。

② 参见《朝鲜合营法》第11条、第14条。

开展合作。① 三是投资的偿还与利润分配。根据《朝鲜合作法》第 14 条,外方合作者的投资可以以提供企业产品的方式予以偿还,而其利润的分配方式则应依照其合作合同的具体约定。四是企业所得的优先利用。根据《朝鲜合作法》第 15 条的相关规定,合作企业所生产的产品和取得的收入,既可以按照合同约定优先用于偿还外方合作者的投资,也可以按照合同约定优先用于履行规定的分配义务。五是企业的共同协议机构。根据《朝鲜合作法》第 17 条,合作当事人可以建立非常设的共同协议机构,共同协商并且决定有关技术引进、提高产品质量和再投资等重大问题。

关于《朝鲜合作法》的具体内容,在此还必须了解以下若干涉税问题:一是与旅外朝侨共同举办的合作企业,可以得到特殊的减税或免税待遇;二是合作企业进口生产经营所需物质或者出口本企业产品的免征关税。但是在朝鲜境内销售免征关税物质的除外;三是作为合作企业应缴纳规定的所得税等税款,但是对那些设立于鼓励投资领域的合作企业,可以减免一定期间的所得税。②

(四)外国人企业法

《朝鲜民主主义人民共和国外国人企业法》(以下简称《朝鲜外国人企业法》)制定于 1992 年,后来根据其需要已进行六次修改。朝鲜所称的外国人企业,是指企业经营所需全部资本由外国投资者出资,并由其自主经营的企业。朝鲜制定该法目的在于,实现引进外资方式的多样化,进一步扩大并且发展与世界各国的经济技术交流和合作。目前《朝鲜外国人企业法》有 4 章共 30 个条款,内容除了总则涉及的外国人企业法的宗旨、允许和禁止设立外国人企业的领域、外国人企业法的适用对象、投资保护原则、外国投资者的守法义务等内容外,还有外国人投资企业的设立、外国人企业的经营活动和外国人企业的解散及纠纷的解决等多项内容。

关于《朝鲜外国人企业法》的具体内容,由于它与中国的《外资企业法》比较,虽然结构和体例极为相似,但其具体内容远比我国的《外资企业法》简单,所以择其具有差异的若干部分做如下介绍:③一是根据《朝鲜外国人企业法》第 6 条,在朝鲜本法仅适用于在指定区域内设立经营的外国人企业,这与我国实行全方位的对外开放,外资企业法适用于全国的情况形成了鲜明对比;二是根据《朝鲜外国人企业法》第 15 条,外国人企业应当向投资管理机关提交生产及进出口年度计划和季

---

① 参见《朝鲜合作法》第 3 条、第 4 条。

② 参见《朝鲜外国人企业法》第 5 条、第 12 条、第 19 条。

③ 目前,我国现行的《外资企业法》虽然只有 24 个条款,但《外资企业法实施细则》却共有 12 章 88 个条款,其内容远比《朝鲜外国人企业法》的规定详尽具体。

度计划,而在中国由于实行社会主义市场经济,在相关法律中已没有类似的法律规定;三是该法第17条规定,外国人企业应当在朝鲜银行或者外国投资银行开户,经外汇管理机关批准外国人企业也可以在朝鲜境外银行开户。

关于《朝鲜外国人企业法》除了以上内容,还有以下两个问题需要予以特别说明:一是根据《朝鲜外国人企业法》第10条的相关规定,经投资管理机关批准外国人企业可以在朝鲜或境外设立分支机构、办事处及代理机构;二是根据《朝鲜外国人企业法》第12条,外国投资者应当在设立外国人企业批准证书规定的期限内投资,如果因不得已事由不能按期投资,可以适当延长其投资期限。

(五)涉外经济合同法

《朝鲜民主主义人民共和国涉外经济合同法》(以下简称《朝鲜涉外经济合同法》)制定于1995年,后来根据其需要先后在1999年和2008年进行了两次修改。朝鲜制定该法目的在于通过该法的制定和实施,确立签订履行涉外经济合同的基本秩序,保护国内外合同当事人的合法权益,扩大和发展同世界各国的经济合作与交流。目前该法共有5章42个条款,内容涉及签订涉外经济合同所应遵循的原则;涉外经济合同的签订;涉外经济合同的履行;涉外经济合同的转让、变更和解除;违反涉外经济合同的法律责任;涉外经济合同纠纷的解决等内容。

《朝鲜涉外经济合同法》相对于中国过去的《涉外经济合同法》,①比较特殊并且值得一提的主要有以下几点。一是关于涉外经济合同的朝方当事人。根据《朝鲜涉外经济合同法》第3条,涉外经济合同的朝方当事人既可以是企业,也可以是国家机关和各种社会团体。二是根据《朝鲜涉外经济合同法》第7条,朝鲜对涉外经济合同签订和履行还实施相应的监督管理,而主要的监督管理机关则是朝鲜的中央贸易指导机关。此外,根据《朝鲜涉外经济合同法》,其他有关机关也可监督管理涉外经济合同。三是根据《朝鲜涉外经济合同法》第30条,合同当事人如果在合同生效后6个月内未履行合同,该合同的批准机关可以撤销该合同。四是关于订立和履行涉外经济合同所应遵循的原则。朝鲜的涉外经济合同法规定,在订立和履行涉外经济合同中,"国家确保当事人遵循平等、互惠、信用的原则和尊重国际条约、国际惯例的原则",②由此强调了国家在订立和履行涉外经济合同中的责任。

---

① 制定于1985年的《涉外经济合同法》,后来随着《中华人民共和国合同法》的制定与实施,该法已于1999年正式失效。

② 参见《朝鲜涉外经济合同法》第4条、第5条。

关于《朝鲜涉外经济合同法》除了以上内容，还有以下问题需要予以说明：一是依据标准合同所签订的合同。根据《朝鲜涉外经济合同法》第10条，在朝鲜签订涉外经济合同应采用中央贸易指导机关制定的标准合同，但是涉外经济合同法也规定当事人如果需要变更标准合同的具体内容，可由当事人协商确定。二是需要经过批准的涉外经济合同。根据《朝鲜涉外经济合同法》第11条，签订在朝鲜境内设立外国投资企业的合同、与向朝鲜境外投资有关的合同、交易额巨大或具有国家意义的合同，须经中央贸易指导机关或其他有关机关的批准。三是损害赔偿的请求期限。根据《朝鲜涉外经济合同法》第35条，当事人应当在合同规定的期限内提出损害赔偿请求，合同未规定损害赔偿请求期限的，适用与有关国家签订的相关条约，如果没有可以适用的相关条约，可适用民法有关诉讼时效的相关规定。

自20世纪90年代，特别是进入21世纪，为了实现建设“强盛大国”的发展目标，朝鲜开始制定一系列对外经济合作法规，全面强化了对外经济合作。但就目前朝鲜所开展对外经济合作而言，虽然已经设立了10多个特别经济区，开城工业园区、罗先经济贸易区和黄金坪—威化岛经济区仍是最重要的对外经济合作前沿。所以在此我仅就这些特殊经济区的对外经济合作法制，根据其立法情况做如下具体说明。

三、开城工业园区的经济合作法制

(一)开城工业园区的形成与发展

自20世纪中期以来，随着第二次世界大战结束和朝鲜半岛的光复，朝韩两国相继建国，后来由于经过历时三年的朝鲜战争，朝韩两国一直处于相互对峙和敌对状态，相互间基本不存在所谓的经济合作。但是，进入20世纪90年代，随着世界东西冷战的结束，朝韩两国根据全民族期盼实现和平统一的民族意愿，于1991年12月13日签署了《关于南北和解、互不侵犯与合作交流协议书》，决定推动南北双方的和解与交流。在此背景下韩国的现代集团率先与朝鲜在1999年10月签订了有关建设西海工业园区的协议，并在2000年8月又决定把该工业园设置于开城。此后，朝韩两国先是于2000年12月16日，召开部长级会议签署了《投资保障协议书》等四个有关经济合作的重要协议，①2002年11月13日朝鲜最高

① 2000年12月16日，朝韩两国召开部长级会议签署了《投资保障协议》、《防止双重征税协议》、《清算决算协议》和《商事纠纷解决程序协议》，以上协议已于2003年8月20日经双方交换文本正式生效。

人民会议发布政令决定把工业园区落户于开城,并在随后的2002年11月20日制定了《开城工业园区法》,正式启动了开城工业园区的建设历程。

根据2000年8月韩国现代集团和朝鲜政府签订的《有关建设开城工业园区协议》的相关规定,开城工业园区总面积达2000万坪($66km^2$),主要用于工业园区建设以及文化、旅游和商业等其他设施建设。作为其一期工程2003年6月韩国现代集团,优先启动了面积达100万坪的工业园区建设,并在2004年12月实现了首家入驻企业的竣工投产。2005年10月朝韩经济合作办事处在开城工业园区正式成立。目前开城园区的入驻企业共有123家,韩方在基础设施与生产设施等方面共投资了9000亿韩元的资金(约合人民币50亿元)。截至2013年1月开城园区的累计生产规模达20.1703亿美元,园区内朝鲜员工达到5.3万人,以目前的平均月薪134美元计算,朝鲜通过开城园区每年创汇9000多万美元。从2004年开始全面启动的开城园区截至2012年7月,共向朝方员工支付工资2.4570亿美元。①

(二)开城工业园区的经济合作法制

根据朝韩两国共同协议设立的开城工业园区,虽然由韩国出资建设并且管理其具体的日常运营,由于它地处朝鲜境内雇佣大量的朝鲜员工,韩方管理人员的往来需要通过军事分界线,办理远比通常出国更为繁琐的出入境手续,所以由于其特殊的法律地位,适用于开城工业园区的法律既有朝韩两国政府鉴定的协议,也有《开城工业园区法》等朝鲜法和《南北交流合作法》等韩国法。

1. 朝韩两国政府协议

目前朝韩两国由于仍处于相互间的对峙和敌对状态,所以在开城工业园区的建设和运营中,朝韩两国政府间的沟通和交流,特别是双方达成的各种协议,既是推动双方交流与合作的重要方式也是规范和制约合作关系的重要法律文件。进入21世纪朝韩两国围绕开城工业园区的建设和运营,迄今已签订了具有法律意义的多个重要协议。在这些协议中不仅有在2003年8月20日生效的,《投资保障协议》、《防止双重征税协议》、《清算决算协议》和《商事纠纷解决程序协议》这四个基本协议,而且还有涉及工业园区具体运营的《通信协议》、《通关协议》、《检疫协议》、《人员出入滞留协议》、《车辆运营基本协议》和《列车运营基本协议》等协议,并且这些协议也已于2005年8月5日正式生效。除此之外,适用于开城工

① 韩媒:"开城工业园区建立10年面临关闭危机",载 http://www.chinanews.com/gi/2013/04-26/4769655.shtml。

业园区的南北双方政府协议还有,“交易物品的原产地确认程序协议”和在“停战协议”基础上制定的“开放部分非武装地区协议”等协议。

根据2000年以来朝韩两国政府签订的有关开城工业园区建设运营的上述各项协议,虽然均规定在适用于开城工业园区的建设运营时,或者具有与朝韩两国法律相同的法律效力,或者应优先于朝韩两国的法律。但是,考虑开城工业园区它是一个由朝韩双方共同建设运营的特殊经济区这样一个客观现实,不仅在朝韩两国法律和政府协议发生冲突的情况下,优先适用朝韩两国政府协议,而且即使在朝韩两国法律和政府协议均明确规定具有同等法律效力的情况下,也要采取修改相关法律等措施,尽可能尊重并优先适用朝韩两国政府协议。

2. 朝鲜法

进入21世纪为了推动开城工业园的建设和运营,朝鲜也采取了制定一系列相关法律和配套法规等措施,目前朝鲜的相关立法主要有以下若干层次。

一是《朝鲜北南经济合作法》

为了规范北南双方的经济合作关系,早在2005年7月6日朝鲜就以最高人民会议常务委员会政令第1182号,制定了《朝鲜民主主义人民共和国北南经济合作法》(以下简称《朝鲜北南经济合作法》)。《朝鲜北南经济合作法》作为规范北南经济合作关系的基本法律共有27个条款,它在规定该法立法宗旨、相关定义、原则、适用对象等内容的基础上,作为指导北南经济合作事务的国家机关设立了“民族经济联合会”,还规定了中央民族经济合作指导机关—民族经济联合会所应承担的具体任务。目前在朝鲜的法律体系中,该法既是规范北南经济合作关系的最重要法律,也是统帅其他相关法律法规的基本法。

二是《开城工业园区法》

为了促进北南双方的经济合作,加快推进开城工业园区建设,2002年11月13日朝鲜最高人民会议常务委员会决定设立开城工业园区,并且在随后的20日制定了《开城工业园区法》作为《朝鲜北南经济合作法》的下位法律。《开城工业园区法》作为规范开城工业园区建设及运营的基本法律,既确立了朝鲜法—开城工业园区法的准据法地位,明确规定在开城工业园区内的所有经济活动都应适用开城工业园区法及其配套法规,也确立了与开城工业园区建设运营有关的基本原则,并且规定了开城工业园区的开发、开城工业园区的管理、开城工业园区内企业的设立、开城工业园区内企业的运营以及各类纠纷的解决等诸多基本问题。

三是开城工业园区法的下位“规程”及“细则”

在开城工业园区的建设运营中,朝鲜的《开城工业园区法》作为规范工业园区经济活动的基本法律,在其下位不仅有最高人民会议常务委员会以其决定方式制定的“开发规程”、“企业设立·运营规程”、“劳动规程”等16个规程,而且也有负责指导北南经济合作事务的国家机关即民族经济联合会受朝鲜最高人民会议常务委员会所定规程的委任,从2006年起陆续制定的涉及“人员出入与滞留”、“职工录用与解雇”、“劳动时间与休息”、“环境保护”、“税收征管”、“劳动保护”和“劳动报酬”等诸多领域的实施细则。

3. 韩国法

为了促进开城工业园建设并且确保其顺利运行,作为其重要的参与者韩国也制定了多个相关法规,目前韩国已经制定并实施的法规主要有:

一是《南北交流合作法》、《南北合作基金法》及配套法规

进入20世纪90年代,随着苏联的解体和世界东西冷战的结束,朝鲜半岛南北双方的对峙和紧张状态有所缓解,并开始了包括官方会谈、离散家属会面和直接贸易在内的一系列互动。因此,为了规范南北双方的经济交流与合作,韩国制定了《南北交流合作法》和《南北合作基金法》①以及与此相配套的施行令和施行规则。使其在后来的开城工业园区建设运营中,成为规范南北经济交流与合作关系的重要法律。除此之外,在开城工业园区的建设运营中,具有特殊意义的还有由统一部制定的《处理南北经济合作事务规程》和《南北合作基金管理规程》等法规。

二是《开城工业园区支援法》及配套法规

目前在韩国除了《南北交流合作法》和《南北合作基金法》,与开城工业园区建设运营有关的法律还有《开城工业园区支援法》及配套法规。2007年5月25日韩国国会通过朝野双方的共同协商,最终以达成协议的方式制定了《开城工业园区支援法》、《开城工业园区支援法施行令》及《开城工业园区支援法施行规则》。韩国制定《开城工业园区支援法》及配套法规目的在于,既要支援开城工业园区的建设和运营,还要为投资于开城工业园区的韩国企业提供有效保护。

四、罗先经济贸易区的经济合作法制

(一)罗先经济贸易区的合作开发现状

自20世纪90年代以来,图们江区域合作开发虽然历经兴起与低落的多次反

① 为了促进南北双方的经济交流与合作,早在1990年8月1日韩国就已制定了《南北交流合作法》、《南北交流合作基金法》,使南北双方的经济交流与合作有了法律和制度方面的保障。

复,但其总体趋势一直呈发展态势,目前随着世界范围区域经济合作浪潮的兴起,图们江区域合作开发也迎来又一新的发展机遇。继2005年联合国开发计划署和东北亚各国制定大图们江行动计划,我国国务院也在2009年正式批复《中国图们江区域合作开发规划纲要——以长吉图为开发开放先导区》,使图们江区域开发正式提升为我国的国家战略。进入21世纪,朝鲜由于国内外形势的一系列变化,特别是由于国内经济形势的持续恶化,作为其对应手段开始对图们江区域合作开发持合作态度,使得那些涉及朝鲜或者需要朝鲜配合的项目建设均取得重要发展。

长期以来,"借港出海"是我国在图们江区域合作开发中始终追求并且所要着力突破的一个重要战略目标。近年来,随着中朝两国在图们江区域合作开发中的积极沟通与多次协调,中朝两国不仅就共同开发和管理罗先经济贸易区、建立罗先经济贸易区共同管理委员会达成了具体协议,而且连接中朝两国的出海通道建设也取得突破性进展。2011年3月14日还与中国正式签署《关于中国船只经图们江通海往返航行的协定》,正式以法律形式确认了中国拥有经图们江出入日本海的出海权。此外,中国连接朝鲜港口的基础设施建设进展顺利。根据中国珲春市与朝鲜罗先特别市签署的协议,2010年中朝圈河口岸跨境桥—元汀桥已得到维修改造,新建圈河口岸跨境桥也在近期全面建成通车。①

近年来,中朝两国围绕朝鲜罗津港的合作也取得实质性进展。珲春的创力海运物流有限公司与朝鲜的强盛贸易会社在继2008年签署租用罗津港1号码头10年协议的基础上,2011年又进一步调整该协议,使中国取得的租用罗津港1号码头的期限由过去的10年延长到30年(2008~2038年)。② 目前随着朝鲜新任领导的掌权及其国内政局的变化,中朝两国关系出现了某些微妙变化,并且在一定程度上影响到了两国的经济合作,特别是罗先经济贸易区建设事业的发展,但是我们坚信由于中朝两国山水相连的地理位置,随着中朝两国正常国家关系的逐步确立,中朝两国的经济合作必将迎来一个崭新的明天。

进入21世纪,朝鲜开始加快罗先地区的基础设施建设,并在中国政府的全力配合下,先后启动并且完成了对于中朝两国的双边经贸合作、图们江区域合作都将发挥重要作用的,总投资达1.5亿元人民币,连接朝鲜元汀里口岸至罗津港的公路改造项目、向罗先地区传送中国电力的电缆塔基础地质勘探工程等,也已于

---

① 原定于2014年建成通车的圈河口岸跨境新桥,由于多种原因目前完成整个工程量的50%以上,预计将于近期全面建成通车。

② 金祥波、王禹:"双赢战略:中朝图们江区域合作与开发",载《延边大学学报》(社会科学版)2012年第4期。

2012年全面建成或完工。除此之外,中方还派遣数十名城市设计规划专家前往朝鲜,完成了对罗先地区的城市综合开发设计。目前朝鲜计划以此为基础,把罗先市打造成集现代物流、旅游、商业、尖端制造业为一身的"东北亚门户城市"。此外,为了实施对罗先自由经济区的有效管理,中方(吉林省政府)已向当地派遣30余名公务员,与朝鲜方面一道组建了"中朝共同管理委员会"。

(二)罗先经济贸易区的经济合作法制

朝鲜的罗先经济贸易区始建于1991年,并且早在1993年就已制定了《朝鲜民主主义人民共和国罗先经济贸易区法》(以下简称《朝鲜罗先经济贸易区法》),截至2011年该法先后共经历了五次修改①。通过"罗先经济贸易区中朝共同管理委员会"和"金日成综合大学"等渠道所得到的信息,目前朝鲜正紧锣密鼓地推进该法的配套法规立法进程,但就其法制建设具体成果而言,由于配套法规立法进程尚未完结,看到的主要是于2011年12月修定的《朝鲜罗先经济贸易区法》,现就该法的主要内容作如下具体说明:

1.《朝鲜罗先经济贸易区法》的基本规定

目前《朝鲜罗先经济贸易区法》其正文共有8章83条,而其中第1章罗先经济贸易区法的基本,主要规定了罗先经济贸易区法的使命、罗先经济贸易区的地位、鼓励或限制投资的领域和投资保障等内容。根据该法相关规定,朝鲜制定罗先经济贸易区法目的在于,通过建立与该区域开发和管理相关的法律制度,努力使该地区发展成为国际重要的转运、贸易、投资、金融、旅游、服务中心。而根据该法的相关规定,罗先经济贸易区是在经济领域实行优惠政策的朝鲜民主主义人民共和国的特殊经济区,所以在该地区朝鲜积极鼓励对基础设施建设、高新技术产业和具有国际竞争力产品生产项目投资的同时,禁止或限制危害国家安全、居民身心健康、影响环境保护和技术落后项目的投资。

《朝鲜罗先经济贸易区法》不仅就该法的立法目的、罗先经济贸易区的法律地位做出如上原则规定,而且为了促进投资者的投资、加快本地区开发进程,还就投资者的法律保护做出了如下若干原则规定:一是规定在经济贸易区依法保护投资者的财产、合法所得和给其授予权益,对于投资者的财产不实行国有化或征收,由于公共利益需要实行征收,应按相关法律程序给予及时、充分、有效、非歧视的补偿;二是规定在经济贸易区公民的人身安全和其他人身权利依法受到保护,国

① 《朝鲜罗先经济贸易区法》形成于1993年1月31日,由最高人民会议常设委员会以第28号决定通过。截至2011年该法共经历了1999年、2002年、2005年、2007年、2010年和2011年六次修改。

家不得非法拘禁或逮捕，不得非法搜查居所；三是规定国家为投资者设立公司、分公司、办事处等经济活动，在土地使用、劳动用工、纳税、市场准入等方面提供优惠条件。

此外，根据《朝鲜罗先经济贸易区法》，罗先经济贸易区应组成专门的管理委员会，并在中央特殊经济区指导机关和罗先市人民委员会的指导和协助下，管理产业区和特定地区的事务，而其他任何机关不得干预管委会的管理工作。

2. 罗先经济贸易区法的主要内容

《朝鲜罗先经济贸易区法》作为规范该地区开发管理的基本法律，除了上述若干基本规定，还就经济贸易区的开发、经济贸易区的管理、经济贸易区内企业的设立及经济贸易活动、关税的征收、经济贸易区内的流通货币及金融、对经济贸易区投资的鼓励及优惠、申诉的提出及处理、各类纠纷的解决途径等内容做出原则规定，而在这些规定中需要特别指出的，主要有以下若干具体内容：

一是经济贸易区的开发。① 关于经济贸易区的开发，《朝鲜罗先经济贸易区法》虽然规定了“开发原则”、“开发规划及其变更”、“经济贸易区的开发方式”、“开发企业的批准”、“土地的成片开发经营与土地出让合同”和“土地的出让期限”等多项内容，但其中具有意义的是有关“经济贸易区开发方式”的相关规定。根据《朝鲜罗先经济贸易区法》，罗先经济贸易区的开发有土地成片开发、特许经营和当事人之间的合约这三种方式。所谓土地的成片开发是指，国家将一定面积的土地交给具有开发意向的企业（开发商），企业再根据开发计划将其建设为工业用地或其他用地，并把其直接用于自己的经营活动；所谓特许经营是指，国家将特定区域的基础设施及公共设施的建设、管理和经营权特许给某一企业，而得到特许的某一企业按照其开发计划完成开发后，或者直接将其用于自己的经营活动，或者将其移交给罗先市人民委员会或罗先经济贸易区管委会；所谓当事人之间的合约，是指给开发当事人提供的可以选择其他开发方式的兜底规定。

二是经济贸易区的管理。② 目前《朝鲜罗先经济贸易区法》，围绕经济贸易区管理主要规定了“管理原则”、“管委会的设立及地位”、“管委会的构成及负责人”、“管委会的工作内容”、“罗先市人民委员会的工作内容”、“中央特殊经济区指导机关的工作内容”和“原产地管理”等内容。其中需要予以指出并说明的一是经济贸易区管理原则中的遵循经济发展规律及市场原理原则，二是经济贸易区

---

① 李春日著：《朝鲜经济特区法规解读》，延边大学出版社2013年版，第36～38页。

② 同上，第56～60页。

管理委员会的地位。首先,该法作为其管理应遵循的原则,提出遵循经济发展规律及市场原理的原则,主要是考虑在罗先经济贸易区内的企业,它们不仅熟悉市场竞争并把竞争作为自己最主要的经营方式,而且设立罗先经济贸易区目的在于尽可能引入先进生产力促进发展;此外,根据《朝鲜罗先经济贸易区法》经济贸易区应设立管理委员会,而这一管理委员会应当根据属地原则由罗先市人民委员会负责设立,并向罗先市人民委员会负责。

三是对经济贸易区投资的鼓励及优惠。[①] 根据《朝鲜罗先经济贸易区法》,在经济贸易区实施投资鼓励及优惠的主要措施有:"经营所得的自由汇出"、"投资财产的自由出境"、"10% ~14%的企业所得税税率"、"所得税的减免"、"再投资额的返还所得税"和"企业所需物质的自由进出"等内容。但其中需要特别说明的有以下两个问题:首先是经营所得的自由汇出问题。其中有两点需要予以关注,一是可以向外汇出所得的主体,既可以是企业也可以是个人;二是可以向外汇出所得的范围,既可以是合法利润、利息、利益分配金、租赁收入和服务费,也可以是出售财产所得的收入。其次是企业所得税的税率问题。根据《朝鲜罗先经济贸易区法》,经济贸易区内企业的所得税税率为结算利润[②]的14%,而经济贸易区内属于特别鼓励部门企业的,所得税税率为结算利润的10%。

五、黄金坪—威化岛经济区的经济合作法制

(一)黄金坪—威化岛经济区的形成与发展

中朝两国共同开发和共同管理的黄金坪—威化岛经济区,地处朝鲜平安北道鸭绿江下游,由黄金坪岛和威化岛两座岛屿组成,位于朝鲜半岛西北部的黄金坪—威化岛经济区属朝鲜领土,与其相邻的是中国的辽宁省丹东市。2010年5月,时任朝鲜国家领导人金正日访华,与中国时任国家主席胡锦涛,就中朝共同开发和共同管理朝鲜罗先经济贸易区和黄金坪—威化岛经济区达成共识。2010年11月19日,时任中国商务部部长陈德铭率团访问朝鲜,与朝方正式签署了具有法律约束力的、中朝两国关于共同开发和共同管理罗先经济贸易区和黄金坪—威化岛经济区的相关协议。2010年11月中旬,商务部委托中国国际工程咨询公司编制了《中朝合作开发罗先经济贸易区和黄金坪—威化岛经济区2011 ~2015年

---

① 李春日著:《朝鲜经济特区法规解读》,延边大学出版社2013年版,第138 ~141页。

② 所谓结算利润是指企业的总收入减去成本,再扣除交易税、营业税和其他支出后所剩余的利润。

及2025年远景目标规划纲要》。作为该协议的补充,2010年12月,朝鲜的合营投资委员会和中国商务部还在北京缔结《合作发展黄金坪的谅解备忘录》(MOU)。

2011年6月6日,朝鲜最高人民会议举行常任委员会会议,批准了"黄金坪—威化岛经济区开发计划",并且在当天发布的《朝鲜民主主义人民共和国关于将黄金坪—威化岛指定为特殊经济区》的政令中表示,"为了进一步加强朝中两国传统的亲善友好关系,并进一步扩大和发展对外经济关系,作出了批准黄金坪—威化岛经济区开发计划的决定"。黄金坪—威化岛经济区下辖平安北道的黄金坪岛和威化岛地区,是朝鲜在经济领域中实行优惠政策的特殊经济区,在该地区可以采取有别于朝鲜其他地区的特殊政策,发展与中国及其他国家的经济合作。按照《中朝合作开发罗先经济贸易区和黄金坪—威化岛经济区2011~2015年及2025年远景目标规划纲要》,中朝首先开发黄金坪地区,为此,我国辽宁省丹东市也已在新区规划中划出10平方公里的土地用于与黄金坪经济区的配套,以实现与黄金坪口岸交通、信息、能源、产业等方面的跨境对接,目前丹东新区建设已初具规模,包括生活设施和各种公共设施在内各种基础设施建设已基本完工。

2011年6月,中国和朝鲜举行中朝罗先经济贸易区和黄金坪—威化岛经济区开发合作联合指导委员会会议,确立了"政府引导、企业为主、市场运作、互利共赢"的开发合作原则,并且决定将两个经济区建设成为中朝经贸合作示范区和与世界各国开展经贸合作的平台。2011年12月3日,朝鲜正式颁布《朝鲜黄金坪—威化岛经济区法》,标志着朝鲜为开发黄金坪经济区提供了法律依据。2012年8月14日,中朝共同开发和共同管理罗先经济贸易区和黄金坪—威化岛经济区联合指导委员会第三次会议在北京召开。中朝双方宣布成立"罗先经济贸易区管理委员会"和"黄金坪—威化岛经济区管理委员会",并签署了成立和运营管理委员会的协议、经济技术合作协定。2012年9月15日,在朝鲜黄金坪岛上举行了中朝黄金坪管委会办公楼奠基仪式,标志着中朝合作开发黄金坪经济区进入了实质性阶段。

(二)黄金坪—威化岛经济区的经济合作法制

2011年12月3日,朝鲜最高人民会议常任委员会以政令第2006号决议,通过了《朝鲜民主主义人民共和国黄金坪—威化岛经济区法》(以下简称《黄金坪—威化岛经济区法》),为中朝两国合作开发黄金坪—威化岛经济区提供了法律依据。该法共有7章74条,内容包括经济区法的基本、经济区开发、经济区管理、企业的设立注册和运营、经济活动的保障、鼓励及优惠、申诉及解决纠纷等诸多方面,基本囊括了经济区投资的相关事项。现就该法的主要内容作如下具体说明:

1.《黄金坪—威化岛经济区法》的基本规定

与《朝鲜罗先经济贸易区法》相同,朝鲜的《黄金坪—威化岛经济区法》第一章也是经济区法的基本,主要规定了经济区法的使命、经济区的地位、鼓励或限制投资的领域和投资保障等内容。根据《黄金坪—威化岛经济区法》,朝鲜制定该法目的在于,确立与开发管理有关的相关制度,扩大和发展经济区的对外经济合作。根据《黄金坪—威化岛经济区法》,黄金坪—威化岛经济区与罗先自由贸易区一样都是在经济领域实行优惠政策的特殊经济区,所以在该经济区实行与罗先经济贸易区基本相同的投资鼓励及保护制度。但是,关于《黄金坪—威化岛经济区法》和《朝鲜罗先经济贸易区法》,有以下三个问题需要予以说明。

一是有差异的建设目标定位。根据《朝鲜罗先经济贸易区法》,虽然朝鲜把罗先经济贸易区建设目标定位在,将其建设成以高新技术产业、国际物流业、一次加工工业、轻工业、服务业和现代农业为主的产业园区,但是,在《黄金坪—威化岛经济区法》中所设定的经济区建设目标定位则没有建设"国际物流业"的相关表述。① 由此,可以看出两个特殊经济区的建设目标定位具有一定区别。笔者认为两部法律所设定的建设目标定位之所以形成这种区别,其原因在于罗先经济贸易区建设既考虑了朝鲜自身的发展需求,也顾及了正在推进的图们江区域合作开发。但是,黄金坪—威化岛经济区建设则仅考虑了朝鲜的自身发展和中朝两国的经济合作。

二是管理委员会所辖范围的差异。根据《朝鲜罗先经济贸易区法》第8条,罗先经济贸易区管理委员会所辖范围是产业区和特定地区的管理及运营,而根据《黄金坪—威化岛经济区法》第7条,黄金坪—威化岛经济区管理委员会的所辖范围则仅限于经济区,由此可以看出二者的所辖范围具有明显区别。目前二者间之所以形成这种区别,原因在于两个经济区所处的不同地理位置。由于罗先经济贸易区所处的罗先市是一个总面积达890平方公里、人口近20万的朝鲜的一级行政单位(特别市),管理委员会所要管辖的不仅是罗先市的所有地区,并且还有部分罗先市以外其他区域,②所以有关其管辖范围的表述应当是"产业区和特定地区"。但是,由于黄金坪—威化岛经济区开发仅涉及黄金坪和威化岛两个特定区域,所以有关其管理委员会管辖范围的表述只能是"经济区"。

---

① 参见《朝鲜黄金坪—威化岛经济区法》第3条。

② 如从元汀到罗津港的输电建设工程,虽然地处罗先经济贸易区范围之外,但仍需要由罗先经济贸易区管委会进行必要管理。

三是朝鲜法律体系中的施行规定、细则和准则。目前《朝鲜罗先经济贸易区法》和《黄金坪—威化岛经济区法》均规定，经济贸易区或经济区的开发、管理及企业的经济活动应适用本法及其施行规定、细则和准则。[①] 而根据朝鲜的现行法律体制，其中的经济贸易区法或经济区法是有关经济贸易区或经济区开发管理的基本法，而与其相配套的施行规定、细则和准则，则由于是执行基本法的后续措施，分别由朝鲜的最高人民会议常任委员会、罗先市和平安北道的人民委员会和罗先经济贸易区管委会、黄金坪—威化岛经济区管委会分别制定。其中试行规定由朝鲜的最高人民会议常任委员会制定，细则由罗先市和平安北道的人民委员会制定，准则则由罗先经济贸易区管委会和黄金坪—威化岛经济区管委会制定。

2.《黄金坪—威化岛经济区法》的基本内容

朝鲜的《黄金坪—威化岛经济区法》作为规范该经济区开发管理的基本法律，除了上述若干基本规定，还就经济区的开发、经济区的管理、企业经济活动的保障、对经济区投资的鼓励及优惠、申诉的提出及处理、各类纠纷的解决途径等内容做出原则规定，而在这些规定中需要特别指出以下若干内容。

一是经济区的开发。关于经济区开发虽然朝鲜的《黄金坪—威化岛经济区法》也规定了"开发原则"、"开发规划及其变更"、"经济区的开发方式"、"土地出让合同"和"土地的出让期限"等多项内容，但是与《朝鲜罗先经济贸易区法》比较，两个特殊经济区的开发方式具有重要区别。根据《朝鲜罗先经济贸易区法》，在罗先经济贸易区实施土地开发，虽然有成片开发、特许经营和当事人之间的合约这三种不同的开发方式。但是，朝鲜的《黄金坪—威化岛经济区法》则仅规定了"开发企业受让全部土地进行成片开发和经营"[②]这一种土地开发方式。笔者认为在二者间之所以形成这种差异，这主要是因为朝鲜的最高人民会议常任委员会考虑到围绕黄金坪—威化岛经济区建设，中朝两国已于2011年5月签署"50年加50年"的租借协议，将黄金坪岛的开发权转让给中国这一事实。

二是经济区的管理。[③] 目前朝鲜的《黄金坪—威化岛经济区法》，围绕经济区管理主要规定了"管理原则"、"管委会的设立及地位"、"管委会的构成及负责人"、"管委会的工作内容"、"平安北道人民委员会的工作内容"、"中央特殊经济区指导机关的工作内容"、"预算的编制和执行"和"与经济区外本国企业的经济

① 参见《朝鲜罗先经济贸易区法》第10条、《朝鲜黄金坪—威化岛经济区法》第10条。

② 参见《朝鲜黄金坪—威化岛经济区法》第13条。

③ 李春日著：《朝鲜经济特区法规解读》，延边大学出版社2013年版，第56~60页。

交易”等内容,而其中的绝大部分与《朝鲜罗先经济贸易区法》的相关规定基本一致,不同的是没有像《朝鲜罗先经济贸易区法》那样,规定管委会办事处的设立、对管委会工作的协助、咨询委员会的运行和内容,相反却规定了企业负责人会议召集等内容。目前两部法律之所以形成这种区别,其原因在于两个特殊经济区不仅面积大小区别巨大,而且其所要管理事务的复杂程度也有明显区别。

三是对经济区投资的鼓励及优惠。[①] 关于投资的鼓励与优惠,目前《朝鲜罗先经济贸易区法》和《黄金坪—威化岛经济区法》,不仅在“经营所得的自由汇出”、“投资财产的自由出境”、“所得税的减免”和“再投资额的所得税返还”等方面做出了规定,而且所规定的内容也基本相同,但两部法律的规定也有一些重要区别。目前由于罗先经济贸易区和黄金坪—威化岛经济区所处地理位置的不同,《朝鲜罗先经济贸易区法》和《黄金坪—威化岛经济区法》分别给其设定了不同的发展方向[②],而两个特殊经济区不同发展方向的确定,反映在两部不同法律中就是其中的“鼓励及优惠”措施也具有了以下重要区别:《朝鲜罗先经济贸易区法》为了有效支撑罗先经济贸易区发展为重要的国际物流中心,作为对经济区投资的鼓励及优惠措施,在该法中特别规定了“物资的自由出入”这一重要条款。

六、朝鲜对外经济合作法制的总体评价

自20世纪90年代以来,由于世界东西冷战的结束、苏联的解体和中国的改革开放等国际环境的一系列变化,朝鲜的经济建设开始衰退并且进入了所谓的“苦难行军”时期。所以为了尽早摆脱自己所处的不利局面,朝鲜不仅实行“先军政治”提出了“强盛大国”建设战略,而且在经济领域开始实行有限的对外开放,并在宪法基础上开始构建对外经济合作法制,既制定了《朝鲜外国人投资法》、《朝鲜合作法》和《朝鲜合营法》等与对外经济合作相关的基本法律,也围绕开城工业园区、罗先经济贸易区和黄金坪—威化岛经济区等特殊经济区建设制定了《开城工业园区法》、《朝鲜罗先经济贸易区法》和《黄金坪—威化岛经济区法》等法律,构建了朝鲜对外经济合作法制的基本框架。但是,综合分析现已经形成的朝鲜对外经济合作法制,虽然其经济合作法制的总体架构已经形成,似乎也实现

---

① 李春日著:《朝鲜经济特区法规解读》,延边大学出版社2013年版,第138~141页。

② 根据《朝鲜罗先经济贸易区法》第1条,国际物流中心建设是罗先经济贸易区重要发展方向之一,但是《朝鲜黄金坪—威化岛经济区法》,由于黄金坪—威化岛经济区所处的特殊地理位置,并没有给其设定国际物流中心建设这一发展目标。

了有法可依,但是特殊经济区的外资吸引力依然十分有限,至今未能形成良好的投资环境。所以作为其重要的经济合作对象,中国应当对其经济合作法制现状有自己的研判。

(一)宪法精神和对外经济合作法制的矛盾

就包括经济合作法制在内朝鲜法制的整体现状而言,由于贯穿于宪法始终的核心精髓是金日成的"主体思想"和金正日的"先军思想",由于在国家的经济生活中实行严格的"计划经济",并且在全国倡导实现全社会的"金日成—金正日主义化",社会生活的法制化程度相对较低。所以虽然出于推动招商引资、加快"特殊经济区"建设的需要,依据宪法相关条款制定了《朝鲜外国人投资法》、《朝鲜合作法》和《朝鲜合营法》等对外经济合作的基本法律,制定了《朝鲜罗先经济贸易区法》和《黄金坪—威化岛经济区法》等特殊经济区法,构建了对外经济合作法制的基本框架。但是,由于受"主体思想"和"先军思想"这一宪法核心精髓的制约,朝鲜宪法不仅未能就对外经济合作将要导致的所有制结构变化即将要导致形成的外资经济等,做出任何具有前瞻性的铺垫,①而且也形成了通过《朝鲜外国人投资法》、《朝鲜合作法》和《朝鲜合营法》等法律所确立的相关制度,与某些宪法原则的相互矛盾。此外,朝鲜宪法有关对外经济合作的规定由于其内容过于原则、过于强调以我为主,未能充分考虑外方合作者的利益,使得出于实现自身经济发展的客观需要制定的宪法相关条款和对外经济合作的基本法律,还不足以打破投资者的种种疑虑。

(二)立法、执法和司法等环节的相互脱节

进入20世纪90年代,随着苏联的解体、国际"社会主义阵营"的瓦解和中国的改革开放等国际政治经济形势的一系列变化,朝鲜为了使自身经济能够尽早摆脱困境实现发展,早在1992年修改宪法时,把"国家鼓励我国的机关、企业、团体同外国的法人或个人进行企业合营和合作,并鼓励在特殊经济创办各种企业"②写入宪法,开始了一系列对外经济合作法律的立法工作,使得朝鲜的对外经济合作法制,从宪法的原则规定到最高人民会议常任委员会制定的基本法律,再到特

① 根据《朝鲜宪法》第20条、第21条和第22条,在朝鲜民主主义人民共和国生产资料由国家和社会合作团体所有;国家所有制是全民所有制。国家所有权的范围不受限制。国家的一切自然资源、铁路、航空运输、邮电机关和重要工厂、企业、港口、银行只属于国家所有。国家优先保护和发展在国家经济发展中起主导作用的国家所有制;社会合作团体所有制是该社会合作团体劳动者的集体所有制。

② 参见《朝鲜宪法》第37条。

殊经济区法以及与此相关的施行规定、细则和准则,现已形成了相对完整的法律体系。但是,综合考察分析朝鲜的对外经济合作法制,目前不仅存在相关立法尚不完备特别是很多配套法规尚待制定等情况。例如,根据朝鲜相关部门的总体立法规划,在《朝鲜罗先自由贸易区法》的下位应制定《朝鲜罗先经济贸易区管理委员会运营规定》等18个配套法规,但是截至目前只制定了4个配套法规。也有由于其整体法制环境的尚不完善,现有立法无法实施的现实问题即由于立法、执法和司法的相互脱节,现有立法无法发挥投资保障作用的问题。例如,很多在中朝经济合作中形成的纠纷本应通过朝鲜的司法机构或双方认可的权威性仲裁机构予以解决,但由于朝鲜的对外经济合作受政治因素影响的成分较大,并且缺乏双方都能认可的权威性仲裁机构,大部分纠纷目前只能采取中朝双方企业自行协商的方法予以解决。

(三)地位特殊的"罗先经济贸易区"及其法制

目前在朝鲜的对外经济合作中,"罗先经济贸易区"和"黄金坪—威化岛经济区"是两个最重要的前沿,所以为了推动上述两个特殊经济区建设,早在1993年和2011年朝鲜最高人民会议常任委员会就已先后制定了《朝鲜罗先经济贸易区法》和《黄金坪—威化岛经济区法》。但是,考虑朝鲜自身的现实立场以及朝鲜对外经济合作的总体布局,客观分析两个特殊经济区以及特殊经济区法的现实状况,我们认为罗先经济贸易区无疑具有更加重要的特殊地位。在朝鲜的对外经济合作中,罗先经济贸易区所具有的特殊地位,不仅体现在设立两个特殊经济区、制定两个特殊经济区法的先后顺序,而且还表现在两个特殊经济区法给其设定了不同的发展目标。朝鲜给罗先经济贸易区设定的发展目标之一就是将其建设成为国际性转运贸易中心,而这一点又恰与我国的图们江区域合作开发战略不谋而合。

论朝鲜对外经济相关法制的发展变化及其完善方向

——以朝鲜经济特区基本法的修改为中心

尹太顺*

一、序

联合国安理会对朝鲜的经济制裁和朝鲜国内货币改革的失败使朝鲜经济面临严峻的挑战,很多外国企业因惧怕风险而中断了与朝鲜的贸易,为摆脱困境朝鲜实施了一系列对外开放政策以促进本国的经济发展。朝鲜政府的对外开放新举措之一就是不断通过颁布和修改法律制度和采取具体措施努力改善过去因法规制度不完善而影响国外投资者对朝投资的不利因素,努力改善有利于外企的投资环境。朝鲜在早期已有的外商投资的基本法如合营法、外国人投资法、外国人企业法、合作法的基础上,也相继制定和修改了有关对外经济开放以及引入外资的各种法律和规定,近年来先后对14部对外经济相关法律进行了修改,使对朝投资合作的法律基础和保障日渐充实。特别是朝鲜于2011年12月3日重新修改了《罗先经济贸易区法》,2011年12月3日新制定了《黄金坪—威化岛经济区法》,可以说这两部法律是目前朝鲜对外经济法制的中心,也反映出了法律政策上的新的举措

* 延边大学法学院教授,东北亚研究院副院长,韩国忠北大学法学博士。研究方向:民法、中朝韩民事法律比较研究。

和重大变化。随着中朝两国经济合作的不断深入和发展,中国已经成为朝鲜经济合作的重要伙伴,朝鲜对中国投资的依赖度不断上升,朝鲜为中朝经济合作与留置中方的资本,新修改的两部法律在一定程度上考虑了中国政府的要求和意见,也反映出对中国企业的亲和性。

但是,因过去投资朝鲜的中国企业利益受损的事情频发,中国企业与朝鲜的商事纠纷不断发生而朝鲜又没有可解决纠纷的法律法规,特别是目前朝核问题尚未解决、朝鲜对韩国金刚山和开城旅游观光项目的中断等一些现实,足以引起投资者与开发者对朝鲜现行对外经济法规的效力与执行力的怀疑,对朝投资仍存在着深度不信任和担忧。因此,2012年8月,在朝鲜官员张成泽访问中国时,时任总理温家宝首先强烈要求朝鲜方应加强相关法律法规的制定和修改;并提出了地方政府间的协助,土地、税金应适用市场调节机制,积极解决投资企业的各种困难,应改善关税、质量管理及服务等要求。

本文主要通过《罗先经济贸易区法》、《黄金坪—威化岛经济区法》的评析,结合《朝中罗先经济贸易区和黄金坪—威化岛经济区共同开发总规划纲要》以及修改以前的《罗先经济贸易区法》等相关朝鲜对外经济法制的比较研究,论述朝鲜对外经济相关法制环境的新变化发展,提出如何在中朝经济合作与对朝投资中提高中国的法律应对能力和解决纠纷能力的一些完善建议。

二、朝鲜对外经济相关法制基本概况

2011年6月,中国和朝鲜举行中朝罗先经济贸易区和黄金坪—威化岛经济区开发合作联合指导委员会第二次会议,双方明确了“政府主导、企业为主、市场运作、互利共赢”的开发合作原则(又称“16字方针”),努力将两个经济区建设成为中朝经济贸易合作示范区和与世界各国开展经贸合作的平台。① 作为这一方针和原则在立法中的重要表现,朝鲜在2011年11~12月的两月间先后修改了14部对外经济相关法律。2013年9月又针对《罗先经济贸易区法》的实施,出台了包括《罗先经济贸易区开发规定》、《罗先经济贸易区企业设立及经营规定》、《罗先经济贸易区管理委员会运营规定》、《罗先经济贸易区外国投资企业劳动规定》等实施细则。

将这些法律的修改内容归纳起来基本包括以下几个方面:(1)在《罗先经济贸易区法》、《黄金坪—威化岛经济区法》等经济特区基本法中主要规定了特区运

① 2005年10月,“政府引导、企业参与、市场运作”的开发合作原则(12字方针)。

行的基本原则等；(2)通过对外国投资企业登记法、土地租赁法的修改简化企业的设立程序、保障土地利用权等；(3)通过对合营法、合作法、外国人企业法、外国投资银行法、外国人投资企业财政管理法、外国投资企业会计法等法律的修改，缓和了企业活动的规制、撤除等问题；(4)通过对外国人投资法、外国投资企业及外国人税金法的修改，加强了对企业的税金优惠政策；(5)通过对外国人投资企业劳动法的修改，在企业运行中采用灵活的劳动政策；(6)通过对外国人投资企业破产法的修改，规定了在针对纠纷解决以及破产阶段中，如何提供和平的纠纷解决程序以及公正的破产清算程序。

(一)经济特区基本法简介

朝鲜于2011年12月3日制定了《黄金坪—威化岛经济区法》，该法律共分7章74条。根据这一法律，黄金坪区域开发以信息产业、轻工业、农业、商业和旅游业为主，由开发者进行整体租赁和综合开发经营；威化岛地区按照威化岛开发计划进行，具体开发方式同开发当事者协商决定；朝鲜又于2011年12月3日修改了《罗先经济贸易区法》，该法律共分8章83条(修改前7章45条)。该法与《黄金坪—威化岛经济区法》的内容基本类似，两法只是在其注重的优先事业、开发方式等方面略有差异：《罗先经济贸易区法》主要是中介输送业，而《黄金坪—威化岛经济区法》主要是制造业；《罗先经济贸易区法》是以复数开发主体的参与为前提，而《黄金坪—威化岛经济区法》以单一开发主体为前提。[①] 两法的内容概括起来有以下几个重点问题：

1. 各国法人、个人和经济组织可进行投资，在经济区内设立公司、分公司、代表处等，自由进行企业活动。朝鲜在土地利用、劳动力雇佣、纳税和进入市场等方面提供特惠的经济活动条件，对投资基础设施建设、高新技术产业以及生产具有国际竞争力产品的企业给予特别奖励。

2. 投资者的财产和合法所得以及相应权利将依法得到保障，朝鲜不对投资者财产进行国有化，如因社会公共利益不得已没收投资者财产或临时使用，将事先通报并按照相应合法程序对其价值进行及时、充分、有效的补偿。

3. 企业所得税率为决算利润的14%，享受特别奖励的企业所得税率为决算利润的10%。计划投资10年以上的企业将减免所得税。将利润进行再投资、提高注册资本或设立新企业并运营5年以上，再投资部分的企业所得税将返还

---

① 裴宗烈："最新修改的北方特区法制的改革与开放性——以罗先经济地区贸易法为中心"，载《输银朝鲜经济》2012年春季号。

50%。

以下本文主要对《罗先经济贸易区法》和《黄金坪—威化岛经济区法》两部特区基本法的内容从经济贸易区法基本原则、经济贸易区的开发管理方式、企业的设立与经营活动、土地使用权、建筑物的所有权、劳动力市场的开发、申诉与纠纷解决机制等几个方面分别进行评述。

(二)经济特区基本法的特点与评价

朝鲜政府为改革开放、引进外资、搞好中朝经贸合作将两个经济区建设成为中朝经济贸易合作示范区和与世界各国开展经贸合作的平台,在新法修改中在很多程度上接受了中国的要求并较多地参考对中国经济特区立法的成功模式,具体表现在以下几个方面。

1.立足于市场经济原理将法制经济明文化

根据《罗先经济贸易区法》第23条、《黄金坪—威化岛经济区法》第22条规定,经济贸易区的管理原则有下列几项:

(1)严格遵守和执行法规

(2)保障管理委员会和企业的独立性

(3)对贸易和投资活动提供特惠

(4)遵守经济发展的客观规律与市场原理

(5)参考国际惯例

上述列举的管理原则中,过去只有"对贸易和投资活动提供优惠"原则有明文规定,其他4项原则是首次在立法上明文规定。

首先,将法制经济明文化规定,对经济特区的投资者和企业来说,通过法律保障其投资的安全性和企业活动是最基本的要求和前提。朝鲜在引进外资和对外经济合作中急于解决的问题就是解除过去投资朝鲜的中国企业受损的事情频发、中国企业与朝鲜的商事纠纷不断发生所导致的对朝投资存在的深度不信任和担忧的问题,因此新法的修改表明朝鲜政府决心改变过去在经济特区管理过程中政治优先于法律制度而违反和不符合"市场经济即法制经济"原理的做法,确保投资人的投资安全。

其次,法律上保障经济贸易区管理委员会的独立性,保障其能够进行实质性的管理,为投资者和企业提供迅速而畅通的行政性服务。新制定的特区基本法规定了区域当地管理机构——特区管理委员会,把能够干预特区事务的机关限定在中央特殊指导机关和地方人民委员会(罗先市人民委员会和平安北道人民委员会),其他任何机关无权干预特区的事务。[①] 从而大幅度强化了管理委员会的权限和独立性。在过去,朝鲜政府即使认识到了扩充开放地区的地方性权力的必要性,但是担心经济特区的一些做法会成为影响和动摇朝鲜社会政治体制的因素,因而过去构筑了通过中央政府和机构的多层管理体制,阻碍了特区内的经济活动顺利进行。[②]

再次,使经济特区的企业经营遵循市场经济的原理。过去经济特区政策的特点是重管制、轻自由,经济特区运行中经常出现无视和违背市场经济的客观规律的现象,投资者和朝鲜政府之间的纠纷不断发生。[③]而新法中规定经济贸易区企业具有建立经营及管理秩序的权利;制定生产、销售、财务计划的权利;独立决定用工、工资标准、支付方式、产品价格、利润分配的权利;不得对企业的经营活动进行非法干涉,不得征收法定之外的费用,不得施加法定之外的义务。[④] 从而保障企业的基本权利和经营活动的独立性。

最后,法律明文规定经济特区的管理应参考国际惯例。在法律上参考国际惯例明文化是一大进步,这样今后企业的投资方式如果以土地使用权、知识产权等货币以外的财产权出资时,对投资财产数额的评价或者制定产品价格均可以参考国际惯例。但新法规定只是"参考"国际惯例,而不是规定可以"适用或准用"国际惯例,因此对此原则的实效性问题还存在很多顾虑。因为朝鲜并未加入《关于承认外国仲裁协议和执行的国际联合协定》(纽约协定)和《关于解决本国与外国公民之间的投资纠纷的协定》(华盛顿协议),而且在朝鲜的投资条件与国际水平相差甚远的前提下,能够参考和适用国际贸易惯例、投资惯例的可能性有多少还有待进行其"实效性"的考察。

总之,朝鲜的上述新法原则的明文规定还有些欠缺之处。但是,无法否认它是受国际投资者欢迎的重要举措;也是朝鲜国家在经济特区导入市场经济,给予经济特区与相关企业以更多的经营自由和独立性,使特区经济逐渐走向法制经济化、国际经济化的理念已经上升为明文立法的重要标志;也是朝鲜政府励志贯彻中朝双方明确的"政府主导、企业为主、市场运作、互利共赢"的开发合作原则,努

---

① 参见《罗先经济贸易区法》第8条和《黄金坪—威化岛经济区法》第7条。

② 参见1999年2月26日旧《罗先经济贸易区法》第3条、第8条,管理机关包括中央贸易指导机关、相关中央机关、罗先市人民委员会。

③ 1998年原名"罗津—先锋自由经济贸易区"的名称于1999年改称为"罗津—先锋经济贸易区",将"自由"二字去掉。另外,在日朝鲜人设立的"鸭绒加工厂事件"也是比较典型的例子。

④ 参见《罗先经济贸易区法》第40条和《黄金坪—威化岛经济区法》第34条。

力将两个经济区建设成为中朝经济贸易合作示范区和与世界各国开展经贸合作的平台的一个重要法律表现。

2. 经济特区管理模式的转变

新法为提高经济特区的开发和管理的效率新设了管理机构即管理委员会。修改前的《罗先经济贸易区法》把中央的指导机关设定为罗先经济贸易区的指导机关,把罗先市人民委员会设定为当地的执行机关①,由两个机关来管理开发商和投资企业。在新法中新设的管理委员会就是当地的专门执行机关,将旧法上赋予罗先市人民委员会的很多权限移转给了管理委员会。比如,新法赋予管理委员会以准则制定权、设立企业以及登记许可权等权限,使其承担不动产登记等当地的行政业务,力求达到特区行政业务的专业、迅速的效果。在新法中,一方面设置罗先市人民委员会为执行机关,同时新设管理委员会使特区执行机关二元化。从两部新法制定背景来看,之所以新法中导入了上述的二元化的执行管理体制,是因为经济特区的管理均以中朝双方共同管理为原则,对于经济特区的行政业务不可能由朝鲜单方面的政府机关(分别为罗先市人民委员会、平安北道人民委员会)来处理,而是朝鲜政府与中国政府共同协议设立"共同开发委员会"来共同管理②。二元化的执行管理体制可以理解为中朝双方相互制约机制、在共同管理和开发层面上强化了相互制约和监督的机制,力图避免过去朝鲜在特区经济管理和运作问题上单方面违背合同和市场原理、违背国际惯例,使投资方和外资企业受损,与朝鲜政府发生纠纷和争议的现象。③ 但是,二元化的执行管理体制也可能导致两机关在执行管辖与协调上出现一些争执问题,这样有违经济特区内的企业需要提供一站式(one-stop)服务的迅速、效率的管理工作目标。因此,新法中二元化的管理体制是否比旧法的单一执行机构形式的管理体制更有效率值得探讨。④

3. 强化了不动产管理相关规定,承认了土地使用权与建筑物所有权

朝鲜的土地所有权归国家所有,土地的使用方式主要是通过设定土地使用权并规定长期租用来保障实现,期限届满可以以再租赁的方式继续使用土地。它与

---

① 参见旧《罗先经济贸易区法》第9条。

② 参见《共同开发总计划纲要》第5条。

③ 对韩国金刚山和开城旅游观光项目的中断是一个很突出的案例,朝鲜不顾《南北投资保障协议》第4条的规定,冻结韩国方企业的不动产、取消独立开发权。

④ 2010年的罗先法为了提高对经济特区的管制效率性,规定罗先市人民委员会为单一的执行机关,使通过国家机关的特区管理更加有效;在旧法中规定中央指导机关和现地执行机关为各自单一的机构。

中国的土地使用权基本类似,实质上比较接近土地所有权。新法对土地使用权做了大量修改,在经济贸易区,土地租借期限为自向有关企业颁发土地使用证之日起50年。经济贸易区内的企业可以在土地租借期限届满后,重新订立合同,继续使用该土地。[①] 与土地使用相关的优惠政策方面规定了"经济贸易区的企业用地按实际需要优先提供,并根据土地使用部门和用途,在土地租借期限、租金及缴纳方式上,给予不同优惠。对基础设施、公共设施及特别鼓励部门投资的企业,在选择土地位置方面给予优先权,并可以在规定的期限内免征土地使用费"。[②]

值得注意的是新法明文规定了建筑物所有权。在经济贸易区内,企业依法可以取得土地使用权和建筑所有权。此时,相关机关应颁发土地使用证、建筑所有权登记证。开发企业有权按照开发规划和基础设施建设的进展转让、租赁开发的土地和建筑物。此时,转让、租赁价格由开发企业确定(土地使用权和建筑物的转让和租赁价格);经济贸易区内的企业在有效期内可以买卖、交换、赠与、继承方式对土地使用权和建筑所有权进行转让、租赁、抵押。此时须办理土地使用权和建筑所有权的变更登记手续,并换领土地使用证或建筑所有权登记证(土地使用权、建筑所有权的变更及登记)。负责拆迁或改建的机关和企业须拆迁和改建开发区内的公共建筑、住宅、附着物等,并搬迁居民,以保证开发工程不受影响(建筑及其附着物的拆迁与改建)。[③]

根据《朝鲜民法》第59条规定,朝鲜只承认"住宅"的所有权,而对建筑物不享有买卖或提供担保等处分权。民法规定的建筑物所有权只有使用、收益的权利和有限的处分权。而新法规定开发企业有权按照开发规划和基础设施建设的进展转让、租赁开发的土地和建筑物;经济贸易区内的企业在有效期内可以买卖、交换、赠与、继承方式对土地使用权和建筑所有权进行转让、租赁、抵押,这无疑是立法上的新突破,使经济特区内的土地使用权和建筑物所有权具有财产性和流通性,为企业提供融资担保、金钱以外的其他财产权形式的多种投资形式具有了可能性,使特区经济运行更加活跃,为今后进一步推动朝鲜内地土地与不动产政策的制定与立法具有试点示范的作用。

4. 经济特区劳动力市场的开放前景问题

《罗先经济贸易区法》第30条规定,罗先市人民委员会负责保障经济贸易区

① 参见《罗先经济贸易区法》第16条、《黄金坪—威化岛经济区法》第16条。

② 参见《罗先经济贸易区法》第69条、《黄金坪—威化岛经济区法》第63条。

③ 参见《罗先经济贸易区法》第17~20条。

的开发和企业活动所需的劳动力;企业有独立决定用工的权利;①在用工方面经济贸易区企业须优先录用朝鲜劳动力,根据需要聘用外籍人员时,须通知罗先市人民委员会或管委会。②

从以上规定分析,特区基本法规定企业虽然有独立决定用工的权利,但还不允许企业直接通过面试或直接雇佣劳动者,也就是说对劳动力的具体雇佣方式并未做出明文规定。为企业提供劳动力是由人民委员会来直接负责,实际上由朝鲜专门的行政机关统筹选拔企业所需劳动力并提供给企业,也就是说采用间接雇佣的形式,企业劳动合同关系的主体不是企业与劳动者个人而是企业和朝鲜的行政机关,目前还不允许用直接雇佣劳动者的方式。这样,一方面不能完全保障企业和劳动力的相互选择权;另一方面阻碍了朝鲜公民自由就业,使他们不能直接成为劳动关系的主体,直接受领劳动工资,其劳动自由的权利受到限制;朝鲜政府要靠国家统一的劳动力分配来达到完全雇佣的想法和劳动力市场的闭锁运行是阻碍今后朝鲜劳动力市场的开放和市场经济发展的因素。2011 年 12 月 21 日修改的《外国人投资企业劳动法》中也采用了通过劳动行政机关给企业供给劳动力的间接雇佣方式,劳动合同关系的主体不是企业和劳动者个人而是职业同盟和企业,该合同关系仍然保持其原有的方式。③ 但是,在《中朝共同开发总体纲要》中,中朝共同指导委员会曾协议可在两个经济特区开辟劳动力市场,以全体劳动者为对象采用劳动合同制,实现企业和劳动者之间的相互自主选择。④因此,今后虽然不能期待朝鲜全面开放劳动力市场,但可以期待朝鲜在特区有可能参照中国深圳特区曾经采用过的直接雇佣和间接雇佣的兼用方式来有限地开放劳动力市场。

5. 导入多种纠纷解决方式,纠纷解决机制得到完善

新修改的特区法为解决在区域内发生的纠纷采用了多种纠纷解决机制。修改前的罗先经济贸易区法规定当纠纷发生时原则上应先由当事人之间进行协商,只有当事人之间协商不成时才通过仲裁(包括第三国仲裁)和判决方式来解决。⑤实际上,很多纠纷的发生是以当事人之间对某种事项达不成协议而造成的,所以旧法中的"协议优先"纠纷解决机制根本满足不了现实中解决纠纷的需要。为了解决特区企业以及投资者的安全性保障和合法权利得到救济,补充完善纠纷解决

---

① 参见《罗先经济贸易区法》第 40 条、《黄金坪—威化岛经济区法》第 34 条。

② 参见《罗先经济贸易区法》第 49 条、《黄金坪—威化岛经济区法》第 36 条。

③ 参见《外国人投资企业劳动法》第 9 ~ 14 条。

④ 参见《中朝共同开发总体纲要》第 41 条(人员政策)。

⑤ 参见旧《罗先经济贸易区法》第 45 条。

机制成为此次新法修改中的重点问题。

新法规定,在经济贸易区,企业或个人可以向管委会、中央特殊经济区指导机关、罗先市人民委员会和有关机关提出申诉;管委会及有关机关可以根据纠纷当事人的要求调解纠纷;纠纷当事人可以根据协议向位于经济贸易区的朝鲜或者其他国家国际仲裁机关申请仲裁;纠纷当事人可以向经济贸易区管辖法院提出诉讼。经济贸易区的行政诉讼程序另行规定。①

由此看出,在新法中首先摒弃了旧法"协议优先原则",导入了申诉、调停、仲裁、裁判等多种纠纷解决方式;还为裁判方式的运用另行规定了经济特区行政诉讼程序。但是从2013年9月12日新颁布的《罗先经济贸易区开发规定》第49条、《罗先经济贸易区外国投资企业劳动规定》第57条、《罗先经济贸易区管理委员会运营规定》第31条、《罗先经济贸易区企业设立及经营规定》第50条来看,在条文的第1款均规定"协议解决纠纷",在第2款规定"协议不成时,可依调停、仲裁、裁判的方法解决"。可见,这四个罗先经济贸易区法的实施细则规定,在关于解决纠纷问题上基本上又恢复了"协议优先原则"。

一般来说,在涉外纠纷解决方式的选择上,大部分选择仲裁形式的可能性比较大。向行政机关申诉的形式一般不能适用个人之间的纠纷;调解的形式也要求调解书经纠纷当事人的签字方可生效,要求以当事人之间的合意为前提,所以有它的难度和局限性;而法院裁判的形式就目前朝鲜的司法状况来看,由于诉讼当事人对所在国的涉外案件审理的专业性和能力缺乏信任度,恐怕选择利用法院裁判形式的当事人不会很多。所以以上几种形式确实存在其适用上的局限性问题。由此看来,在新法中所列举的多种纠纷解决类型中,最可行的方式就是仲裁形式,如果选择以专业的仲裁委员构成的第三国的仲裁机关来解决纠纷的话能克服前述几种纠纷解决方式的局限性问题。但必须要注意的是即使新法中规定了仲裁制度,但仲裁机关做出的裁定能否在朝鲜国内得到有效执行仍然是一个值得怀疑的问题。因为朝鲜并未加入《关于承认外国仲裁协议和执行的国际联合协定》(纽约协定)和《关于解决本国与外国公民之间的投资纠纷的协定》(华盛顿协议),没有可行的国际司法协助规定,而且朝鲜的《对外民事关系法》第60条中还规定如果外国的仲裁机关做出的裁决不符合朝鲜人民民主主义共和国法律制度的基本原则,可以不承认该仲裁协议。因此,尽管在新法的修改中做了很大的努力,导入多种纠纷解决方式,纠纷解决机制似乎得到完善,但实际操作起来还存在

① 参见《罗先经济贸易区法》第80~83条、《黄金坪—威化岛经济区法》第71~74条。

很多局限性。朝鲜的对外经济法制中关于纠纷解决机制的局限性问题,仅靠国内法或特区法的修改是不够的,只有引导和说服朝鲜加入司法协助相关国际条约,使其遵守和适用国际惯例,才能克服其实际执行能力保障欠缺的弊端。

三、存在问题及改善方向

综合上述内容,朝鲜政府在近期新修改的对外经济法规,特别是两部特区基本法的修改目的就是加强开放和对外经济合作,要进行积极地对内革新,完善经贸交流体制,经济规则的制定要与国际接轨,按照市场经济规则和国际通用规则办事,对外来投资的企业提供法律保护并落到实处,降低投资企业的投资风险。在很大程度上可以说两法是有助于投资者和开发产业的、符合罗先地区和黄金坪—威化岛地区特点的、独立性的对外开放法制。因此要充分肯定朝鲜在法制方面的理念性变革与发展,但也要看到其内部的"实相"和"虚相"问题。笔者认为目前朝鲜法制的发展有以下几方面需要改善。

1. 朝鲜的核问题尚未解决,它仍然是阻碍朝鲜对外开放和对外经济发展且有可能发生诸多变数的重要因素。因此解决朝核问题,争取联合国安理会对朝鲜的经济制裁的解除,得到国际社会的认可和信任至关重要。

2. 不难看出,朝鲜要励志遵循市场经济原理将法制经济明文化,但是朝鲜自身经济结构存在的一些问题如朝鲜现在的经济结构,依然处在中央计划经济体制,推行市场经济体制、建立市场经济法律体系还有很大困难;因此要通过特区的法制建设积极引入和带动国内市场,构建经济法律体系,制定和完善经济法、民法、商法等国内市场经济体系基本法并完善对外经济法制体系。

3. 罗先经济贸易区和黄金坪—威化岛经济区的开发事业,可以说是中朝双方为了经济相生的共同利益一同促进的国家级项目,朝鲜对中国的依赖度也较大。因此中国法制对朝鲜市场经济法律体系的建立会产生重要的影响,中国要抓住机遇把中国改革开放和特区建设以及社会主义市场经济法制体系建立的成功经验借鉴予朝鲜,在独立自主、互惠互利、共同发展的前提下加强两国法律合作,逐步引向市场化和国际化的法制轨道。

4. 要进一步完善纠纷解决机制,解决内地法因欠缺市场经济法律性与特区法律相互抵触的问题,要通过法律的完善解决由于特别法和一般法、国际法和国内法的冲突引起的法律的适用和优先效力问题,解决法律的实际执行在朝鲜还存在不确定性的问题。在目前朝鲜的法制环境下,在现实纠纷解决的实践中,调解、仲裁、裁判的方法并非为最现实而妥善的方法,也就是说尽管法律形式上纠纷解决机制的构建基本完成,但实际操作起来仍存在很多局限性,因为没有进一步的下位法律即实施细则的规定,中朝之间也还没有双边的保护投资与纠纷解决的具体实施细则、司法协助的实施细则等具体下位法律或协议。因此,从目前现实情况来看,只有双方协议和平解决的方法才是最可行的,但这种协议不太可能是在法律的框架之下进行,因而从朝鲜方面来看更容易掺入人为因素,从中国方面来看朝鲜政策上的暗礁仍是无法防备。

5. 完善土地等不动产相关法律制度。最好是制定一部物权法来规范土地的所有、占有、使用、处分等一系列问题。特区基本法规定了土地使用权与建筑物所有权,但还有许多类似与中国不动产相关法律制度中存在的诸多问题,土地使用权的法律性质、地权和房权的复合性与分离性问题是物权法理论和实践中的难题,进而影响权利的行使与救济问题。

6. 劳动力市场的开放与劳动合同制的适用问题。从中国对朝鲜的投资特点来看,主要投资领域为地下资源的开发和基础设施的建设,中朝之间的经济合作关系从政府引导改变为政府主导。进驻朝鲜的国内大型企业会越来越多,其劳动力的雇佣单靠朝鲜行政机关选派提供的朝鲜劳动力是有局限性的,因此要允许企业直接雇佣劳动者,劳动力市场要开放,至少可以在中朝两国的劳动力市场自由选择。如果朝鲜认为不妥,也可采用朝鲜政府提供劳动力的间接雇佣方式和企业在劳动力市场直接雇佣方式并行。这就必须要修改《劳动法》、《劳动合同法》等相关法律,从中国企业角度来讲要解决雇佣朝鲜劳动力或中国劳动力不同情形下的法律适用原则问题即雇佣中国劳动力是要适用特区劳动法还是用中国国内劳动相关法律来调整的问题。

7. 促使朝鲜加入国际条约。因为朝鲜未加入《关于承认外国仲裁协议和执行的国际联合协定》(纽约协定)和《关于解决本国与外国公民之间的投资纠纷的协定》(华盛顿协议),能够参考和适用国际贸易惯例、投资惯例的可能性和"实效性"欠缺,因此促使朝鲜加入国际条约,使其成为国际关系法的主体受国际条约的约束,可以有效解决涉外经济纠纷,保障实际执行的效力。

8. 建议国内要设立专门研究朝鲜对外开放法律体制的机构和研究队伍。一方面帮助朝鲜的对外经济法制建设,另一方面为我国在中朝经济贸易合作中出现的一系列法律问题进行对策研究。

韩国环境影响评价法的演变及借鉴意义

金　哲*

一、引言

环境问题的一大特点就是它具有广域性如大气污染不会被国界简单地阻隔。中韩作为近邻，其中一国的环境问题有可能影响对方国家。作为东亚的重要组成部分，中韩两国的环境保护与可持续发展进程对整个东亚区域也具有重大影响。保护本地区的生态环境、促进区域可持续发展，需要中韩乃至其他周边国家的共同努力。近几年，双方在沙尘暴研究、东亚酸沉降监测网、环境教育、环保产业等多个方面的合作已取得可喜成果，而这种成果的收获需要相关法律的支持与保障。① 所以，中韩两国在环境领域的合作与交流中有必要了解对方国家的环境法并可以从中相互借鉴。其中，环境影响评价（除特定法规名称以外，以下简称环评）作为具体体现预防环境污染原则的法律制度，包括中韩两国在内的世界多数国家作为环境保护的主要制度均已国内立法。环评制度起源于美国国会1969年通过并于1970年1月1日生效的《国家环境政策法》（National Environmental Policy Act,

---

* 中国政法大学国际法学院副教授，韩国高丽大学法学博士。研究方向：国际法、国际环境法、中日韩环境法比较。

① ［韩］金哲："中韩日环境法沿革之比较"，载韩国《中国法研究》2008年第9集。

NEPA),[①]一般来讲,环评是指对决策或项目实施后可能造成的环境影响进行分析、论证、预测和评估,提出预防或减轻不良环境影响的对策和措施,并进行跟踪监测的方法和制度。环评制度如果切实有效地得到实施,可避免“先污染后治理”的怪圈并实现可持续发展,因而被誉为20世纪最成功的环保法领域的创新。

随着自然生态遭到破坏以及环境污染问题日益严重,各国先后认识到仅仅依靠治理污染物等事后对策已经无法根本解决环境污染问题,所以在各领域开发项目的推进阶段应预先考虑环境因素,以便预防环境生态的恶化并实现可持续发展,环评制度就是实现这一目标的法律手段。环评就是在经济开发中要求预先考虑环境因素,由于开发项目行为必然影响自然环境和生活环境,但一国又在现实当中不能对经济的停滞放任不管,尤其对发展中国家来讲,往往在经济发展与环境保护博弈的地位中前者占优。韩国的环境问题始于1962年经济开发5年计划正式实施,当时韩国是世界上最穷的国家之一,1962年人均GDP仅为85美元。这种工业规模极其微小,国家到处借外债的背景下,民众也很少关注环境问题,但就是1963年,韩国却制定了《公害防止法》,意味着韩国环境法正式诞生。[②] 而韩国的环评法制定于1993年6月,早于日本和中国。在这种背景之下,本文分析研究韩国的环评制度在每一阶段时期的演变过程及其一些特点,旨在提示对我国的借鉴意义。

二、《环境保全法》时期的环评法

根据1974年12月修订的《公害防止法施行令》(总统令第7824号)第2条(排放设施的安装许可申请)规定,排放设施的安装许可申请人须向保健社会部长官提交排放设施周边的微气候调查报告及水利水质调查报告等。韩国一些学者主张该施行令的规定为韩国环评制度的雏形。[③]

1977年12月制定的《环境保全法》(法律第3078号)第5条(事前协商)规

---

① 参见美国《国家环境政策法》第102条(2)(C)。

② [韩]金哲:“中韩日环境法沿革之比较”,载韩国《中国法研究》2008年第9集。

③ [韩]李荣洙等5人:“关于完善以预防环境矛盾为目的的环境评价制度方案的研究”,载《韩国环境政策及评价研究院政策报告书》2012年4月,第5页。该研究报告没有明示该施行令修订版本的年度,但以施行令的具体规定内容为依据以及据笔者调查韩国法规文献的结果显示:该施行令为1974年版本。但是1971年8月(总统令第5751号)修订的《公害防止法施行令》第2条(排放设施的安装许可申请)已有类似的规定。这意味着韩国一些学者观点的主张根据应为1971年修订的该施行令的第2条规定。

定:“制定关于城市开发或产业园地的成立、能源开发等影响环境保全的计划者,根据总统令规定,应当与保健社会部长官事先对该计划进行协商。”从而为现行环评制度提供了法律依据。[①] 韩国环境部也认为1977年制定的《环境保全法》最初引进了环评制度。[②] 但该条款是原则性规定,作为下位法,1978年6月制定的《环境保全法施行令》(总统令第9066号)第4条(环境影响评价调查报告的制定)规定:“(1)根据法第五条规定,制定影响环境保全计划的行政机关的首长制定与该计划草案以及由于实施计划而将要影响环境的预测及影响的评价有关的调查报告,并应事先与保健社会部长官进行协商。(2)关于制定环境影响评价调查报告的要件,由保健社会部长官规定。”该总统令首次使用了“环境影响评价”的用语并规定了预测及评价环境影响的要求。但是进一步的内容授权保健社会部长官,由其具体规定。根据该总统令于1978年7月制定的《环境保全法施行规则》(保健社会部令第602号)却没有相关条款规定环评调查报告制定要件的具体内容,因此,环评制度在当时很难具体执行。

1979年12月28日修订的《环境保全法》(法律第3213号)第5条(环境影响评价及协商)规定:“制定城市开发、工业园地的设立、能源开发、工业港或道路的建设、水资源的开发以及其他由总统令规定的影响环境保全项目有关计划的行政机关的首长,应当根据总统令规定评价该计划对环境的影响并事先与环境厅长进行协商。”此次修订是国会制定的法律层面上首次明确使用“环境影响评价”用语,而且扩大了实施环评的范围。

1980年8月修订的《环境保全法施行令》(总统令第9989号)第4条(环境影响评价对象项目)具体规定了《环境保全法》第5条授权总统令补充环评对象项目的范围,施行令将环评对象项目的范围扩大至铁路、机场、围垦地及港湾的建设以及住宅楼园区的开发。第4条之2(环境影响评价书的制定)第2款规定,由环境厅长规定环评书的记载事项、制定方法及制定要件。第4条之3(协议程序)第1款规定了环境厅长审查环评书时认为该项目对环境保全具有明显的阻碍风险而有必要调整项目计划的,可以征得中央环境咨询委员会的咨询并要求主管该项目计划的行政机关首长采取项目计划的调整及完善等措施。总而言之,该总统令的修订一方面扩大了环评对象的范围,另一方面细化了一些“环评”程序。

1981年12月修订的《环境保全法》第5条(环境影响评价及协议)第1款规

---

① [韩]朴均省、咸泰成:《环境法》(第5版),博英社2012年版,第250页。

② 韩国环境部:《2013年环境白皮书》2013年12月,第360页。

定,实施环评的主体由行政机关首长扩大至公共团体及政府投资机关长。第2款规定,环境厅长为了环评应当采取必要的科研开发及培养技术人员等措施并收集、保存国内外的相关信息及资料,必要时可以向国民公布或让其利用。而第5条之2(环境影响评价的代理)则允许根据保健社会保健部令规定,环境厅厅长指定并公告的国立公立研究机关、政府出资研究机关等具备环评能力者可以代理制定环评书。

根据1986年12月修订的《环境保全法》第5条(环境影响评价书的制定)第1款将实施环评的主体不再仅限于非民间团体,而只是规定为"项目实施者"。这样民间主体实施开发的观光园地项目也进入了环评对象范围。此后,环评对象包括公共部门及民间部门的11个领域32类项目。

三、《环境政策基本法》时期的环评法

1990年,环境厅升格为环境处(副部级)的同时,《环境保全法》被废除,取而代之的是《环境政策基本法》(1990年8月1日以法律第4257号制定,1991年2月2日实施)。制定该基本法的理由是:原来的《环境保全法》综合规定大气、水质、噪音振动等不同性质的领域,无法有效应对日益多样化、复杂化的环境问题。因此,分别制定各领域单行法的同时,确实保障宪法明示的国民的环境权,提出国家环境保全政策的基本理念与方向,调整环境相关法律相互之间合理的体系,同时环境保全政策作为国策有机统一地推进。①

作为实现立法目的之一环,该基本法第2章"环境保全计划制定等"中第4节以"环境影响评价"为标题专门规定了环评制度。具体内容包括环评书的制定(第26条)、环评书的审查(第27条)、"环评"的监督管理(第28条)等内容。有关内容又在《环境政策基本法施行令》(1991年2月2日以总统令第13303号制定,1991年2月2日实施)中进一步细化,具体内容包括环评对象范围(第7条)、居民意见的听取(第8条)、环评代理人的指定(第9条)、环评书的内容(第10条)、"环评书"协商内容的通报(第11条)、对协商内容的异议申请及再协商(第12条)、项目开工的申告及事先项目施工的禁止(第13条、第15条)、对协商内容未履行人的措施(第14条)以及作为咨询机构的中央环境保全咨询委员会的具体

---

① 韩国国家法规信息中心:《环境政策基本法》制定、修订理由,载 http://www.law.go.kr/lsInfoP.do?lsiSeq=615&lsId=&efYd=19910202&chrClsCd=010202&urlMode=lsEfInfoR&viewCls=lsRvsDocInfoR#0000。

规定等。

基本法及其施行令的环评规定相比《环境保全法》时期,大幅度完善并得到强化。环评对象范围从过去的11个领域32类项目扩大为15个领域47类项目,要求环评书中应当反映受到环境影响的居民意见,赋予环境处行使环评协商内容的事后调查、确认并监督的权利。总之,《环境政策基本法》及其施行令的相关条款已经具备了环评制度的基本因素,从而确保了环评的实效性。

四、单行环评法时期

《环境政策基本法》从其名称便知,该法是主要规定环境政策基本方向的环境基本法,而在该基本法中具体规定环评的适用范围、时期、协商程序以及执行事项,实际上不太现实。因此,有必要出台专门规定环评制度的单行法规。于是,分离并吸收《环境政策基本法》的环评有关条款,并大幅完善内容的《环境影响评价法》于1993年6月11日以法律4567号制定,并从1993年12月12日起实施。该法由第一章"总则"、第二章"环评适用项目等"、第三章"'环评书'的制定等"、第四章"环评书的协商等"、第五章"协商内容的监督等"、第六章"补则"、第七章"罚则"等7章37条组成。本法对"环评"做了明确的定义(第2条第1项),环评适用范围也扩大至16个领域59类项目(4四条),强化了居民意见听取制度(第9条),并且规范环评书的制定与协商程序的同时,强化了事后的监督管理,也专设并加重了环评违法行为的惩罚制度。

之后,韩国随着实施地方自治制度、加入经济合作与发展组织(经合组织:OECD)等,围绕环评的国内外条件发生了相当大的变化,①于是1997年3月7日以法律第5302号第一次修订了环评法。修改的主要内容包括:(1)对不属于环评范围的项目,根据区域特性以及各市、道的地方条例,也可以实施环评;(2)环评协商内容通报后,一定期限内未能开工的,项目实施人应当重新进行协商;(3)由于发生环评协商时预想不到的环境影响而严重影响周边环境的公共项目,环境部长官可以要求韩国环境政策及评价研究院院长实施环境影响再评价;(4)为了专门审查环评书,设立韩国环境政策及评价研究院;(5)新设对虚假制定环评书的罚则。

对一定规模的开发项目,韩国除了实施环评以外,根据各单行法律对其交通、灾害、人口的影响也实施评价。由此,对于项目开发人来讲,导致程序重复、增加

---

① [韩]朴均省、咸泰成:《环境法》(第5版),博英社2012年版,第251页。

经济负担的结果。所以,根据《行政规制基本法》规定的规制整备计划,为了在各种影响评价中能够统一实施意见听取程序,同时为了提供整合影响评价的基础,并改善现行制度在运营当中出现的问题,[①]1999 年 12 月 31 日制定《关于环境、交通、灾害等的影响评价法》(法律第 6095 号,2001 年 1 月 1 日实施)(以下简称"统一环评法")并替代了《环境影响评价法》。

"统一环评法"实施以来,过去存在的程序重复及费用过多的问题等依然存在,该法只是形式上的整合,实际上各种评价制度未能实现统一运营。[②] 在没有有效解决主管部门之间以及每一评价方式的有机协调或统一的情况下,这种形式上的整合是无法解决前述问题的。

韩国认识到"统一环评法"存在的问题以后,于 2008 年 3 月 28 日重新制定《环境影响评价法》(法律第 9037 号,2009 年 1 月 1 日实施),该法旨在将环评制度从交通、灾害以及人口影响评价中分离并仅限于规定环评制度,同时完善了一些现行制度在运营过程中出现的问题。例如,对所有项目要求确定评价项目及范围(scoping)程序、引进简易环评程序、明确评价书等的公开制度,等等。

环评制度作为环境污染预防原则的实现机制,其有效性得到普遍的认可,在韩国也发挥了其应有的作用。但是,也有人批评环评制度的实施并未有效保全及合理利用国土。批评人士指出,因为环评在开发计划的制定及实施有关的决策过程中,未能有效履行环境保护方面的决策支援功能即环评的过程及结果在制定及实施开发计划中未能发挥环境保护的引导作用,而将开发计划的实施为事实上的前提,只是停留在缩小一部分项目规模或提出项目实施过程中环境影响减少方案的程度。[③] 于是,至少应当在制定计划阶段有必要实施环评即应当引进战略环评。

战略环评制度产生于美国 1969 年的《国家环境政策法》。该法案提出"在对人类环境质量具有重大影响的每一项建议或立法建议报告和其他重大联邦行动中,均应由负责官员提供关于该行动可能产生的环境影响说明"。20 世纪 70 年代中期,欧美其他国家开始将环境影响评价的应用扩展到战略层次。20 世纪 80 年代末,战略环评开始被全世界广泛接受,作用于战略实施全过程(政策—计划—

---

① 韩国国家法规信息中心:《关于环境、交通、灾害等影响评价法》制定、修订理由,载 http://www.law.go.kr/lsInfoP.do?lsiSeq=56512&lsId=&efYd=20010101&chrClsCd=010202&urlMode=lsEfInfoR&viewCls=lsRvsDocInfoR#0000。

② [韩]朴均省、咸泰成:《环境法》(第 5 版),博英社 2012 年版,第 253 页。

③ 韩国环境部:《2013 年环境白皮书》2013 年 12 月,第 360 页。

规划—项目),新的环评体系逐渐形成。①

其实,1999 年起韩国实施了被视为战略环评初步阶段的事前环境性审查制度。但是,该制度存在审查行政计划的局限性、评价项目及方法的抽象性,更重要的是未能在计划制定过程中发挥职能性作用等问题。② 这个时期,影响环境的行政计划以及小型开发项目是根据《环境政策基本法》的规定,实施事前环境性审查,而大型开发项目则根据《环境影响评价法》的规定实施环评。但是,由于属于同一目的的评价制度分别规定于不同法律,所以评价程序复杂而且部分程序重复,导致协商期限拖延等问题。为了整合二元化的环评制度规定为一部法律,合理完善评价程序并提高环评制度的整体性以及有效性,③2011 年 7 月 21 日全面修改《环境影响评价法》(法律第 10892 号)并于 2012 年 7 月 22 日起实施。此次全面修改包括以下主要内容。

第一,环评制度的区分(第 2 条)。将环评制度区分为战略环评、环评以及小型环评,过去属于《环境政策基本法》调整的事前环境性审查对象中,行政计划适用战略环评,开发项目则适用小型环评。

第二,环评协商会的组成及运营(第 8 条)。将环境性审查协商会、环评计划书审议委员会及异议申请审议委员会整合成环评协商会,并规定协商会成员中应当包括居民代表以及市民团体等民间人士。

第三,战略环评以及环评的项目、范围等的决定(第 11 条、第 24 条)。决定评价项目时环境、生态价值大的区域应当考虑季节性变化,已经决定的评价项目、范围等应当公开并应当听取居民意见。

第四,环评等的整合实施(第 50 条)。作为特例,根据有关法规整合制定开发基本计划与环评对象的项目计划时,应当合并审查战略环评与项目环评并允许实施战略环评与项目环评之一,而非两者。

五、结论:对我国的借鉴意义

我国环评制度的形成时期与韩国一样属于 20 世纪 70 年代。1978 年中共中央在批转国务院关于《环境保护工作汇报要点》的报告中,首次提出了进行环境

---

① 潘岳:“战略环评与可持续发展”,载《国家行政学院学报》2007 年。

② 韩国环境部:《2013 年环境白皮书》2013 年 12 月,第 361 页。

③ 韩国国家法规信息中心:《环境影响评价法》制定、修订理由,载 http://www.law.go.kr/lsInfoP.do?lsiSeq=115016&lsId=&efYd=20130323&chrClsCd=010202&urlMode=lsEfInfoR&viewCls=lsRvsDocInfoR#0000。

影响评价工作的意向。而1979年9月颁布的《环境保护法(试行)》第6条、第7条对环境影响评价做出了一些规定。而全国人大制定的第一部单行环评法则于2002年10月28日通过并从2003年9月1日起施行,之后陆续制定了一系列配套的部门规章。

如前所述,同属始于20世纪70年代的韩国环评法演变过程对我国有以下几点借鉴意义:

第一,一般来讲,为了保持法律的权威性和社会的稳定性,一部法律的修改应当再三论证并稳妥推进(如宪法、民法等)。但是,如同环评法这样需要防止环境污染并积极应对经济开发项目领域的行政法规,应当积极能动地适应社会经济的发展变化并在实践中不断地实现自我完善。韩国的环评法演变过程就是"大修小修"不断的过程,其中也走过一些弯路(如"统一环评法"的教训等),但是整体上朝着自我完善的方向发展。我国的单行环评法实施已过10年,对我国的环境保护以及可持续发展做出了积极的贡献。但是这部在起草及出台过程中就"历经磨难"的法律,在施行仅两三年后即被一些专家和官员认为"先天不足"而"需要大修",同时又因为"法律不稳定,不仅会影响社会行为预期,而且还会增加法律成本"等原因驻足。[①] 韩国适时灵活完善环评法的做法值得我国立法界借鉴。

第二,虽然我国的环评法10余年未变,但是相关部门一直出台(或修改)一系列国务院条例或部门规定(2003年的《环境影响评价审查专家库管理办法》开始一直到2009年的《规划环境影响评价条例》)。反观韩国,国会制定环评法之后,具体内容授权总统制定施行令来规定,而操作规程则授权环境部制定施行规则来规定。这样,通过"法律—施行令—施行规则"的一体化立法体系,"一对一、层层授权、层层细化"。无论是环评实施主体还是主管部门易于掌握法规内容,易于实现立法宗旨。而且由于下位法的规定内容是由上位法明确限定其范围,所以下位法即使历经数次修改,也很难超越上位法的授权范围。而我国的问题是对于具体的环评适用范围、评价方法、评价程序等问题,制定多部国务院条例以及环保部的部门规章,而且有时法律颁布后若干年却得不到配套立法的支持,影响了环评法的实施效果。

第三,关于战略环评,韩国从事前环境性审查制度逐渐演变为对计划的环评过程,而且对于战略环评对象的计划范围,做了明确具体的规定。而我国的战略环评停留在"规划环评"阶段,而"规划"与"计划"的区别却不明确,"规划环评"

---

① "《环境影响评价法》修改建议",载《中国环境报》2010年1月1日。

的范围也不是非常清晰,导致“规划环评”很难实施。据报道,“规划未经环评就通过审批的违法现象突出,事实上,对于规划未做环评就违法批复的问题,环保部与发改委也已意识到。”①令人欣慰的是,2014年修订的《环保法》第14条规定要求国务院有关部门和省级政府制定有关政策时应当充分考虑对环境的影响并听取有关方面和专家的意见。希望此规定将来进一步细化并推动我国战略环评制度的完善。

① “环评报告审批流于形式　公众参与走过场”,载《法制日报》2011年9月21日。

探析韩国的自然物诉讼

卢青锡*

一、自然物诉讼概述

(一)问题的提出

人的权利,法律上所讲的权利指的是可以享受到特别利益的法律上的力量,人的权利是从什么时候开始得到保障的?人的权利也经历了从无保障到有保障的过程。同理,相对于人类而言,自然物是否也应享有其应有的权利(即以自然的状态存在的权利)?① 是否也应具有法律上的权利?是否也有权利站在法庭②上为自己主张权利?一直以来自然或自然物只是人类的开发和利用的对象而已,根本没有把它视为一个权利主体对待,所以自然物也没能进入到权利领域。但是随着对自然开发和利用的持续的深入,必然会造成自然的破坏和污染,其结果是人们的生存环境和生活环境受到了影响。保护自然环境和开发自然环境之间的矛盾,终归需要通过某种途径

---

* 延边大学法学院副教授,韩国延世大学法学博士。研究方向:环境法、行政法学、韩国环境法、韩国行政法。

① 何为自然物的权利?自然物能否如人类具有相应的权利或自然物的权利应包括哪些权利?很难给其下一个具体明确的定义。

② Cristopher D. Stone,《站在法庭上的树木》(Should Trees Have Standing? and other essays on law, morals and the environment),[韩]许凡(音译)译,ARCHE出版社2003年版。书中摘取:山、湖泊、江河等受到人类的侵害时,是否也有以加害者为对象向法院提起损害赔偿诉讼或排除妨碍的权利?——作者注。载 http://blog.naver.com/arche4ever/150071352459。

去解决:或由政府起诉相应的机关或企业,或者是由自然人、企业、环保团体等起诉相应的机关或企业以谋求自然环境问题的解决。根据法律的规定其起诉理由是自然环境的破坏或污染必须与其存在所谓的“利害关系”。政府或企业可能自己就是开发或利用自然环境的主体,所以不可能自己起诉自己。自然人和环境保护团体应与开发和利用自然环境的行为存在所谓的“利害关系”才有资格起诉,但大多数情况下两者之间是不存在所谓的法律规定的直接的“利害关系”的,所以也不具有起诉的原告资格。如果还有可以提起诉讼的主体,最后剩下的只能是自然物自己作为原告提起诉讼即以山、河流、公园、动物、植物等自然物为原告提起诉讼,以维护自然物自己的权益,其前提条件是承认自然物的权利。可归结为是自然与“想要破坏或支配自然的人”之间的法律上的争论。这可以认为是自然物诉讼的由来,或可以说是自然物借保护自然的名义来对抗开发自然的国家的行为,以达到维持良好自然环境的目的,这也是国家发展和存在的理由所在。

(二)外国的自然物诉讼(以美国和日本为例)

在国外出现的自然物诉讼中属美国和日本的判例较为突出。如美国,1972年美国联邦最高法院的“塞拉俱乐部诉内政部长莫顿案”中道格拉斯大法官在其反对意见中提出了著名的“自然物诉讼”的观点。在反对意见中提出“如果我们重新塑造一个联邦规则,允许以自然物的名义,在联邦部门或联邦法院对那些掠夺、丑化,或者被公路或推土机侵略以及那些引起公愤的损害提起诉讼,那么,环境问题上有关‘诉讼资格’的关键性问题将简单化。当代公众对保护自然生态平衡的关注应当趋向于授予环境对象以诉讼资格,让它们可以以自己的保存而提起诉讼”,“这就是为什么这些环境问题的诉讼资格应当由自然物本身来享有,这样就可以确保它代表的所有形式的生命——那些吃木头的啄木鸟、那些山狗(coyote)和熊、那些旅鼠和河流里的鲑鱼,都可以站在法庭上。虽然那些生态系统中不善于表达的成员无法自己表达意见,但是那些熟知它们的价值和奇迹的人可以为整个生态社区代言”。2003年美国上诉法院第十巡回法院的“格兰德河鲦鱼诉美国垦务局局长约翰·W. 基斯案”的一大特色是以濒危物种—格兰德河鲦鱼作为共同原告之一来提起诉讼。还有,2004年“鲸鱼社区诉布什案”中鲸鱼社区以单独名义向夏威夷联邦地区法院提起诉讼,原告成员包括海洋鲸类、海豚、海狮等大约80种海洋动物,塞拉俱乐部任其代理人。2003年3月法院以原告不适格为由裁定驳回起诉。联邦第九巡回上诉法院认为“联合诉讼资格以社会组织的成员享受诉权为前提。动物无诉权,其组成的组织也无法满足诉讼资格的要求。"①

日本自然物诉讼的典型判例是龙美环境行政诉讼,该案件第一次将珍贵动物列为原告之一。1995年2月23日,由多方组成的原告团(包括濒临灭绝的珍稀动物、居民、环保团体)以鹿儿岛县知事为被告向鹿儿岛地方法院提起请求法院确认鹿儿岛县做出的林地开发许可无效并撤销该行政许可的诉讼。虽然法院驳回了原告的诉讼请求,但保护自然的观念深入人心,促进了环保意识的提高和环境法律制度的构建。②

(三)韩国的自然物诉讼

在韩国,近几年的司法实践中也出现了涉及"自然物"的诉讼,可以认为是在传统的诉讼模式基础上出现了一个新的诉讼种类。出现自然物诉讼的原因多是为保护相关领域的特定的自然物(诉讼中出现的动物有天然纪念物蝾螈、蛎鹬、绯鼠耳蝠、水獭、天鹅等)而发生的,司法实践中出现的自然物诉讼正是反映了政府开发自然环境政策或行为与保护环境之间的制衡关系,也是国家的发展政策和国民的保护环境之间的矛盾的集中体现。虽然韩国《宪法》第35条第1款规定"所有国民都享有生活在舒适环境中的权利,国家与国民应致力于环境保全"、《环境政策基本法》第4条(国家及地方自治团体的责务)第1款规定"国家有义务预防环境污染及环境毁损和其危害,为了适时管理和保全环境,具有树立环境保全计划和实施的责任"、第2款规定"地方自治团体应考虑其管辖区域的特点,具有依据国家的环境保全计划树立本地方的计划和实施的责任"。法律明确规定了国家和地方自治地区政府的环境保护的义务和责任,但对国家行为所造成的环境污染或破坏行为该如何处理?虽然可以依据国家赔偿法对因环境污染或破坏行为所造成的损害提出赔偿要求,但它只是事后对损害的救济而已,不是对自然环境的救济或是把生态环境恢复到原状。环境保护中重要的是事前的预防,所以对国家行为实施前对其进行究问是环保工作的非常重要的一环,其方法之一就是利用司法程序究问政府开发行为的正当性和合法性。与国家行为具有利害关系的少数居民、大多数情况下无利害关系的环境保护团体,借助特定的自然物为原告对国家行为(如规划、计划等)提起环境诉讼,其目的是为了维护环境公共利益即为保护特定区域的自然环境或栖息于此的濒危动植物。从处于相对弱势的居民、环境保护团体的角度来讲,仅仅依据他们的力量是不足以形成较大的影响力的,所以在起诉时把特定的自然物作为原告,他们则以它的代理人身份一并提起诉讼,以阻止政府的开发自然环境的行为或促成

① 载 http://www.exam8.com/lunwen/faxue/xingzhengfa/201006/1805030_3.html。

② 载 http://www.annian.net/show.aspx?id=16693&cid=18。

政府开发行为的科学性和合理性。韩国的自然物诉讼就是在这样的矛盾环境下发生的,对政府的开发行为起到了纠正和促进其合理规划的作用。

二、韩国的诉讼中自然物与“原告资格”

(一)原告资格和扩大“原告资格”

原告资格是指在诉讼中可以主张自己权利的能力或资格。只有具备相应资格的人才可以参与诉讼和承担相应的诉讼责任。自然物是否具有上述能力或资格,能否承担相应的责任?依据现行韩国法律规定,自然物是不具有原告资格的即自然物自己是不能启动权益救济手段之司法程序和进入诉讼中为自己的权利进行辩护。

根据韩国的法律规定,原告是应与所诉纠纷存在所谓的“法律上利益关系”的人即具有“诉之利益者”,应存在可以利用国家的裁判制度的实质上的价值和必要性即通过该诉讼获得利益。例如,韩国《行政诉讼法》第12条规定“撤销诉讼由与请求撤销处分等存有法律上利益的人提起”,原告的利益必须是由该处分所依据的法律所保护的直接的和具体的利益,把那些具有间接的和将来的利益的人等排除在原告之外,他们不具有提起诉讼的原告资格。如此,按现行的法律规定,可以成为原告的只能是自然人、法人、组织、行政机关等,并不包括自然物。但下列考虑是应该的:政府的开发自然环境的政策或行为在一定程度上危害着环境,继而影响着以人为中心的人类的生存环境和生活环境,人的权利受到侵害时,可以通过司法程序等获得权益救济。但在自然环境受到侵害(污染或破坏)时,该如何保护环境本身的利益呢?自然物自己作为原告提起诉讼,在现实生活中是不太可能的。或者是由环境保护相关的环境保护团体代为提起诉讼,那就涉及扩大“原告资格”的问题和认定环境保护团体的原告资格的问题。但环境保护团体与政府开发自然环境的行为或企业开发环境的行为之间是不存在所谓直接的、具体的“利害关系”的即不符合最为基本的起诉要件,法院也无从受理环境保护团体的诉状和启动司法程序来保护环境。最为可行的方法是通过立法(制定或修改相应的法律)程序来扩大原告资格,认定环境保护团体等的当事者资格,由保护特定领域环境的环境保护团体①代为起诉来保护该自然物的权利。

---

① 韩国的“全国环境团体协议会”成员有:全国自然保护中央会、韩国海洋环境安全协会、环境与人们、绿色未来实践联合、疏通洛东江水道市民联合、荣山江水道复原市民联合、促进水资源确保市民联合、全国河床保全联合等11个团体。此外,环保团体还有环境运动联合、环境实践联合会、绿色联合、环境保全协会、女性环境联合、绿色成长实践联合、先进环境联合、绿色化工论坛、富国环境论坛等。

(二)自然物可否具有原告资格

不具有生命力的法人如企业、社团等法人发生与己有关的纠纷时是有权利以自己名义利用司法程序获得权益救济的。但对于随时会受到政府开发行为或政府许可的开发行为侵害的自然来说,即使受到了侵害,自然本身是不能为自己主张权利的,那么保护环境的责任则应归于政府。政府在发展经济和保护自然环境的过程中,不可避免的会做出损害自然环境的行为。在这种情况下政府是不可能自己起诉自己的,那么则需要由政府以外的另一个主体发动司法程序来保护自然环境。在没有认定自然物的原告资格的现实情况下,在韩国出现了由环境保护团体、居民等作为自然物的代理人提起的环境诉讼即以特定区域内生存的动物、海洋等自然物为原告,环境保护团体或居民作为该自然物的代理人的环境诉讼。这就涉及到具体的自然物受到损害和作为诉讼当事者参与诉讼的问题;发生在韩国的几起环境诉讼同样也涉及了天然纪念物之蝾螈、蛎鹬、水獭、天鹅等几种自然物,而且这些自然物在诉讼中一直参与到大法院做出终审判决为止。虽然法院最终以判决的方式明确了这些自然物因不具有履行诉讼的能力以及现行法律和习惯法等没有规定自然物可以成为诉讼的当事者,而终被否定了原告资格。但韩国法院许可自然物(与其代理人等)参与到诉讼中来本身就是一种默许即许可自然物进入司法程序之后最终驳回其诉求。依据韩国法律规定,起诉也要符合相应的起诉要件才可以启动司法程序即要满足形式要件(如我国的起诉条件)之后才可以对相应纠纷进行本案判决。

三、韩国司法实践中的自然物诉讼

(一)大法院判例:千圣山"蝾螈"(Hynobius leechi)诉讼①

该判例的正式名称是"工程禁止施工保全处分案",是韩国第一起由自然物提起的所谓的"自然物诉讼"(属民事诉讼),在韩国也称为"千圣山蝾螈诉讼"。对此判例,各级法院的态度是,一审蔚山地方法院在其作出的决定中指出"民事上

---

① 韩国大法院 2006. 6. 2. Za2004Ma1148,149 决定[工程禁止施工保全处分案]:《韩国大法院判例选编》(第 1 卷),吴日焕等编译,法律出版社 2009 年版,第 470 ~ 476 页。案情:1989 年韩国政府决定建设一条从首尔至釜山的京釜高速铁路,全长 409 公里。1990 年确定高速铁路的路线,1992 年开始正式施工,该路线需贯通天圣山和开凿名为元晓隧道的隧道。对此位于天圣山的寺庙和自然物、环保团体以保护自然生态环境和天圣山特有的动物"蝾螈"为理由向蔚山地方法院提出禁止与元晓隧道相关工程的假处分申请。2004 年一审法院驳回假处分申请,向二审法院之釜山高等法院提出抗诉和被二审法院驳回抗告。向大法院提出再抗告和 2006 年被大法院驳回再抗告。至此案件终结。

的假处分的前提是应存在依该假处分可保全的权利关系,其权利关系应具有受到法律保护的资格。我国《民事诉讼法》第51条①规定关于当事者能力应依据民法和其他法律的规定,该法第52条②也规定了具有代表者或管理者的不是法人的社团或财团也可以认定其诉讼上的当事者能力。但自然物之蝾螈或包括蝾螈在内的自然本身,据现行法律的解释没有可以认定其当事者能力的根据"。③ 二审釜山高等法院在其作出的决定中对自然物蝾螈的当事者能力指出"自然物蝾螈或包括蝾螈在内的自然本身,对此没有可以认定它们的当事者能力的现行法律规定,也没有可以认定它们的当事者能力的习惯法,所以认为申请人具有当事者能力的申请人团体的主张是没有理由的。因此申请人蝾螈的本案假处分申请是不合法的"。最后法院认为"本案申请中申请人蝾螈因不具有当事者能力,属不合法,因而驳回其申请,其余申请人等的申请因不具有被保全权利及保全的必要性而驳回其申请,原审对此的决定是正当的。申请人等的抗告属没有理由,所以驳回其所有申请"。④ 三审大法院在其作出的决定中对自然物蝾螈的当事者能力认为"查看原审决定理由之记录,蝾螈是生活在千圣山一带的属于蝾螈科的两栖类动物,原审认为的对本案而言自然物蝾螈或包括蝾螈在内的自然本身因不具有履行本案的当事者能力而没有认定它们的当事者资格。原审法院的判断是正当的,不存在对上述申请人的当事者能力的误解法理等的违法",最后大法院做出"驳回全部再抗告"的决定。⑤ 该判例中除了自然物"蝾螈",还有自然物内院寺、弥陀庵和环境保护团体"蝾螈之友"共同参与到了诉讼之中。内院寺、弥陀庵是位于千圣山的传统寺庙,位于隧道附近和对隧道工程区间中的部分土地享有所有权,它们申请禁止本案隧道施工的目的是为了排除或防止对其环境利益的侵害。环境保护团体"蝾螈之友"是为保护包括千圣山在内的自然环境与生态系的保全而设立

---

① 参见《韩国民事诉讼法》第51条规定:"关于当事者能力、诉讼能力、诉讼无能力者的法定代理和诉讼行为所需的必要的权限授权,本法没有特别规定时,依据民法、其他法律的规定。"

② 参见《韩国民事诉讼法》第52条规定:"不是法人的社团或财团,如有代表者或管理者时,也可以依其社团或财团的名义成为当事者。"

③ 韩国蔚山地方法院2004.4.8. Za2003KaHap982决定,载http://glaw.scourt.go.kr/jbsonw/jsp/jbsonc/jbsonc08.jsp? docID=350B693F06018096E0438C0139828096&courtValue=울산지방법원&caseNum=2003카합982。

④ 韩国釜山高等法院2004.11.29. Za2004Ra41,2004Ra42(合并)决定,载http://glaw.scourt.go.kr/jbsonw/jsp/jbsonc/jbsonc08.jsp? docID=350E47AE24EA6016E0438C01 39826016&courtValue=부산고등법원&caseNum=2004라41。

⑤ 韩国大法院2006.6.2. Za2004Ma1148,1149决定,载http://glaw.scourt.go.kr/jbsonw/jsp/jbsonc/jbsonc08.jsp。

的非法人社团。对上述申请人，法院认为上述申请人不得依据规定环境权的《宪法》第35条第1款或自然防卫权等宪法规定的权利，直接请求禁止韩国铁道设施工团施工的高速铁路。环境政策基本法等相关法令的规定也不得解释为产生上述具体的请求权。大法院也否定了上述自然物和环境保护团体的申请人资格即它们无权请求禁止隧道工程的施工。

（二）地方法院判例：自然物“蛎鹬”（Oystercatcher）诉讼（首尔行政法院）[①]

该判例的正式名称是“撤销工程规划许可处分等案”，是继自然物蝾螈诉讼之后又一起以“自然物蛎鹬”为原告提起的诉讼，由首尔行政法院进行裁判的案件。法院在判决书中认为“蛎鹬是自然物，虽然保护自然物的必要性是巨大的，但还没有可以认定自然本身的当事者能力的现行法律，也没有可以认定自然物的当事者能力的习惯法。所以，要求撤销或无效确认复合火力发电厂工程规划许可处分的蛎鹬的当事者能力是不能认定的，是不合法的”，“驳回原告蛎鹬的起诉，其余原告们的本案请求中确认无效的无效确认部分属没有理由。请求撤销本案处分的部分虽然有理，但如任用则会对公共福利造成重大的损害，所以也驳回这部分的起诉。但明示了本案处分是违法的”。根据韩国行政诉讼法的规定，该判例属“事情判决”（如我国的情势判决）即按理应该撤销违法的行政处分，但如果撤销该行政处分则会对公共利益造成重大的损害时，法律规定法院在对违法的行政处分确认其为违法的同时，可以做出驳回原告诉讼请求的判决，当然与违法的行政处分相关的赔偿问题也应该妥善处理。如若不然，原告的权益则会得不到救济。

此外，还有韩国忠清北道清州地方法院2008年作出的“忠州可金—漆琴道路扩建工程区域决定处分等无效确认诉讼”中驳回了“因道路扩建工程而忧虑生态系会遭受破坏，由栖息于工程区域附近的绯鼠耳蝠、水獭、天鹅等七种动物和环境保护团体等48名提起的诉讼请求”。清州地方法院行政部（即行政审判庭）在其作出的判决书中指出“原告们主张因道路扩建而丧失栖息地的绯鼠耳

① 首尔行政法院2010.4.23. 宣告2008GuHap判决（确定）。案情：韩国知识经济部决定在全罗北道群山附近建设群山复合火力发电厂，该区域栖息着将近5500余只天然纪念物蛎鹬等，发电厂一旦建成从该发电厂排放的废气和温排水等会危及蛎鹬等的生存环境。2008年7月，自然物蛎鹬、环境保护团体“大田绿色联合”、居民等向首尔行政法院以知识经济部长官为被告提起要求撤销群山复合火力发电厂许可处分的行政诉讼。2010年3月9日辩论终结，2010年4月23日法院作出驳回原告诉讼请求和确认被告所作的工程规划许可处分是违法的事情判决。载 http://glaw. scourt. go. kr/jbsonw/jsp/jbsonc/jbsonc08. jsp。

蝠等动物依据动物保护法等的规定具有维护自己权益的权利,因而也具有诉讼当事者的能力。但作为诉讼当事者应该是以自己的名义请求裁判或具有接受诉讼上的效果之资格。所以不能认定动物的原告资格。……有没有哪一部现行法律规定包括动物绯鼠耳蝠在内的自然物本身具有当事者能力,也没有相应的习惯法。……即使想要认定动物们的当事者能力,废弃坑道内栖息着许多种类的绯鼠耳蝠等,应以哪一种绯鼠耳蝠提起本案诉讼也不是很确定的,也不能认为起诉的绯鼠耳蝠就代表了坑道内的所有的绯鼠耳蝠"。对一并提起诉讼的环境保护团体等的原告资格也指出"因行政处分其权益直接受到侵害的人是具有请求撤销该处分的原告资格的,对不是行政处分的直接相对方无限制的允许他们提起撤销相应处分的诉讼,则会造成滥用行政诉讼的忧虑。所以不能认定他们的原告资格"。①

(三)韩国法院判例的立场

上述几起判例是至今为止韩国法院所受理和进行裁判的涉及自然物的典型判例,综合韩国大法院和地方法院的判例所给出的观点是:一是现行法律没有规定自然物可以成为诉讼当事者;二是也无相应的习惯法规定自然物可以成为诉讼当事者;三是自然物不具有履行诉讼的能力。综上所述,韩国法院没有认定自然物的原告资格,继而驳回了原告们(自然物、环境保护团体、居民)的诉讼请求。这可以说是韩国法院对自然物的原告资格的立场,自然物诉讼相关的判例虽然只有仅仅几起,但它所形成的影响是深远的:不仅影响到政府树立新的环境政策和制定环境法律,也影响和改变着国民、企业对自然环境的态度,同时促使相应的政策或项目向更为科学和合理的方向发展,最终起到保护自然环境的目的。

四、结语

在韩国自然物和它的诉讼代理人提起之诉进入法院的司法程序和得到法院实质性的司法审查和最终的判决,这可以说是韩国诉讼史上的一大进步。虽然韩国法院最终以因"自然物"没有履行诉讼的能力为由而没有认定自然物的原告资格,但不可否认的事实是自然物已进入到诉讼程序之中,成为事实上的诉讼当事人。这与我国的"自然物"连法院的立案程序都不能进入相比较形成了鲜明的对

① 载 http://media. daum. net/society/others/view. html? cateid = 1067&newsid = 20081114180507129&p = yonhap。

比。随着环保意识和环保理念的提高，我国环境法中确立自然物（特别是濒危物种、特别保护区域）的诉讼资格也是时间问题。[1] 我们也期待我国的自然物诉讼早日到来。

---

① 国内第一起以自然物（鲟鳇鱼、松花江、太阳岛）作为共同原告的环境民事公益诉讼——汪劲等北大法学院教授、研究生代表松花江起诉中石油，载 http://www.acriticism.com/article.asp?Newsid=7271&type=1006。

儿童消费者的食品安全保护制度之探讨

——以韩国儿童食品安全保护区域制度为视角

任　虎[*]　张智华[**]　朴祉颖[***]

一、序言

随着经济的发展和饮食文化的改变，以儿童为主要消费对象的加工食品呈现出多样化的发展趋势，并通过电视、网络等媒介进行着多维度的产品宣传，吸引着更多的儿童购买。作为特殊消费群体，儿童在自主性消费过程中更多地受到食品的形状、味觉上的刺激以及食品中附带赠与的小型玩具等影响，但很少注重食品卫生、质量等安全问题或者无法识别这些危险。这种现象不仅不利于儿童养成良好的饮食习惯，而且对其健康成长都存在极为严重的隐患。

虽然近年来随着食品安全法律规范的完善，以及政府部门监管措施的提高，食品安全问题得到有力改善，但仍存在一些重大安全隐患。例如，《2013 年上海市食品安全白皮书》的报告指出：上海市餐饮服务环节的食品监督抽检合格率自 2010 年起至今连续 4 年低于 90% ，2013 年

* 华东理工大学法学院副教授，韩国高丽大学法学博士。研究方向：国际法、WTO 法、中韩比较法。

** 延边朝鲜族自治州检察法助理检察员，华东理工大学法学硕士。研究方向：国际法。

*** 华东理工大学在读研究生。研究方向：经济法。

仅为86.9%。[①] 此外,因安徽阜阳毒奶粉、三鹿三聚氰胺奶粉案等事件,婴幼儿食品安全问题有所改善。于监管环节之外的食品,特别是儿童在无家长监管的学校及其周边地区所自主性购买的食品安全问题一直未纳入政府的有效监管体系。

因儿童对事物的认知能力尚未完全成熟,自主购买食品时所判断的依据是食品形状、味觉刺激以及附带商品的诱惑力等,且这种行为往往发生在学校及其周边地区,所以各国主要通过在学校附近建立特殊食品监管制度来保障儿童消费者的食品安全,例如,韩国则在学校附近建立"儿童食品安全保护区域"维护儿童消费者的食品安全。

韩国政府自2005年开始关注学校周边区域的食品安全问题,发现学校周边的文具店、便利店等饮食品销售场所不仅大量销售对儿童精神健康有威胁和刺激作用的食品,[②]而且这些场所在不具备冰箱、食品保鲜柜等卫生设施的情况下,制造并销售不卫生食品。[③] 进而发现在学校周边销售的糖果、巧克力、果冻多为由有可能损害健康的廉价原料制成。[④] 与此同时,韩国的幼儿园、学校等为儿童提供集体用餐的地方,接二连三地发生了集体性食物中毒事件和营养缺失等问题,从而加重了人们对儿童食品的不安全感。[⑤] 与此同时,韩国社会越发意识到快餐文化的迅速传播导致了对高热量、高脂肪食品的消费量增加,随之引发的便是营养过剩和缺乏运动导致的儿童肥胖率的迅速增长,从而认为对儿童饮食的行之有效的监管迫在眉睫。

基于此,2007年2月韩国政府发布了儿童饮食安全综合对策,其主要目标在

---

① 食品表面环节(含餐饮具)、色拉、熟肉制品、生食水产品等中指示性微生物超标,油条、馒头等自制米面制品、熟肉制品等食品添加剂超标,火锅、小龙虾中检出罂粟壳成分等为其不合格的主要原因。

上海市食品药品监督管理局:"2013年上海市食品安全白皮书",载http://www.shfda.gov.cn/gb/node2/node3/ node253/node270/node2765/userobject1ai39050.html。

② 《减少学校供食中的食物中毒以及对在市场流通的儿童食品的安全管理》(韩国首尔地方食品医药安全处报告),2005年。

③ 韩国首尔市对小学周边的文具店、小商店等123所营业场所进行了检查,发现了一般细菌(115个场所)、霉等真菌(116个场所)、食物中毒菌(49个场所)、大肠杆菌(28个场所)等。《关于儿童食品微生物污染的消费者监督机制研究》(韩国食品医药安全处),2005年。

④ 2007年1月,韩国釜山地方食品医药安全处的调查显示,在学校附近的文具店、小商店贩卖的糖果、巧克力、果冻、饼干等食品,多为使用质量低下的廉价成本原料制造而成。

⑤ 2006年11月,韩国盖洛普民意测验中,针对家长和儿童监护人进行的调查结果显示,只有6.7%的有子女的父母或监护人认为儿童食品没有安全问题,54.4%认为儿童食品不安全。载http://www.gunchinews.com/ news/articleView.html? idxno =6021。

于对儿童嗜好的食品以及儿童集体供食进行更为彻底、安全以及科学的管理,使得儿童养成健康的饮食习惯,远离食物中毒、早期肥胖等问题。2008年3月和12月,韩国政府相继颁布了《儿童饮食生活安全特别法》(以下简称《韩国儿童饮食法》)及其实施令(以下简称《韩国儿童饮食法实施令》),并在实施的过程中结合实际情况进行多次修改,使其更趋于完善。该法不仅规定了政府在儿童饮食健康方面的责任,而且确立了"儿童食品安全保护区域"(Green Food Zone)指定制度,旨在更好地保证儿童食品安全。

本文在对我国儿童消费者食品安全保障制度现状的分析基础上,通过对韩国儿童饮食生活安全特别法及其实施细则的比较研究,最终为完善我国儿童食品安全监管制度谏言献策。

二、我国儿童消费者食品安全保障制度现状及其存在的问题

如果说过去是"民以食为天",那么如今则是"食以安为先"。这种变化充分说明人们对饮食的重视已摆脱"吃饱"的基本问题,开始关注"吃得安全"的问题。国际社会早在20世纪末就已将食品安全问题视为一项基本人权加以保护,例如,联合国经济与社会理事会曾于1999年在第五十一届会议中指出,人们享有"取得足够食物权利的核心内容之含义是食物在数量和质量上都足以满足个人的饮食需要,无有害物质,并在某一文化中可以接受"。其中"无有害物质"则对食物安全做出规定,并要求政府和私营部门都采取保护措施,防止食品在食物链各阶段因掺杂、掺假和因环境卫生问题或处置不当而受到污染。①

我国关于消费者食品安全权的法律保护散见于个别法律法规。首先,通过《宪法》第21条(保护人民健康)和第33条(尊重和保障人权),原则性地赋予了公民的生命健康权。其次,通过《民法通则》和《刑法》规定了公民享有生命健康权、公民权利遭受侵害时的救济措施以及刑事处罚规定。② 最后,在特别法领域,通过2009年的《食品安全法》以及《食品安全法实施条例》,在维持现行分段监管

---

① 联合国经济及社会理事会,取得足够食物和免于饥饿的权利,附件:第12号总评论:取得足够食物的权利,E/CN. 4/Sub. 2/1999/12, 28 June 1999。

② 《民法通则》第98条规定了公民享有生命健康权,第1版第19条、第122条规定了公民权利受到侵害时的救济方法;《刑法》第143条(生产、销售不符合卫生标准的食品,足以造成严重食物中毒事故或者其他严重食源性疾患的)和第144条(在生产、销售的食品中掺入有毒、有害的非食品原料的,或者销售明知掺有有毒、有害的非食品原料的食品的)以及第408条(食品安全监管渎职罪),则做出了刑事处罚规定。

的基础上，进一步理顺了我国的食品安全监管体系，同时《消费者权益保护法》保障了消费者的健康权、知情权等基本权利。①

在儿童消费者的食品安全方面，我国《未成年人保护法》仅规定了“生产、销售用于未成年人的食品、药品、玩具、用具和游乐设施等，应符合国家标准或者行业标准，不得有害于未成年人的安全和健康；需要标明注意事项的，应当在显著位置标明”②的原则性条款，并未涉及学校及周边地区的食品安全问题。虽然我国自2002年开始实施《学校食堂与学生集体用餐卫生管理规定》，③但该规定的适用范围仅限于学校食堂以及学生集体用餐地点，并没有涉及学校周边的超市、小卖部、摊点等制造并销售儿童食品的主体。此外，该规定虽然对于食堂建筑、设备与环境卫生（规定的第2章）和食品采购、贮存及加工的卫生（规定的第3章）进行了相对细致的规定和要求，但是此类规定仅仅是提高了对一般标准的要求，而并非为基于对学生或者儿童等特殊消费对象而制定的专门性标准。2009年的《食品安全法》首次明文规定“禁止食品摊贩在距离幼儿园、中小学校门口一百米范围内设摊经营”，④上海市、重庆市等个别城市通过制定食品安全法实施办法或摊贩管理办法等形式，禁止食品摊贩在幼儿园和中小学门口50米或100米内设置经营场所，⑤其规定不够严密，缺乏科学性和系统性，从而导致制度保障的缺位。

在针对学校及校园周边地区食品安全的监管上，我国一般通过制定临时政策和专项整治的方式来弥补对儿童食品安全规定的不足。国务院办公厅于2014年4月29日颁布的《2014年食品安全重点工作安排》规定，“开展儿童食品、学校及周边食品安全专项整治。严格规范儿童食品经营许可准入条件、经营者责任义务，督促落实进货查验、索证索票制度，依法严厉查处校园周边销售低价劣质食品行为。制定中小学生营养餐管理规范，严格学生营养餐配送单位资质筛选和招投

---

① 参见《消费者权益保护法》第7条和第8条。

② 参见《未成年人保护法》第35条。

③ 中华人民共和国教育部、中华人民共和国卫生部令 第14号，自2002年11月1日起施行。为防止学校食物中毒或者其他食源性疾患事故的发生，保障师生员工身体健康，根据《食品卫生法》和《学校卫生工作条例》制定本规定。本规定适用于各级各类全日制学校以及幼儿园。

④ 参见《食品安全法》第34条第4款。

⑤ 参见《上海市实施〈中华人民共和国食品安全法〉办法》，2011年9月1日起施行，第34条第4款：禁止食品摊贩在距离幼儿园、中小学校门口100米范围内设摊经营。《重庆市餐饮服务摊贩备案管理办法（试行）》，2011年8月20日起施行，第7条第2款：城市主干道两侧，校园和幼儿园门口50米内不得设置餐饮服务摊贩经营场所。

标,依法严厉查处加工销售不合格食品行为。严格对学校食堂人员卫生、原材料、加工流程的规范管理,防止食源性细菌污染,严防学生集体食物中毒事件发生”。基于此,食品药品监督总局于2014年8月7日颁布了关于《开展儿童食品和校园及其周边食品安全专项整治工作》的通知,规定“各地要结合本地实际以今年9月至10月为重点时段,以校园及其周边200米范围为重点区域,以主要面向学生经营食品的食品(杂)店、餐饮服务单位等儿童食品经营单位为重点场所,加大监督检查和执法力度,集中部署开展专项整治行动”,包括开展儿童食品经营主体资格大检查、开展食品经营者履行法定责任和义务情况大排查以及开展劣质食品大清查等三项专项整治行动。此外,通知要求强化对儿童食品经营者和校园及其周边食品销售日常监管,包括严格食品经营许可管理、严格食品质量安全监管以及严格食品经营行为监管。

通过上述分析,笔者认为对校园周边地区流通的食品安全监管工作,我国目前主要采取以下三个方面的措施:第一,注重专项整治与日常监管有机结合,加大日常巡查监管的频率,严厉打击经营“三无”、过期变质、假冒以及无QS标识等不合格食品行为,发现问题及时查处;第二,经常性地在校园开展食品安全宣传教育,通过开办讲座、散发宣传资料等方法,向学生传授真假食品鉴别方法以及维权相关知识;第三,加强与质监、卫生、公安等部门配合协作,适时开展校园周边食品安全联合执法行动,及时消除学校食品安全隐患。

虽然有上述政策性的指导文件,但缺乏严密的、科学的法律制度。只有“严管”而缺乏“疏通”的短期性的政策则是直接影响儿童消费者食品安全监管出现诸多弊端的根本原因。

三、韩国《儿童饮食生活安全特别法》与儿童食品安全保护区域制度

(一)韩国食品药品安全监管体系及食品安全法律体系

韩国的食品安全管理机构主要有食品安全政策委员会、食品医药品安全处、农林畜产食品部和海洋水产部。食品安全政策委员会是国务总理室下属的审议委员会,其成立目的是为了构建食品安全促进体系,保证食品安全政策的有效性。农林畜产食品部是负责韩国农业、畜牧业、粮食、耕地、水利、食品产业振兴、农村开发和农产品流通等事务的中央行政机构。[①] 海洋水产部是负责海洋政策、水产、渔村开发以及水产品流通、海运、港湾、海洋环境、调查和资源开发、海洋科学

---

① 载http://www.mafra.go.kr。

技术研究开发和海洋安全等相关事务的中央行政机构。① 而韩国食品医药品安全处则为负责食品、保健品、医药品、麻药类、化妆品、医疗器械等安全事务的,隶属于国务总理室的下属机关,其设立的目的在于提高生活质量,确保民生安全;从生产到消费的全过程,以人为核心进行安全管理;实现国民更安全更健康的生活期望;确保安全,更要确保安心。②

韩国在食品监管方面拥有以《食品卫生法》、《食品安全基本法》为核心,《保健食品相关法》、《畜产品卫生管理法》、《农水产品品质管理法》以及《韩国儿童饮食法》等特别法律为辅,为食品生产过程中有害物质的残留和食品添加剂的使用量提供了限量要求的《食品公典》和《食品添加剂公典》等食品和食品添加剂标准的完整的法律体系。

2008 年 3 月颁布的《韩国儿童饮食法》共分 8 章 29 条规定,该法的宗旨是"为了让儿童拥有正确的饮食习惯而规定提供既安全又具有营养的食品所必需的事项,旨在提高儿童的健康水平做出贡献"。《韩国儿童饮食法》不仅规定了制造、加工、调制、陈列以及销售儿童嗜好食品者的责任,而且还规定了政府在儿童饮食健康方面的责任,比如,国家应为了保障儿童的健康成长,改善向儿童提供的食品的安全性和营养水平,应积极建立相关政策并予以履行;国家以及地方自治团体在建立、实施旨在改善向儿童提供的食品安全和营养标准的政策时,应遵守科学合理性、一贯性、透明性、迅速性以及事前预防性原则。③

《韩国儿童饮食法》的亮点是"儿童食品安全保护区域"(Green Food Zone)指定制度。通过引导以及金融政策鼓励等手段,使得区域内儿童食品制造者和销售者改善食品安全水平,改善卫生环境,最终达到"提高儿童的健康水平做出贡献"的总目标。

(二)"儿童食品安全保护区域"及其设立许可程序

儿童食品安全保护区域是指"依据《韩国儿童饮食法》来确定,由其实施令进行具体管理的,各市、郡的市长、郡守或区长等指定的学校和学校方圆 200 米之内,为儿童食品安全保护而指定的区域"。④ 虽然韩国学界对方圆 200 米是否为最佳区域范围之科学性有争论,但是为了协调对儿童食品安全保护之目的和该区域内从事商业行为者的利益,《韩国儿童饮食法》规定在指定儿童安全保护区域

---

① 载 http://www. mof. go. kr/。

② 载 http://www. mfds. go. kr/index. do? mid = 745。

③ 参见《韩国儿童饮食法》第 3 条。

④ 参见《韩国儿童饮食法》第 5 条。

之前,不仅要事先同《关于地方教育自治法》第34条第3款规定的教育主管达成协议,[①]而且要对在学校及学校周边设置的食品自动贩卖机的个数及种类、在校内销售的主要食品的种类、在校学生人数以及在学校周边调制、陈列、销售儿童嗜好食品的营业场所数量和种类等事项进行事前调查。[②]此外,在指定儿童食品安全保护区之后,市长、郡守或区长应根据韩国总理令的规定,向食品医药品安全处处长通报相关事项,以便相应机关对此进行管理。[③]在设立儿童食品安全保护区之后,应根据总理令的规定设立“儿童食品安全保护区标示牌”。[④] 区域保护制度所涵盖的学校包括韩国《初·中等教育法》第2条中规定的小学、初中、高中以及特殊学校;[⑤]儿童是指在该法第2条第3款规定的在校学生,或者韩国《儿童福祉法》所规定的儿童即未满18周岁的人。[⑥]

(三)“儿童食品安全保护区域”管理制度

为了科学管理儿童食品安全保护区域,《韩国儿童饮食法》首先确定了该法适用的儿童嗜好食品的范围。所谓儿童嗜好食品是指在《韩国食品卫生法》和《韩国畜产品卫生管理法》中规定的食品中,儿童喜好和经常吃的、通过总统令确定的相应食品,具体可分为“加工食品”和“调制食品”,范围多达十多种。[⑦] 此外,将那些极有可能引发儿童的侥幸、性好奇等心理,从而给儿童的精神健康带来危害的食品,或者在食品包装中放入类似图案或文具的食品规定为“情绪妨害食

---

① 参见《韩国儿童饮食法实施令》第3条第1款。

② 参见《韩国儿童饮食法实施令》第3条第2款。

③ 参见《韩国儿童饮食法实施令》第3条第3款。

④ 参见《韩国儿童饮食法实施令》第4条。

⑤ 参见《韩国儿童饮食法》第2条第3款。所谓特殊学校,是指为了促进对残疾人的教育而同一般学校分开单独设立的学校。

⑥ 参见《韩国儿童饮食法》第2条第1款;《韩国儿童福祉法》第3条第1款。

⑦ 参见《韩国儿童饮食法》第2条第2款。所谓“加工食品”,是依据《韩国食品卫生法》第7条第1款以及《畜产品卫生管理法》第4条第2款规定的标准制造的食品,具体包括:(1)饼干类中的饼干(不包含韩式点心类)、糖果类、冰棍类;(2)面包类;(3)巧克力类;(4)乳制品中加工乳制品、发酵乳制品(发酵黄油乳制品以及发酵乳粉除外)、雪糕类;(5)鱼肉加工品中的鱼肉肠;(6)面类(仅指碗装面)中的汤面;(7)饮料类中果汁、蔬菜汁、果汁饮料、蔬菜饮料、碳酸饮料、乳酸菌饮料、混合饮料(标识主要供成人饮用的饮料除外);(8)当场提取食品中紫菜饭、汉堡、三明治等食品。所谓“调制食品”,是指在一般餐厅、供食店、面包房等地方自制、调理并销售的食品,包括:(1)调制的饼干、面包类;(2)调制的冰淇淋类;(3)汉堡、披萨饼;(4)在儿童食品安全保护区调制并销售的拉面、打糕条、烧烤类、鱼饼、烹炸类、饺子类、热狗等食品。

品”，禁止在儿童食品安全保护区域进行销售。①

其次，《韩国儿童饮食法》将儿童食品安全保护区内现场销售制造、加工儿童嗜好食品的场所、食品自动售卖机经营场所、其他食品销售场所、休闲饮食店经营场所、普通饮食店经营场所、西饼店经营场所等场所，以及在学校商店、超市、便利店、文具店、设置食品自动贩卖机等儿童经常使用的场所和陈列、销售儿童嗜好食品的场所规定为“儿童嗜好食品调制、销售场所”，纳入各市、郡的市长、郡守或区长管理的对象范围。②

再次，《韩国儿童饮食法》通过指定“儿童嗜好食品优秀销售点”的方式，引导保护区内的上述从业者改善卫生设施标准，提高食品安全水平。所谓“优秀销售点”是指经市长、郡守或区长与保健福祉部长官协商指定，在儿童食品安全保护区内具备安全、卫生的设施标准，不销售高热量、低营养食品，③且有权使用通过总理令确定的“儿童嗜好食品优秀销售点”标识或做广告的食品销售点。④ 期望被指定为优秀销售点的从业主，应依据相应程序⑤向销售点所在地市长、郡守或区长提出申请，⑥可以在《儿童饮食法实施令》第6条规定的项目领域内⑦得到国家补助或《食品卫生法》第89条规定的“食品振兴基金”给予补助或融资帮助，但若指定未成功，则要返还已经得到的补助。⑧

---

① 参见《韩国儿童饮食法》第9条。在《韩国儿童饮食法》中列举的情绪妨害食品有：(1)用钱、游戏牌、烟或酒的形状制作的食品；(2)制作成为人体特定部位的模样，从而极有可能引起儿童性好奇心的食品；(3)利用游戏机等设施销售的食品；(4)其他由食品医药安全处处长指定的情绪妨害食品。食品安全医药处处长指定的情绪妨害食品，应经过儿童饮食生活管理委员会的审议之后予以公布。

② 参见《韩国儿童饮食法实施令》第5条。

③ 所谓“高热量、低营养食品”，依照《韩国儿童饮食法》第2条第5款的规定，是指比食药处制定的标准热量高、营养低的，可能导致肥胖或营养不均衡的儿童嗜好食品。对于具体食品是否属于高热量、低营养食品，食药处通过在网上运行“高热量、低营养食品判别程序”的方法来鉴定。该程序分成“商业群体用”和“消费者用”两类程序，只要依据相应的要求将食品上的营养表输入进去就能判别出是否属于高热量、低营养食品。

④ 参见《韩国儿童饮食法》第7条第1款。

⑤ 具体程序各市、郡都有所区别，但皆能在各市、郡食品医药安全部门网上获得有关程序的信息。

⑥ 参见《韩国儿童饮食法》第7条第2款。

⑦ 具体包括：冷藏、冷冻设施的安置费；餐具等消毒设备设置费用；卫生盖购买费；洗手间改善、维修费；通下水道费；地下水水质检查费；小型复合型冷气装置及空气密封装置设置费；食品垃圾处理机安置费；计量废弃物纸袋购买费；以及其他为改善、维修调制机器、设施和陈列·销售设施所需费用。

⑧ 参见《韩国儿童饮食法》第7条第4款。

最后,为了引导上述食品调制、销售从业者制造、销售、陈列卫生而安全的食品,《韩国儿童食品法》规定各市、郡的市长、郡守或区长可以指定具备消费者食品卫生监察员资格者为儿童嗜好食品专职管理员,[①]履行对儿童食品安全保护区内的儿童嗜好食品制造、销售从业者进行有关食品卫生的指导,对儿童食品安全保护区内的"优秀销售点"进行是否销售高热量、低营养食品的检验等[②]监督管理职能。郡级行政单位可以每10所学校设立2名专职管理员,市或自治区行政单位可以每20所学校设立2名以上专职管理员。[③]为了确保专职管理人员的公正性以及独立性,《韩国儿童饮食法》规定"用于指定、运行专职管理员制度的经费,可从国库中划拨或使用《食品卫生法》第89条规定的食品振兴基金"。[④]

(四)对保护区内违规从业者的处罚及救济措施

《韩国儿童食品法》对于在儿童食品安全保护区内违规从业者采取"责令改正"和"处以罚金"等形式予以处罚,对上述处罚有异议的从业者还可以获得行政或司法救济。韩国食品医药安全处处长、市长、郡守或区长有权责令对销售"情绪妨害食品"的从业者,销售"高热量、低营养"食品的"优秀销售点"和学校以及违规调制、销售、陈列儿童嗜好食品者限期改正。[⑤] 但对于未被指定为优秀销售点的从业者擅自使用相关标识的,优秀销售点或学校违规销售"高热量、低营养"食品或含高咖啡因食品的,以及违规销售"情绪妨害食品"或以销售为目的制作、加工、进口、调制、储藏、搬运及陈列相关食品的,则处以一千万韩币以内的罚金。[⑥]罚金根据总统令的规定,由食品医药品安全处处长、市长、道知事、郡守、区长课赋征收。[⑦]

四、完善我国儿童食品安全保护制度之建议

儿童食品安全是事关下一代健康成长的重要问题。对作为特殊消费群体的儿童消费者的食品安全构建法律制度是一项制度创新工程。我国在儿童食品安全保护方面虽然已经采取了一些积极的监管措施,但邻邦韩国的做法又是一种创

---

① 参见《韩国儿童饮食法》第6条第2款。
② 参见《韩国儿童饮食法》第6条第4款以及《韩国儿童饮食法实施规则》第5条第2款。
③ 参见《韩国儿童饮食法》第6条第4款以及《韩国儿童饮食法实施规则》第5条第1款。
④ 参见《韩国儿童饮食法》第6条第3款。
⑤ 参见《韩国儿童饮食法》第27条。
⑥ 参见《韩国儿童饮食法》第29条第1款前3项。
⑦ 参见《韩国儿童饮食法》第29条第2款。

新性方案,我们不妨取之精华,借鉴韩国的经验,对食品进行分类管理,指定儿童消费者食品安全保护区域,旨在更好地维护儿童的生命健康权。

(一)制定《儿童饮食安全与营养维护法》

尽管《未成年人保护法》以及《食品安全法》规定了儿童食品安全保护相关的内容,但其内容比较原则或缺乏可操作性,并没有将国家未来和儿童健康联系在一起,这与我国儿童在每个家庭中的“小皇帝”地位完全不匹配。虽然政府部门三令五申,通过巡视检查来解决学校周边食品卫生问题,但没有制度约束下的突袭检查只能维持一段时间的宁静,却不能带来永久的和平。只有在把儿童的食品安全与国家的未来发展紧密联系时,儿童的食品安全问题才被重视,才亟待有制度得以保障。因此,建议尽快制定“儿童饮食安全与营养维护法”及相关法律,明确对儿童消费者等特殊消费者群体的食品安全保护的重要性、确定政府的职责、对食品进行分类管理、明确侵权者主体,从而最终完善我国食品安全法律体系。

(二)食品安全监管应注重引导减少封堵措施

食品安全监管的目的不在于惩罚违规产品生产者和经营者,而在于减少食品安全风险,创建和谐安全的社会环境。与其一味地禁止摊贩经营摊点,不如合理地疏导和鼓励到集中经营点去经营,《上海市实施〈中华人民共和国食品安全法〉办法》第33条所规定的摊贩临时经营区域制度和经营时间分段制度就是一种成功范式。但是仅仅依靠疏导是不够的,最根本的解决方案是帮助从业人员建立食品的安全生产能力、经营能力以及资金能力。因此,建议加大政府对食品加工、生产及经营者的能力培养的人力、财力以及物力的投入,从而使食品安全问题得到根本性的解决。

(三)构建和谐的儿童食品安全区域制度

虽然《食品安全法》以及各省市的相关规定中分别禁止食品摊贩在幼儿园和学校附近经营摊点,但首先其适用的具体范围有所不一致。例如,《食品安全法》和上海市的规定皆为100米,但重庆市的规定缩短到50米;而根据食品药品监督总局于2014年8月7日颁布的《关于开展儿童食品和校园及其周边食品安全专项整治工作的通知》,其检查范围为在学校附近200米以内的儿童食品经营点。相互矛盾的规定使得制度本身缺少科学性以及权威性。其次,《食品安全法》及各省市相关条例只注重食品本身的安全,而未考虑对儿童情绪产生不良影响的食品的生产、销售。最后,禁止食品摊贩在幼儿园和学校附近经营摊点的规定,未考虑食品经营者的利益以及儿童消费者的刚性需求等因素,缺乏制度的合理性以及可操作性。因此,建议借鉴韩国儿童食品安全区域制度,通过公众听证会,根据学校在校学生数量以及食品种类等科学、合理地确定儿童食品安全区域制度，合理引导区域内食品摊贩，改善食品生产和流通环境，引入奖励和惩罚并进措施，最终构建和谐的儿童食品安全区域。

五、结语

儿童作为特殊消费群体，不论从食品安全权角度，还是从关注下一代的营养和健康考虑，都不应成为商战中的牺牲品。儿童食品安全不仅仅是制度选择的问题，而且是维系未来发展、影响一代人健康的问题。杜绝影响儿童食品安全的产品的流通渠道，让儿童们从根源上远离威胁安全的食品，是全社会应该履行的普遍义务。

韩国在儿童食品安全保护方面所采取的儿童食品安全区域制度是在全社会的关注下，政府补贴、个体商户密切配合的结果。据韩国食品医药品安全处的报告，韩国自2009年实施“儿童食品安全保护区域”制度以来，已有16个城市，在10519所学校和周边指定了儿童食品安全保护区域。虽然就该制度尚存在诸多争议如更加科学或弹性地规定保护区域范围而不是简单规定为“学校及学校周边方圆200米”，但在社会各界的关注和共同努力下不断获得改进和发展，并在一定程度上为儿童食品安全创造了良好的社会环境，也为儿童树立正确的饮食习惯做出了重要的制度支撑。

我国在儿童食品安全保护方面虽然采取了积极的监管措施，但基本法律制度的缺失导致监管乏力，频繁出现不和谐的社会现象。借鉴韩国在儿童食品安全保护区域方面已取得的成果和积累的经验，构建符合我国国情的“儿童食品安全和营养法”，指定儿童消费者食品安全保护区域是更好地维护儿童的食品安全权和健康权，建设和谐社会的重要途径和保障。

韩国多元文化和谐共存的法律机制探索

金银焕*

一、韩国多元文化、多民族社会形成背景

在当今世界开放的环境下,纯粹单一的民族国家已不复存在。①韩国人历来非常重视韩民族的单一血统,但背井离乡来到韩国再创家园的移民者将各自的文化和语言带入韩国,创建了韩国的多民族、多元文化。随着外来移民者、移徒工人和国际婚姻的增多,引发了韩国国内民族关系的变化,同时也带来了新的社会问题。这些新的问题事关外来移民者个人和家庭、生存权、国籍权、平等权、政治权、宗教信仰权、子女受教育和升学、就业等诸多问题。②面对这种情况,一些学者敏锐地关注到了少数人种、族群的合法权益保障问题,并就该问题展开了系统的研究和分析。

韩国政府于2005年首次在国家政策中提出了"多文化主义"概念,2006年韩国政府宣布实施"多文化政策",进入"多元文化社会"。③"多元文化主义"(multicultural-

---

* 中国海洋大学法政学院博士后研究员,律师,韩国釜山大学法学博士。研究方向:行政法和环境资源法。

① 熊文钊主编:《民族法学》,北京大学出版社2012年版,第389页。

② [韩]金善泽:"多文化社会和宪法",载《宪法研究》2010年第2期。

③ [韩]赵圭范:"多文化社会立法对策",载《现代社会和多文化》2011年第1期。

ism)一词来源于"文化多元"(Cultural Diversity)这一概念。"文化多元"概念最早是1915年由美国哲学家霍勒斯·卡伦(Horace Kallen)在《民族》杂志上发表的《民主诉熔炉》一文中提出的。[①]"多元文化主义"用来形容多民族、多文化、多语言的社会,主要用于表示在多元文化的社会里处理多民族、多文化之间关系的一套思想和方法。[②]金里卡在《多元文化的公民权》译文中提出,"多元文化主义"是一个容易被混淆的词汇,"多元"可以被理解为多元民族(multination),这是先前划分为不同的自治区、后来国家领土集中合并的结果;也可以理解为"多种族群",这是跨国移民的结果,移民愿意将自己融合到新的社会中。中国的多民族、多文化、多语言社会的形成属于前者,韩国的多元文化的形成则属于后者。随着经济全球化进程的不断加快,国家间的人口流动更加频繁。大规模的人口流动造成了不同民族、不同人种、不同族群之间的混居,导致了多元文化社会的出现。

尽管"多元文化主义"在韩国已经持续了将近10年,但学界对于"多元文化主义"的定义仍没有定论。韩国学界普遍认为,多元文化社会主要描绘多文化、多民族社会现象,其核心要求是承认少数民族(族群)社会地位,真正实现民族平等。[③] 由此可见,"多元文化主义"是国家处理民族文化多样性、处理主体民族和少数民族之间关系的社会政策即"多元文化主义"政策。作为一项社会政策,它是指政府为解决民族问题而涉及的一系列方针、政策和法律制度。[④]

很显然,"多元文化主义"已成为韩国社会和政府所关注的焦点,它是把多元文化社会整合作为出发点,承认少数民族的社会地位,认可和鼓励文化的多样性,主张所有的人在社会、经济、文化、政治上的机会平等,赋予少数民族更多的权利和自由,切实保障少数民族的合法权益。在这种理论背景下,韩国在推进和谐发展的多元文化社会,切实保障少数民族合法权益方面颁布实施了一系列法律法规,其中包括《在韩外国人待遇基本法》、《多文化家族支援法》、《国籍法》、《出入境管理法》、《结婚中介业管理相关的法律》、《在外同胞出入境和法律地位相关的法律》、《有关外国劳动者聘用等的法律》等法律法规。可是,政府出台的多元文

---

① 随着20世纪五六十年代美国民权运动的兴起以及黑人民族主义思潮的出现,人们对20世纪初产生的"文化多元主义"进行了在思考,由此产生了多元文化主义的概念(熊文钊主编:《民族法学》,北京大学出版社2012年版,第439页)。

② 杨洪贵著:《澳大利亚多元文化主义研究》,西南民族大学出版社2007年版,第39页。

③ [韩]朴珍景:"韩国多文化主义和多文化政策的选择和适用",载《韩国政策学会期刊》第19卷第3期。

④ [韩]李宗润:"韩国多文化政策法律之研究",载《多文化内容研究》2010年第4期。

化政策缺乏长远规划和连贯性，还缺乏统一性，且管理体制不健全，导致政出多门，执行效率不高，各部门自行制定不同的政策与法律，不利于集中统一管理。[①]

那么，政府制定的有关多元文化的法律法规在落实多元文化政策，实现多文化、多民族和谐共存方面起到什么样的作用呢？法律法规应从社会整合的角度出发，强调国民和外来移民者、结婚定居者、外籍劳务人员等少数民族的平等，消除民族、种族的不公正待遇，保护民族文化多样性，帮助少数民族平等参与社会管理、获取更多的社会资源和享有自由民主，从而使他们更好地融入韩国社会，共同创造和谐社会。[②]

二、韩国多元文化法律法规的内容及其存在的问题

多元化、多民族成为当今世界的重要特征，越来越多的国家成为民族文化多样性的国家。对于多文化、多民族国家而言，用根本性、全局性、长期性的法律制度来解决民族问题就成为必然要求。[③] 在制度选择上韩国采用了"多元文化主义"，在确保国家团结的前提下，促进各民族、种族、文化之间的交流和沟通，从而实现多元民族文化的和谐共存。韩国为了贯彻落实"多元文化主义"政策相继制定和修改了一系列法律法规，用以贯彻"多元文化主义"政策，将"多元文化主义"政策纳入法制化、规范化轨道。

法律是指导和约束人们行为的行为规范，每一部法律都具有不同的立法目的。立法目的条款作为整个法律文本价值目标的体现，如果没有一定的目的做引导，那么立法活动将是盲目的、任意的。[④]在法律制定过程中，立法者相关立法决策的作出，调整对象与手段的确定，都是为了实现特定的目的与需要，实现事先设定的立法所要实现的理想状态。[⑤] 由此可见，想要全面了解韩国多元文化政策的制定和执行情况，应分析多元文化法律法规的立法目的及其法律文本中立法目的的体现。下面主要介绍《在韩外国人待遇基本法》、《多元文化家族支援法》、《国

---

① [韩]全光锡："多文化社会和社会基本权：从宪法理论分析"，载《宪法学研究》第16卷第2期。

② [韩]金起河："法律在社会整合中的作用：国内居住外国人政策"，载《Justice》2008年第106期。

③ 布小林："民族区域自治法是各民族团结和共同繁荣发展的法律保障"，载《内蒙古日报》2009年11月16日。

④ 刘风景："立法目的条款之法理基础及表述技术"，载《法商研究》2013年第3期。

⑤ [美]安·赛德曼等著：《立法学：理论与实践》，刘国福等译，中国经济出版社2008年版，第328页。

籍法》、《出入境管理法》等具有重大意义的法律法规,分析出前述法律法规中存在的问题,提出完善多元文化法律法规的立法方向。

(一) 宪法对多元文化的主要规定

作为韩国的根本大法,宪法是多元文化政策的最高依据和表现形式。1987年韩国《宪法》即现行《宪法》在第10条基本权利有关的章节中对国民的基本权利做了详细的规定,并在第6条第2项中规定,"外国人的基本权利在国际法和国际条约规定的范围内得到保障"。《宪法》作为多元文化政策及社会整合的最高依据和法律形式,不予认可外国人的平等权、自由权、人的尊严和价值、幸福追求权等有关自由的基本权利。因此,应将基本权利的适用对象从"国民"扩展成"人类",明确规定不因国籍、人种、语言、肤色等理由差别对待。[①] 从韩国宪法条文上来看,更加注重对本国国民的权利保护,忽略了对外来移民者等少数民族、族群、种族的保护,并没有专门规定对多元文化、多民族的法律规范。与此相应的,针对法律制定的不完善所造成的制度漏洞成了当前宪法修订的主要任务。尤其是当前开放社会,外来人口的交流不断增多的趋势下,应及时完善、修订宪法制度的漏洞,为多元文化法律法规的制定和完善多元文化法律体系提供直接的法律依据,最大限度地确保多文化、多民族间的平等。[②]

(二) 多文化家族支援法

1. 制定背景和主要内容

韩国政府于2008年3月21日制定《多文化家族支援法》,该法自2008年9月22日起实施。该法第1条立法目的中指出,为保障多文化家族成员维持稳定的家庭生活,提高生活质量,促进多民族社会的整合,特制定本法。本法中明确规定,多文化家族包括两种类型:一种是根据《国籍法》第2条之规定因出生取得韩国国籍的人和结婚移民者组成的家庭,另一种是根据《国籍法》第4条之规定取得韩国国籍的人和该法第2条之规定因出生取得韩国国籍的人组成的家庭。该法第3条进一步规定,国家和地方政府应制定支援多文化家族的相关制度,并要求女性家族部长官每3年进行一次多文化家族的社会调查,为政府制定多文化政策提供参考数据。

该法第7条规定,防止对多文化家族的歧视和偏见,认可和鼓励文化的多样

① [韩]郑泰浩:"宪法基本权利的修改方案",载《公法研究》2006年第2期。

② [韩]金起河:"法律在社会整合中的作用:国内居住外国人政策",载《Justice》2008年第106期。

性，尊重不同的文化，加深对多文化家族的认识，加强多元文化的宣传和教育，以致最终达到两性平等的、和睦的家庭成员关系。除此之外，该法还涉及家庭暴力的预防及受害人的救济方法，多文化家族妇女的产前及产后护理，子女教育等诸多问题。另外，该法承认韩国国民和外国人之间的事实婚姻关系，强调保护非婚生多文化家族子女的法律地位和合法权益，非婚生多文化家族子女与婚生多文化家族子女享受同等权利。

2. 存在的问题及解决对策

《韩国多文化家族支援法》的立法目的为保障多文化家族成员维持稳定的家庭生活，提高生活质量，最终实现多元文化社会的整合。但法律适用对象仅限于因出生取得韩国国籍的人与外国人或根据《国籍法》第 4 条之规定出生后取得韩国国籍的人组成的家庭，不包括夫妻双方都是外国人、夫妻一方为外国人另一方为根据《国籍法》第 4 条之规定非因出生而取得韩国国籍的人的情况。居住在韩国的移徒工人、留学生、就业人员组成的家庭不受到法律的保护。①并且《韩国国籍法》采用的是属人主义（血统主义）原则，国籍根据血统而取得，凡是韩国人所生子女，当然为韩国国民，不论其出生于何地。由此外国人夫妻所生的子女，亦不得享受《多元化家族支援法》及相关政策中规定的优惠政策。法律适用对象的缺陷，可能会导致部分民族、人种、族群的不满，甚至会引发各种社会矛盾。②由此可见，该法对多文化家族的概念过于狭窄，不利于保护多文化、多民族政策的落实。

多文化家族是指具有不同文化背景的民族、种族结合而成的家庭，不应仅限于韩国本国国民和外来移民者之间组成的家庭。该法未能将来自不同民族、有着不同文化背景的人融为一体，而是区别对待韩国主体民族和少数民族。韩国政府应与时俱进，采取更为宽容的多元文化制度，以满足各种民族、人种、族群的权利要求，促进多元文化国家内部的整合，使得民族国家的建构更为深入。③

另外，居住在韩国的非法务工人员、未登记外国人与韩国国民之间的国际婚姻也不受《多文化家族支援法》的保护，政府机关以身份不合法或没有在出入境管理局合法登记为理由，拒绝办理婚姻登记手续。为了解决这一问题，该法第 14 条规定了非婚生多文化家族子女的法律地位，并赋予与婚生多文化家族子女同等

---

① ［韩］李景姬：“多文化家族支援法存在的问题和修改方案：以多文化家族的定义和范围为中心”，载《法学论稿》第 32 期。

② ［韩］赵翔均、李胜宇、全珍希：“多文化家族支援法的现状和课题”，载《民族主义和人权》第 8 卷第 1 期。

③ 熊文钊主编：《民族法学》，北京大学出版社 2012 年版，第 439 页。

的权利。但在事实上,非婚生多文化家族子女的受教育权利并没有得到切实的保护。其原因在于,非婚生多文化家族子女的父或母的居住形态不合法,上学填写家庭成员信息可能会引发父或母的身份暴露,索性阻止子女接受正规教育。①针对非法居留者子女入学问题,制定专门政策,保障非法居留者子女接受学校教育的权利,但根据政策执行情况来看,效果不是很明显。《韩国儿童福利法》第3条第1项规定,禁止任何以儿童其父母的性别、年龄、宗教、社会地位、财产、身体障碍、出生地、人种等因素为理由的歧视。并规定国家和地方政府采取有效的保护措施,切实保障儿童受教育的权利。并且韩国于1991年批准加入《联合国儿童权利公约》,应遵守该公约所列的儿童的权利,并确保其管辖范围内的每一儿童均享受此种权利,不因儿童或其父母或法定监护人的种族、肤色、性别、语言、宗教、政治见解、国籍或出身、财产、身体障碍、社会地位等的不同而有任何差别。韩国作为该公约的缔约国须为确保儿童的福利,采取一切适当的立法和行政措施,确保在韩国境内居住的每一儿童平等享受公约所规定的各项权利。可是,居住在韩国的外国人夫妻所生的子女却没有得到与联合国儿童权利公约所列的权利,且从根源上剥夺了合法取得韩国国籍的权利,排除在《多文化家族支援法》的保护范围之外。这恰恰说明,韩国《多文化家族支援法》缺乏社会整合的立法理念,缺乏对弱势族群的保护意识。这将是韩国多元文化法律法规亟须解决的重大问题。总之,该法通过对多文化家族提供必要的帮助而使他们全面融入到韩国社会,对多元文化法律的发展具有重大的意义。但对多文化家族的定义和范围过于狭窄,还没有达到各民族、种族一律平等这样的高度认识。②

(三)在韩外国人待遇基本法

1. 制定背景和主要内容

随着经济全球化的进程的加快,来自世界不同民族的移民大量涌入韩国境内,并集中定居于经济发达地区和工业园区,成为韩国社会、经济建设的一员。韩国政府为了改善在韩外国人的待遇,从而使他们更好地融入韩国社会,充分发挥其个人能力,增进韩国国民与在韩外国人之间的相互了解,营造和谐发展社会,特制定《在韩外国人待遇基本法》。③该法作为实现民族平等,实现多元文化、多民族和谐共存的基本法律,其对健全多元文化法律体系,保护和改善不同民族、种族,

---

① [韩]李成彦、崔裕:"多文化家庭引发的混血及移民者的法律支援综合方案",载《韩国法治研究院研究报告书》2006年。

② [韩]李锺润:"韩国多文化政策法律之研究",载《多文化内容研究》2010年第4期。

③ 参照《在韩外国人待遇基本法》第1条立法目的之规定。

实现多文化和谐发展发挥了重要的作用。最重要的是,《在韩外国人待遇基本法》虽然强调改善外国人的待遇,公平对待韩国国民和外国人,尊重和理解外国人的传统文化,但并没有从本质上杜绝对外国人的歧视和偏见,过于强调外国人的义务承担,对于外国人的权利保护的很少,或多或少地带有"同化"之嫌。

《在韩外国人待遇基本法》共5章23条,第1章总则;第2章外国人政策的制定和执行体系;第3章在韩外国人待遇;第4章营造国民和在韩外国人融为一体的社会环境;第5章为附则。该法第2条第3项定义了结婚移民者的概念,结婚移民者是指曾经与韩国国民结过婚或已结婚的外国人,第12条将结婚移民者及其子女纳入到《在韩外国人待遇基本法》的保护对象中,进一步扩大法律的适用范围。

2. 存在的问题及解决对策

《在韩外国人待遇基本法》立法目的在于改善在韩外国人的待遇,提供必要的帮助使其更好地融入到韩国社会。事实上,《在韩外国人待遇基本法》既没有规定外国人的基本权利,也没有涉及外国人人权保障方面的内容,起不到基本法的引导作用。该法第3条和第5条规定了国家和地方政府应制定实施在韩外国人优惠政策,由相关政府部门制定具体实施办法。由此可见,《在韩外国人待遇基本法》并没有直接体现多文化主义和多元文化政策,缺乏对外国人人权的保护,对外国人生存发展及各种平等的社会政治权利的内容。[①]

在此法中,受法律保护的外国人的范围仅限于合法居留在韩国的外国人,并不包括非法居留在韩国的外国人,部分移徒工人因各种原因居留不合法,各项权利得不到切实保护。[②] 国际社会在意识到移徒活动的显著增加,深为关注移徒工人及其家属易受伤害的事实,通过了《保护所有移徒工人及其家庭成员权利公约》,要求所有国家保证保护所有移徒工人及其家庭成员。该公约第70条规定了不因工人的居留身份是否合法,工人及其家庭成员的工作和生活条件应符合强健、安全、卫生的标准和人的尊严。因此,应借鉴《多文化家族支援法》对非婚生多文化家族子女的规定,补充修改法律规定,加强对非法居留外国人子女的保护,保障尊重所有移徒工人及其家庭成员的人权和尊严,促成移徒工人与居住社会其

---

① [韩]赵翔均、李胜宇、全珍希:"多文化家族支援法的现状和课题",载《民族主义和人权》第8卷第1期。

② 移徒工人是指在其非国民的国家将要、正在、已经从事有报酬的活动的人,作为投资者在非原籍国居住的人,难民和无国籍人不被视为移徒工人(参照《保护所有移徒工人及其家庭成员权利公约》第2条、第3条之规定)。

他人之间更大的和谐与容忍,构建多文化、多民族和谐社会。

(四)国籍法

1. 制定背景和主要内容

韩国国籍的取得、丧失、恢复,均适用本法。该法规定要取得大韩民国国籍,父母其中的一方必须是大韩民国国籍。该法自1984年12月20日制定以来,历经十次修订,从原来的“父系血统主义原则”改为“父母双系血统主义”,并明确规定了与韩国国民结婚的外国人在韩国居住2年以上,并满足一定条件将可申请取得韩国国籍。但在这2年期间,韩国人配偶一方失踪或死亡的,需要抚养子女的外国人配偶不受居住2年以上的条件限制,可直接通过简易程序申请取得韩国国籍。

值得注意的问题是,韩国面对国家和地区间人口流动趋势,于2010年5月对国籍法进行了部分修改,宣布自2011年1月1日起承认多重国籍。外国人取得韩国国籍后应在1年内放弃原国籍,取得韩国国籍的结婚移民者可以填写一份保证书,承诺在韩国不使用原国籍的情况下,即可拥有双重国籍。通过实施简易程序和多重国籍制度,有效促进结婚移民者快速融入韩国社会,充分参与社会管理和享受权利,有利于实现多元民族文化的和谐共存。①

2. 存在的问题及解决对策

韩国人比较注重本民族人血统的纯正,强调单一民族、单一血统,由此国籍法亦采用严格的血统主义原则,凡是韩国人所生子女,才可取得韩国国籍。但一旦父母放弃韩国国籍或父母均为外国国籍的,这个子女不能取得韩国国籍。因此,移徒工人和外国留学生等外国人夫妻所生的子女可能面临非法居留的问题,由于法律制度的缺陷导致在韩国出生的外国籍儿童不能享受韩国政府提供的各种福利。这一问题事关实现多民族、多文化真正平等的重要问题,政府应优先解决这一根本问题。

此外,韩国社会还存在法律未能涉及的移徒工人及其家属,移徒工人虽然不以长期居住和定居为目的,但能够为韩国提供劳动力资源,对韩国经济的发展起到极大的促进作用。韩国目前已进入人口老龄化时代,韩国人口形势的变化已开始对劳动力市场产生影响,农村及服务性行业、生产性行业存在劳动力短缺的问题。政府应从解决劳动供不应求的问题,合理分配人力资源的角度出发,出台移

---

① [韩]李钟洙:“多文化社会和国籍”,宪法学会第4届学术研讨会资料,第52页。

民就业政策及支援政策。①

(五)出入境管理法

1. 制定背景和主要内容

除了承认多重国籍,放宽外国人和结婚移民者申请韩国国籍的条件外,还实施了永居权制度,获得韩国永居权的外国人,对当地居住、获得不动产、就业及创业、就学等都无限制,可以行使作为公民的权利,也可以邀请国内的亲属。与"同化"政策相比较永居权制度具有更大的灵活性和开放性。韩国政府于2002年通过修订《出入境管理法施行令》,宣布实施永居权制度。自该制度实施以来,取得永居权资格的外国人人数由2002年的6022人增至2007年的15567人,在短短5年间增长近2倍。可是,取得永居权的外国人占在韩外国人总数的比重仍偏低,且取得永居权的外国人中绝大部分为华侨。由此可见,永居权制度未能有效落实,很多外国人未能享受政府优惠政策和权利。韩国永居权的申请条件比较严格,申请人需要满足一定的居住条件,同时应具备维持本人和同住家属的生计的能力,品行端正,具备生活在韩国所需的基本素养,才能申请永居权。

2. 存在的问题及解决对策

永居权制度虽然具有高度的开放性和灵活性,有利于少数外国人融入韩国社会,能够以民主、自由、人权等普遍原则,维持与韩国主体民族与多文化、少数民族之间形成法律意义上的平等,有利于在社会准入的基础上提供更为平等的机会。② 但该法仍没有以实现多文化、多民族之间的真正平等为最终目的,而是严格区分不同身份的外国人,提供不同的优惠政策和机会,无形中又引发了新的民族矛盾。另外,有些学者认为该法律过分强调外国人的权利,而忽略了作为韩国社会成员之一的外国人应承担的社会责任和义务,应在尊重和包容多元文化的基础上,采取措施促进多文化、多民族之间的平等,实现多民族和谐共存。③

三、韩国多元文化法律体系基本框架的构思

通过对《在韩外国人待遇基本法》、《多文化家族支援法》、《国籍法》、《出入境管理法》等相关法律的分析,发现韩国已基本形成多元文化法律体系,外国人的

---

① [韩]李永日:"移民和多文化社会的挑战:德国移民者社会整合对韩国的启示",载《西洋司论》第92卷,第219页。

② 杨洪贵著:《澳大利亚多元文化主义研究》,西南民族大学出版社2007年版,第198页。

③ [韩]金起河:"法律在社会整合中的作用,国内居住外国人政策",载《Justice》2008年第106期。

入境、登记、居留、就业、社会保险及福利、国籍、永居权、多元文化家族支援、儿童教育及福利、移徒工人劳动及社会保障等各个方面基本做到有法可依。但多文化社会相关法律的立法目的过于狭隘,还没有达到各民族、种族一律平等这样高度的认识,缺乏保护多文化群体、少数文化群体应有的人权和尊严以及各种平等的社会政治权利。这种法律体系和法律制度上的缺陷,正是多文化群体、少数文化群体无法真正充分地享有民主、自由和平等的原因。①在多元文化法制建设的过程中,如何体现社会公正与种族平等,实现多元民族文化和谐共存是最为重要的问题。政府应在此基础上,制定一部"多文化社会基本法",将明确规定多文化社会、多文化、多民族、多民族家族的概念,扩大法律保护的对象,切实保障在韩居住的不同文化群体的合法权益。基本法中应确定处理民族问题的基本原则、具体规则所应遵循的准则,制定多文化政策的程序及执行,国家的职责,多文化群体的权利义务等内容。与此同时,通过制定单行法来规范多元文化相关的各个领域,其中包括《出入境管理法》、《外国人登记法》、《外国人待遇基本法》、《外国人就业法》、《外国人居留法》、《难民认可法》、《国籍法》等法律。②

四、构建多元文化法律体系需要解决的问题

多民族国家共同体是人类社会发展的一个普遍现象,调整国内民族间关系是当今世界绝大多数国家面临的共同的课题。韩国在多元文化法制的建设过程中,应集中精力重点解决以下几个问题。

(一) 提高对多元文化的认识

目前韩国多元文化政策的核心是结婚移民者支援政策,国家的各项优惠政策均围绕着帮助结婚移民者更好地融入到韩国社会,在语言培训、就业指导、防止家庭暴力、子女教育、产前和产后护理等方面提供支援。与此同时,移徒工人及其家庭成员、留学生、难民、无国籍人等少数群体的权益保障却被政府所忽视。多文化政策应是不同民族、不同文化共同的政策,不应在多元文化法律中对适用范围做了限制,须与时俱进将多元文化政策和法律保护的范围扩大到在韩国居住、工作、留学的所有外国人。最终建立一个无论种族、民族、语言或地域都彼此尊重、人人平等和共享权利和自由的国家。

---

① 熊文钊主编:《民族法学》,北京大学出版社2012年版,第442页。

② 有些学者则主张修改《在外国人待遇基本法》使其起到基本法的作用,适时修订相关联的法律法规(金起河:"法律在社会整合中的作用:国内居住外国人政策",载《Justice》2008年第106期)。

为了解决这一问题，国家应做好宣传工作，提高国民对多文化、多民族的认识，加深彼此之间的了解，消除对少数民族、种族的歧视和偏见，帮助少数民族、种族克服各种障碍，以便“参与”或“全面融入到韩国社会”。

（二）界定多元文化的定义和范围

多元文化社会主要描绘多元化、多民族社会现象，其核心要求是承认少数民族（族群）社会地位，真正实现民族平等。因此，“多元”可以被理解为“多元民族”，也可以理解为“多种族群”，这是大规模人口流动而形成的结果。大规模人口流动造成了不同族群之间的混居，导致了多元文化社会的出现，这种现象便是“多元文化”现象。因此，多元文化、多元民族应包括在韩国居住的所有民族和种族，不应简单地概括为与韩国人结婚的外国人配偶及其所生子女。在今后的立法中应将多元文化的定义扩大到所有民族和族群，包括结婚移民者及其子女、移徙工人及其家庭成员、留学生、难民、无国籍人等。作为多元文化法律应承认少数民族的民族个性，认可多元民族的文化传统，体现所有的人在社会、经济、文化和政治上机会平等，帮助多元民族平等参与社会管理，获取社会资源和享有自由民主。①

（三）提高政策的执行效率

新一届韩国政府将中央政府职能下放到地方政府，地方政府根据地方的实际情况，制定多文化及外国人相关的政策。地方政府中负责多文化及多文化家族的部门有社会福利科、综合社会福利科、多文化家族中心、农业技术中心、终身教育中心、教育厅等多个部门。当前对于政出多门的乱象，政府应尽快纠正，必须从国家层面进行统一规划，成立统一的机构统领多元文化政策的管理。

（四）切实保障难民和非法居留者及其家庭成员的人权

另外，应制定和修改难民和非法居留者及其家庭成员的人权相关的法律，缩短难民认证期间，提供及时的法律和政策之援助，使其更好地融入到韩国社会。并且通过修改《多文化家族支援法》第2条的规定，将非法居留者的子女纳入到法律保护的范围内，不论身份是否合法一律提供政策支援，确保少数弱势群体也能够充分地享有人权、自由和平等，这是建立多元化法律体系必须要解决的问题之一。

---

① 熊文钊主编：《民族法学》，北京大学出版社2012年版，第442页。

论债权人撤销权诉讼的双重提起是否构成诉的变更

——大法院[①] 2010DA[②]80503 判决评析

金声子[*]

一、诉讼经过

(一)案情简介[③]

本案原告为新利川陆第二期流动化专门有限公司(以下简称原告),[④]被告为(1)株式会社元音(以下简称元音)、(2)金尚佑、(3)许武俊、(4)WIA株式会社(以下简称WIA)、(5)株式会社好数码(以下简称好数码)。

1. 被告元音公司发行公司债券,原告及诉讼参加人受让债券

被告元音于2006年11月7日发行了面额为16亿韩元的无保证私募债券,并于当日与韩国投资证券株式会社(以下简称韩国投资证券)之间签订了公司债券转让合同,约定由韩国投资证券以16亿韩元从被告处受让上述债券,被告则于2008年11月7日一次性予以偿还(利息

---

① 相当于中国的最高人民法院。

② 案号的组成部分(音译),以下案号中所含GA、NA等标示亦如此。

* 韩国三星集团法务室责任律师,韩国首尔大学在读法学博士。研究方向:商法。

③ 为便于理解,可参照后附之"事实关系说明图"。

④ 包括该公司名称在内,本文中出现的所有韩文公司名称或人名均为音译。

后付),并且,如果发生被告元音发行的支票或者票据拒付的情形(即韩国法上的"不渡")则被告丧失期限利益。被告金尚佑(元音的代表理事,相当于中国法上的法定代表人)对被告元音负担的上述公司债券转让合同项下的债务承担连带保证责任。

原告于2006年11月7日与韩国投资证券签订资产转让等合同,约定由原告受让韩国投资证券对被告元音持有的上述公司债券本金债权。后被告元音未能支付于2008年5月7日期限届满的公司债券利息,并且于该月元音的往来账户支票、票据被拒付,致使其丧失了对上述公司债券本金债务的期限利益。另外,原告在本案诉讼进行过程中,于2009年7月7日将上述对公司债券的债权转让给了诉讼参加人并于2009年7月8日将转让事实向被告元音做了通知。

2. 被告间的不动产买卖或者担保设定及相关登记程序的完成

上述被告之间进行了一系列如下法律行为:

首先,被告金尚佑于2007年11月3日向被告许武俊出售了第一不动产并完成了所有权变更登记。

其次,被告元音于2007年11月6日向被告好数码出售了第三不动产并完成了所有权变更登记(不动产价款的一部分以被告好数码对被告元音持有的应收货款相抵,一部分以被告好数码对被告元音持有的贷款债权相抵,剩余部分以被告好数码承继被告元音对银行负有的贷款债务相抵)。

最后,被告金尚佑与被告WIA于2007年12月12日对第二不动产设定了最高额抵押,并于2008年5月16日设定了最高额抵押和地上权抵押,完成了相关登记。同时,被告元音于2007年12月12日就第四不动产向被告WIA设定了最高额抵押和地上权抵押。

(二)当事人的主张

原告及其承继参加人主张如下:元音和金尚佑对公司债券的转让方原告负有公司债券本金的支付义务,但主债务人元音或者其连带保证人金尚佑不顾负有包括上述公司债券本金债务在内的多数债务而处于资不抵债的状况,将其所有的不动产分别转让给被告们或者设定抵押并完成所有权变更登记及抵押设定登记等,元音与金尚佑的该等行为属于损害债权人(原告)的诈害行为,应予以撤销。但因被告许武俊和被告好数码已无法返还原物,故应承担相应价款(金额)的赔偿义务。

而被告们则主张:原告的公司债券在元音与金尚佑和被告之间签订上述各买卖合同及最高额抵押设定合同时尚未现实化,而且也并不存在在不久的将来得以现实化的高度必然性。在上述合同签订之时,不仅并无证据表明元音或者金尚佑处于资不抵债的状况,而且上述合同是为了使元音的财务结构正常化而进行的正常交易行为,没有理由认定其为诈害行为,被告们并不知因上述合同的签订会给债权人带来任何损害。

(三)一审及二审法院的判决

一审[①]法院认为,被告元音作为主债务人、被告金尚佑作为连带保证人,对原告负有支付公司债券迟延利息、公司债券本金、债权保全费及迟延损害赔偿金的义务。而原告基于公司债券而持有的债权无法成为对各不动产出售合同和最高额抵押合同(以下简称各合同)等行使债权人撤销权的被保全债权。而且各合同的签订亦不能视为诈害行为。据此,原告对部分被告元音、金尚佑的请求具有相应事由,全部予以认定(元音、金尚佑应连带向原告支付一定金额),但原告对另一部分被告许武俊、WIA、好数码的请求不具备相应事由,全部予以驳回。

而二审[②]法院则作出了不同的判断,其认为:鉴于对主债务人元音及其连带保证人的公司债券已经发生,作为从韩国投资证券处整体受让该等债券的参加人可以将其作为债权人撤销权的被保全债权。鉴于被告许武俊受让第一不动产的行为属于诈害行为,但很难将被告好数码和被告WIA的各合同行为亦视为诈害行为,本院仅认定原告请求中对被告许武俊的请求部分,驳回其他请求。一审法院的判决与本结论相异,属于不当,所以本院接受参加人的部分上诉请求,撤销一审判决中原告对被告许武俊的请求败诉的部分,对该部分引用原告请求,但驳回参加人的其他上诉请求。

被告许武俊对上述二审判决不服进行了上诉,其上诉理由与二审审理时的主张一致。金尚佑出售第一不动产后,以不动产价款偿还了被告元音对中小企业银行所承担的债务,从而减轻了公司的利息负担,该行为是谋求公司运营正常化的行为,不属于诈害行为。

二、判决结果

三审[③]法院(即大法院)最终做出了撤销二审判决,变更一审判决的如下判决(由原告部分胜诉改判为驳回原告承继参加人的请求)。

---

① 首尔中央地方法院2009.7.17. 宣告2008GA合87063。

② 首尔高等法院2010.8.25. 宣告2009NA81854。

③ 韩国的审级制度为三审终审。

三审法院认为,债权人在请求撤销诈害行为及恢复原状时,增加或者变更拟保全的债权不过是为了有更加充分的理由行使诈害行为撤销权和恢复原状请求权而改变了攻击对方的方法而已,并不是变更了诉讼标的或者请求本身(参考大法院 2003. 5. 27 宣告 2001DA13532 判决等),债权人改变拟保全的债权双重提起请求对同一法律行为撤销及恢复原状的债权人撤销诉讼时,应视为前后两个诉讼的诉讼标的相同,而且,即使前一诉讼或者后一诉讼是依承继参加人的申请而得以进行的亦如此。

此外,如果在诉讼中,就权利或者法律关系的存在与否在相同的当事人之间的前一个诉讼中业已讼争并已有终审判决时,法院不得再另行做出与此相悖的判决,而对于是否存在该等终审判决,即使当事人对此没有主张,法院亦应以职权进行调查并加以判断,此种情形即使在对事实审理的辩论终结后发生,三审法院亦应予以参照(参考大法院 1992. 5. 22. 宣告 92DA3892 判决, 大法院 2012. 11. 25. 宣告 2010DA64887 判决等)。

据查,根据二审认定的事实和记录,原告承继参加人(以下简称参加人)曾以本案被告为对象,提起以对金尚佑的求偿债权作为被保全债权而请求撤销本案买卖合同的债权人撤销诉讼(详见大邱地方法院西部分院 2008GA 合 2174 号判决),该诉状副本于 2008 年 9 月 3 日送达至被告(以下简称大邱事件诉讼)。原告亦以本案被告为对象,在本案一审法院以对金尚佑的受让金债权为被保全债权,提起了撤销本案买卖合同和请求价款赔偿的诉讼,该诉状副本于 2008 年 9 月 12 日送达至被告(即"本案诉讼")。但是,参加人在大邱事件诉讼一审判决宣告之前的 2009 年 7 月 7 日从原告处受让了本案诉讼的被保全债权并以此为由于 2009 年 9 月 2 日向本案二审法院申请以承继人的身份参加本案诉讼,原告则提交了诉讼退出书。此后,大邱事件诉讼的一审法院于 2009 年 11 月 12 日驳回了参加人的请求,对此参加人虽进行了上诉,但在上诉审(大邱高等法院 2012NA294)中法院于 2010 年 11 月 3 日驳回了参加人的上诉申请,并在本案诉讼进行中的 2010 年 11 月 27 日经三审确定了该判决(即判决生效)。

根据前述法理,并基于上述事实关系可知:因参加人申请以本案承继人身份参加诉讼引发的本案诉讼,不过是改变了大邱事件诉讼中债权人撤销之诉的被保全债权,其实当事人和诉讼标的均是相同的。在本案上诉审过程中,可称为前一个诉讼的大邱事件诉讼法院已经作出了参加人败诉的判决,基于一事不再理的原则,该生效判决的既判力(已判约束力)不可避免地影响到本案判决。因此,针对本案诉讼,为了不做出与生效判决相互矛盾的判断,应驳回上诉请求,二审判决亦因此无法继续维持。

因此,在不予审理上诉理由的情况下,撤销二审判决,由大法院依法对一审判决改判驳回参加人的请求,诉讼费由败诉方承担。

三、评析

(一)问题的提起

本案争点原本为诈害行为是否成立、不动产出售行为或者最高额抵押行为是否可以撤销,对此一审判决没有认定诈害行为成立并驳回了原告请求,但二审判决部分认定了诈害行为,撤销一审判决并依法改判。

但是,终审判决(本论文评析之判决)认为,原告承继参加人曾以许武俊(不动产受让人)为被告在大邱地方法院提起以对金尚佑的求偿债权作为被保全债权的请求撤销本案买卖合同和请求赔偿的债权人撤销诉讼(即大邱事件诉讼)。而在本案一审法院,原告亦以许武俊为被告,提起以对金尚佑的受让金债权为被保全债权的相同的请求撤销本案买卖合同和请求赔偿的债权人撤销诉讼。并且,在本案上诉审过程中管辖法院对大邱事件诉讼做出了终审判决。鉴于此,因参加人申请以本案承继人身份参加诉讼所引发的本案诉讼,不过是改变了大邱事件诉讼中债权人撤销之诉的被保全债权(求偿权债权→受让金债权),其实当事人和诉讼标的均是相同的。在本案上诉审过程中,前一个诉讼即大邱事件诉讼法院已经作出了参加人败诉的判决,该生效判决的既判力(已判约束力)对本案诉讼具有直接影响。

因此,本案的争点其实是当债权人依据不同的被保全债权提起相同的请求撤销法律行为和恢复原状的债权人撤销诉讼(双重诉讼)时,诉讼标的是否相同、如果前后两个诉讼中的任何一个是因承继参加人的申请而得以进行时是否亦相同。就后者而言,根据《民事诉讼法》[①]第81条[②]的规定,承继人参加诉讼时,该参加行为溯及诉讼法院最初受理该案件之时。因此两个诉讼中的任何一个是因承继参加人的申请而引发的情形均无任何不同,对此学界及实务意见比较一致,几乎没有争论的余地,所以本评析主要针对前者问题(以下简称本案问题)进行探讨。

---

① 本文所引用的法规,如无特别说明,均指韩国法。

② 《民事诉讼法》第81条(承继人参加诉讼)规定:"在诉讼审理过程各种,第三人以承继了诉讼目的之权利或者义务的全部或部分为由按照第79条的规定参加诉讼时,该参加行为溯及诉讼法院最初受理该案之时并产生失效中断或者法律上期间遵守的效力。"

不过,如果以法院和当事人的同一性为前提(即前后两个诉讼的当事人相同、法院的性质相同),则诉的变更是指诉讼标的即诉讼上请求的变更。[①] 因此本案问题可最终归结为:改变被保全债权双重提起诈害行为撤销的诉讼是否属于诉的变更。以下将围绕是否属于诉的变更进行具体分析。

(二)诉的变更(请求的变更)

"诉的变更"或者"请求的变更"是指原告在诉讼审理过程中维持前一个诉讼之诉讼程序的同时,变更请求目的或者请求原因。[②] 鉴于法院、当事人、请求为诉讼的三大要素,也许法院的变更或者当事人的变更表面上看似也属于请求的变更,但其不过可勉强称为广义上请求的变更,并非指《民事诉讼法》第 262 条所规定的请求的变更。[③] 所以如果以法院和当事人的同一性为前提,则诉的变更是指诉讼标的即诉讼上请求的变更。认可该等诉讼变更制度的宗旨是,实现诉求当事人之间纷争的合理解决,并使其同时符合诉讼经济的要求。[④]

请求目的变更时,即使请求原因未变,因诉讼标的发生了变化,所以应视为发生了诉的变更。[⑤] 但如果请求目的不变,只变更请求原因时,虽然也可能存在诉的变更,此处所言之请求原因必须是能够导致诉讼标的变更的变更,所以诉讼标的理论不同诉的变更的范围也可能会不同。

当事人在诉讼过程中,在诉讼标的范围之内补充或者改变其法律上或事实上的主张时,不存在诉的变更(即使不具备变更要件也可自由改变)。此外,如同法院的审判权或者当事人适格之诉讼要件的事实上理由,或者诉讼标的返还请求(民法第 213 条)或者障碍物撤除、妨害预防请求(民法第 214 条)中变更像所有权一样的先决性法律关系或者基于临时登记而进行的正式登记请求时变更临时登记时所设定的担保债权一样,[⑥]在主张同一项权利的前提下,为了使主张更有

---

① 法院行政处:《法院实务提要民事诉讼[Ⅱ]》,2005 年版,第 136 页。对于该观点判例或者学说上意见一致。

② 参见《民事诉讼法》第 262 条。

③ 参见《民事诉讼法》第 262 条(请求的变更):"(1)原告可在不改变请求基础的范围内,在辩论终结(未经辩论即进行判决时,判决宣告时)之前变更请求的目的或者原因。但,明显迟延诉讼程序时除外;(2)请求目的的变更应以书面形式申请;(3)第(2)项之申请应送达至对方当事人。"

④ 大法院 1987. 7. 宣告 87NAKA225 判决。

⑤ 民事诉讼中的请求原因是,在维持原来所主张的原因的同时只变更请求目的时,尽管没有因请求目的的改变而另行补充请求原因,变更的请求也应该是特定的,至此所主张的请求原因亦成为符合经变更的请求目的之请求原因(大法院 1988. 2. 23. 宣告 87DAKA1108 判决)。

⑥ 大法院 1992. 6. 12 宣告 92DA11848 判决。

理由而变更攻击方法的行为也并不属于诉的变更,因为所谓攻击方法是为了支持诉讼而提供的资料,并不是诉讼本身。[①]

(三)债权人撤销权

债权人撤销权,是指债务人明知其行为有害于债权人而减少其一般财产时,以向所有债权人保全债务人的责任财产之目的,可以撤销债务人的行为并使财产恢复原状的权利。[②]此项权利是从债权人对债务人享有的债权中派生出来的,是债权人以自己的名义行使的、债权人所特有的实体法上的权利。

至于债权人撤销权的本质如何,从旧民法时代[③]起就存在多种对立的观点,具体虽有采取绝对无效说、[④]责任说、[⑤]新形成权说、[⑥]请求说之见解[⑦]等少数说,通说和判例采取的是以相对无效论为依据的折中说立场。[⑧]其主要内容如下:(1)诈害行为撤销的效果不过是在返还标的物所必要的范围内,仅在与对方的关系上具有相对效力,所以只有受益人或者转得者才能成为被告,债务人是无法成为被告的(当事人适格的限定);(2)原则上应与财产返还一起请求诈害行为的撤销(形成之诉和履行之诉的合并);(3)如果有转得者,是以转得者还是受益人为行使债权撤销权的对象,由债权人自由选择(选择对方的自由)。[⑨]

(四)债权人撤销诉讼

债权人撤销权是通过向法院请求撤销诈害行为和恢复原状而行使(参见民法第406条第1款)的一项权利。通说要求需"向法院请求"即通常来说裁判的启动才意味着诉的提起。因此,未积极提起诉讼而仅是以在诉讼过程中进行抗辩(攻

---

① [韩]金大元:"在诈害行为撤销诉讼中,改变保全债权是否属于诉的变更",载《大法院判例解说》通卷第44号,2003年上半年。

② 大法院1995.2.10.94DA2534;[韩]郭润直:《债权总论(民法讲义Ⅲ)》,博英社1995年版,第266页。

③ 指韩国在实施现行民法前适用日本民法典的时期(1912~1959年)。

④ [韩]高翔龙:"债权人撤销权的法律性质",载《考试界》,考试界社1981年版,第427页;[韩]金亨培:《债权总论》,博英社1999年版,第68页;[韩]郑东润:《民事诉讼法》(第3版),法文社2010年版,第69页。

⑤ [韩]李银荣:《债权总论》,博英社2009年版,第383页。

⑥ [韩]李在性:"诈害行为撤销诉讼的性质",载《判例评释集Ⅱ》,韩国司法行政学会1988年版,第138页。

⑦ 大法院1961.11.9. 宣告4293DA263;大法院1962.2.15 61DA378等。

⑧ [韩]林骏绪:《注释民法(债权总则)(2)》,韩国司法行政学会1999年版,第45页。

⑨ [韩]金能焕:"债权人撤销权的行使方法——以不动产被转让的情形为中心",载《民事裁判诸问题》(第6卷),韩国司法行政学会1991年版,第36页。

击或者防御方法)的方式予以主张是不被允许的。同时,债权人撤销权是基于债务关系而赋予债权人的权利,所以原则上行使权利的主体是债权人,撤销的对象仅限为债务人的法律行为,即使被告方为转得者亦不是撤销与受益人和转得者之间的法律行为。①

此外,就债权人撤销诉讼的形态而言,依有关学说的不同而不同(可以是形成之诉、履行之诉等),但依照新形成权说和判例及通说所采纳的相对无效说则为形成诉讼和履行诉讼的结合形态。②而诉讼的相对方即有关撤销权诉讼的被告亦按照债权人撤销权的本质论有所不同,但判例采取通说即相对无效论从而只认定诈害行为撤销的相对效力,其结果导致诉的相对方无论何时都是接受财产返还请求的受益人或者转得者,③债务人无法成为适格被告。④债权人撤销诉讼的诉讼标的也根据债权人撤销权性质认定的不同而会有所不同,但在将债权人撤销权视为撤销和返还请求权的判例的立场上来看,该两个请求权构成了一个诉讼标的(撤销权),因此,作为实体法上权利的债权人撤销权本身即成为诉讼标的,撤销和返还应一并请求才对。⑤

有关请求原因,通说认为提起债权人撤销权的原告有必要在客观要件上举证被保全债权的存在以及诈害行为(撤销目的之法律行为)的存在,并在主观要件上举证债务人的诈害意思或者认识以及受益人或者转得者存在恶意。在此,被保全债权是指行使债权人撤销权的债权人对债务人享有的债权,债权人撤销权是附属于债权的权利,所以将债权的存在作为撤销权的前提是理所当然的。⑥ 但是,债权人行使债权撤销权时,执行权源并非其要件,⑦只要存在对债务人的债权,即

---

① [韩]郭润直:《民法注解[IX] 债权(2)》,博英社2007年版,第832页;大法院1998.3.13. 宣告9DA48599判决;大法院1995.7.25. 宣告95DA8393判决(该案原告主张,被告签订的偿付合同属于诈害行为应予撤销,但大法院认为,原告的主张不过是以诈害行为的撤销作为一种攻击的方法而已,无需判断其适当与否而直接认定其主张没有理由)。

② [韩]郭润直:《民法注解[IX] 债权(2)》,博英社2007年版,第833页。

③ 大法院1965.9.7.65DA1481。

④ 有很多如大法院1961.11.9[4293民上263],大法院1962.1.25[4294民上529],大法院1965.2.24 64DA1541等类似判例采纳这一观点。

⑤ [韩]金大元:"在诈害行为撤销诉讼中,改变保全债权是否属于诉的变更",载《大法院判例解说》通卷第44号,2003年上半年。

⑥ 大法院1962.2.15,4294民上378。

⑦ 大法院1962.6.21. 宣告62다DA179判决认为,债权人撤销权上的债权并不以债务名义为要件,针对有债务名义的债权和没有名义的债权,认为其撤销权消灭时效的起算点不同的主张没有任何合理理由。

使金额并未确定也可以直接提起撤销诉讼,而且即使该债权是属于履行期尚未届满的债权亦无关紧要。①只不过,债权人撤销权制度是为了实现对债务人责任财产的保全,其行使的效果不同于债权人代位权,其对所有债权人均有效力,而且原则上被保全债权需为金钱债权,②特定物等其他债权本身与债务人的偿还能力即责任财产的保全无关,因此以责任财产保全为目的的债权人撤销权不承认除金钱外的其他债权,对此学界没有争议,判例亦如此。③ 如果主张撤销诈害行为的原告所持有的债权不被认可,尽管有见解主张应将其归于当事人适格与否的问题而裁定驳回起诉,④但笔者认为,债权人撤销诉讼不同于属于第三方诉讼之一的债权人代位诉讼,其是债权人对作为被告之受益人或者转得者行使自己的权利,所以即使被保全债权的存在未予认可,也不能以当事人不适格为由驳回起诉,而应驳回诉讼请求才为适当,⑤判例也采纳这一观点。⑥ 至于诈害行为或者诈害的意思表示,则可做如下理解:债权人撤销的对象是债务人行使的有害于债权人的诈害行为,该行为是导致债务人的总财产减少的行为,也就是说,债务人的财产处分行为使其财产减少,并致使债权的共同保全不足或者在已经不足的状态下,共同担保更加不足从而无法完全满足债权人的债权,亦即意味着债务人的消极财产比积极财产更多或者该状态进一步加深。⑦ 诈害行为是以债务人行使法律行为时明知会诈害债权人为行为要件,该债务人的主观意识形态称作"诈害的意思表示"或者"对诈害的认知"。⑧债权人撤销权是撤销在明知诈害债权人的情况下,以债务人的财产权为目的而为的法律行为的权利(《民法》第406条第1款)。因

---

① 东京地方裁判所1956.6.28. 判决(判决时报,第87号,第13页);东京高等裁判所1981.9.21. 判决(判决时报,第1020号,第43页)。

② 大法院1961.8.10,4293民上378。

③ 大法院1965.3.30宣告64DA1483;大法院1988.2.23宣告87DAKA1586;大法院1991.7.23 91DA6757。

④ [韩]郭润直:《民法注解[IX]债权(2)》,博英社2007年版,第833页。

⑤ [韩]林骏绪:《注释民法(债权总则)(2)》,韩国司法行政学会1999年版,第49页。

⑥ 大法院1993.2.12. 宣告92다251判决[在以债权人对债务人的所有权因变更登记请求及无法履行而提起的损害赔偿诉讼全部败诉的情况下,债权人在以同一债权为被保全债权提起债权人代位诉讼(主诉)的同时,防御性提起债权人撤销诉讼的案例中,大法院认为,就主诉请求而言,不存在认定债权人代位的保全必要性,所以将二审驳回请求的判决改判为驳回起诉,相反,对防御性请求,大法院维持了二审法院的驳回请求的判决];大法院1999.4.27. 宣告98DA56690判决(该判决在对以特定物债权为被保全债权进行的诈害行为撤销请求诉讼中,维持了二审法院驳回请求的判决)。

⑦ [韩]郭润直:《民法注解[IX]债权(2)》,博英社2007年版,第814页、第820页。

⑧ 同上,第823页。

此,行使该权利的主观要件为诈害行为的当事人之债务人有诈害的意思并进行了财产处分行为,而且作为诈害行为对方的受益人或者转得者也应具有恶意。

(五)债权人撤销诉讼中改变被保全债权是否属于诉的变更

1. 主要见解的对立①

对于债权人撤销诉讼中改变被保全债权是否属于诉的变更,目前存在两种学说的对立。其一是积极说(诉的变更),该说认为在债权人撤销诉讼中,改变被保全债权属于诉的变更,其主要论据如下:

第一,债权人撤销权是对特定债权赋予的权能,而不是仅就债权人的名义通常赋予的权能。因此,如果该债权被转让,则债权人撤销权也作为其附属被转让。

第二,在债权人撤销诉讼中,作为诈害标的管辖标准的诉讼标的金额是以诈害行为目的金额为限度的债权人的债权额(《民事诉讼等印花规则》第12条第9款)。

第三,多名债权人提起债权人撤销诉讼时不会造成重复诉讼也是因为债权人的被保全债权不同的缘故。

第四,债权人撤销诉讼中返还的范围亦以撤销债权人的债权额为基准。

与上述积极说相反,还存在另一种消极说(攻击方法的变更)。该说认为,在债权人撤销诉讼中,改变被保全债权不过是攻击方法的变更,并不属于诉的变更。其论据如下:

第一,债权人撤销诉讼的诉讼标的为撤销权本身,为使其具备理由而予以保全的债权并不属于诉讼标的。

第二,债权人撤销权是为了债权人的共同担保保全而被债权人所认可的权利,并非为了满足债权人的个别债权而由法律所认可的权利。

第三,债权人撤销权是以撤销债务人与受益人之间的法律行为并恢复原状为目的。因此,在判决书的主文中也是仅判明法律行为的撤销和恢复原状。

第四,在债权人撤销诉讼中,不会产生对被保全债权的存在与否的既判力。

2. 分析:攻击方法的变更(消极说)

债权人撤销权诉讼的诉讼标的为实体法上的权利之一的撤销权,撤销的对象亦为债务人和受益人之间的法律行为,所以被保全债权不过是为了实现债权人撤

---

① [韩]金大元:“在诈害行为撤销诉讼中,改变保全债权是否属于诉的变更”,载《大法院判例解说》通卷第44号,2003年上半年。

销权之诉讼标的的法律要件而已。[①] 界定了债权人撤销权本质的《民事诉讼法》第406条第1款规定:"债务人明知诈害债权人而以财产权为目的进行法律行为时,债权人可向法院请求撤销和恢复原状。"该内容仅仅规定在具备债务人的行为是诈害债权人的行为(诈害行为性),以及债务人明知其行为诈害债权人而为之(诈害意思)两个要件时,所有债权人都可以行使债权人撤销权,其并未要求以被保全债权为要件。只不过,如果不以被保全债权的存在与否作为前提,不仅不会对撤销债权人产生债权人撤销权,而且很难满足债务人行为的诈害行为性。因此,为了具备该等要件,债权的存在是有一定必要性的。

债权人撤销权是在债务人进行了诈害一般债权人之共同担保的法律行为时,以救济债权人为目的,并为防止所有债权人的、被共同担保的债务人的财产减少而赋予的,并非以特定债权的保全为目的。因此,原则上行使债权人撤销权时的返还范围限于撤销债权人的被保全债权。但若明显有其他债权人要求参与分配或者标的物不可分时的特殊情况,可以在即使超出撤销债权人的债权额时也判令撤销(判例[②]及通说),不必一定受被保全债权范围的约束。据此,应该认为被保全债权的变更不过是为了使撤销权具备理由而改变了攻击方法。[③]

大法院在此前的1964. 11. 24. 宣告64DA564判决及大法院2003. 5. 27. 宣告2001DA13532判决中已经阐明了上述见解。

在大法院1964. 11. 24. 宣告64DA564判决中,原告最初主张因其从被告A处购买建筑物而享有登记请求权或者依登记债务不能履行而享有损害赔偿债权,其认为被告A和被告B之间的买卖行为属于诈害行为因此请求撤销该行为。后来原告又以对被告B另行享有32,000韩元的债权为由,以债权人身份主张被告A与B之间的买卖行为为诈害行为应予撤销。对此,大法院作出"原告主张两被告间的具体法律行为属于诈害行为因此享有撤销权,并在主张登记请求权或者损害赔偿债权后另行主张金钱债权,该行为仅为使上述诈害行为撤销权具备理由而进一步改变了攻击方式,其并非属于对诉讼标的或者请求本身的变更,所以不能视为诉的变更"的判决。

此外,在大法院2003. 5. 27. 宣告2001DA13532判决中,原告于1999年8月9日对由原告及诉外A之间于1995年9月6日签订的小额贷款保证保险合同的

---

① [韩]吕美淑:《民事判例研究,XXXIII-(下)》,博英社2011年版,第1007页。

② 大法院1997. 9. 9宣告97DA10864判决;大法院1996. 10. 29. 宣告96DA23214判决。

③ [韩]金大元:"在诈害行为撤销诉讼中,改变保全债权是否属于诉的变更",载《大法院判例解说》通卷第44号,2003年上半年。

连带保证人诉外B，提起以求偿金债权5,000,000韩元作为诈害行为撤销的被保全债权，请求撤销B与其妻(被告)之间签订的赠与合同并注销所有权转移登记的诉讼。但原告在原审过程中见上述债权因被告的偿还托管而可能消失，即于2000年9月5日以准备书面(法庭辩论资料)主张因其与被告B之间于1994年8月26日签订的少额贷款保证保险合同而对B享有的求偿金债权18,000,000韩元也是诈害行为撤销的被保全债权。对此，原审法院认定其属于诉的交换性变更，但被交换性变更的诈害行为撤销诉讼是在得知诈害行为之日起1年之后才予以提起，所以不合法。

但大法院认为，"债权人在请求诈害行为的撤销时，增加或者变更拟保全债权不过是为了使诈害行为撤销权的进行具备理由而改变了攻击方法，并非变更诉讼标的或者请求本身，所以不能视为诉的变更"，从而将原审判决发回重审。

四、结论

债权人撤销诉讼的诉讼标的是实体法上权利之一的撤销权，撤销的对象也是债务人与受益人之间的法律行为，因此被保全债权不过是为了实现诉讼标的之债权人撤销权的法律要件，改变被保全债权并不构成诉的变更。所以，改变被保全债权双重提起诈害行为撤销的债权人撤销诉讼应视为前后两个诉讼的诉讼标的相同。如果前后两个诉讼的标的相同，后一诉讼当然不可避免地受前一诉讼生效判决(如有)既判力的影响而应予以驳回(即使前一个诉讼尚未有生效判决亦应因重复起诉而予以驳回)。

大法院已在1964.11.24.宣告64DA564判决，2003.5.27.宣告2001DA13532判决中阐明上述观点，本文判例进一步明确了这一观点。同时，在既有观点基础之上，本文判例第一次做出了不论前后诉讼中的任何一个是依承继参加人的申请而得以进行的情形亦相同的判决，在这一层面上具有作为先例的指导意义。

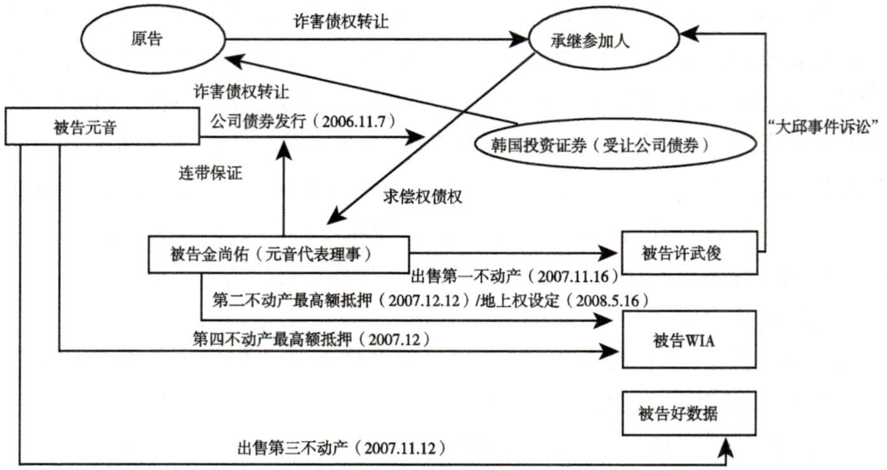
原告
诈害债权转让
承继参加人
诈害债权转让
被告元音
公司债券发行（2006.11.7）
韩国投资证券（受让公司债券）
“大邱事件诉讼”
连带保证
求偿权债权
被告金尚佑（元音代表理事）
被告许武俊
出售第一不动产（2007.11.16）
第二不动产最高额抵押（2007.12.12）/地上权设定（2008.5.16）
被告WIA
第四不动产最高额抵押（2007.12）
被告好数据
出售第三不动产（2007.11.12）

本案事实关系说明图

韩国种类股的多样化研究

李海燕*

公司为维持经营、扩大经营规模，应当筹集稳定的自有资本，公司要在资本市场发行股份以顺利筹集资本，有必要对股份设置不同的权利内容以满足不同投资者的投资需求。我国的法律法规虽然间接地包含了种类股的相关内容，但没有明确规定种类股，对优先股的法律规定也过于模糊，使公司难以实际操作。① 所以在我国公司实践中，具有真正种类股含义的只有几家股份有限公司发行的优先股，但是这些公司在逐渐的股改中，陆续把优先股改成了普通股。我国应当建立有关种类股的立法规范，引导企业运用种类股实现资本筹集、稳定经营权、防御敌意收购。② 为此我们有必要研究其他国家种类股制度，为我国种类股制度的建立奠定理论基础。

一、韩国种类股的历史发展

（一）1962 年至 2011 年

2011 年之前的《韩国商法》为保障企业较容易进行资

---

* 延边大学法学院副教授，吉林大学法学博士。研究方向：商法、经济法。

该文是 2015 年度吉林省高校人文社会科学研究规划项目“我国种类股制度研究”的部分研究成果。

① 李海燕：“《韩国商法》中种类股的类型及其组合”，载《延边大学学报》2014 年第 1 期。

② 宋伟、胡海洋：“优先股相关法律问题透析”，载《法治研究》2009 年第 9 期。

本筹集活动,作为股东平等原则的例外,允许发行财产权利内容(利润分配及剩余财产分配)不同的股份,可发行的种类股有优先股、劣后股、混合股,但在公司实践中几乎没有公司发行劣后股和混合股,也没有多少公司发行单独的有关剩余财产分配的优先股,所以对资本筹集有实际意义的就是利润分配优先股。

1. 1962 年至 1986 年:有表决权的优先股

1962 年制定的《韩国商法》采纳了优先股和无表决权股,当时英国、美国等发达国家为保障公司顺利筹集资本已经普遍运用了优先股和无表决权股。1969 年发行韩国全州造纸股以来,那些以发行公司债或银行贷款等手段筹集资金比较困难的企业,为以优越条件吸引资金开始发行了优先股。但 1980 年中期之前韩国公司所发行的优先股是有表决权的累积型、参与型优先股,而且大部分优先股发行为可转换为普通股的优先股。此外,优先利润分配率也是以官方利息(18%)的形式予以确定,具有很强的债权性质。

2. 1986 年至 1995 年:无表决权优先股和 1% 优先股

1983 年申豪造纸和 1986 年东洋啤酒发行了无表决权的优先股。1986 年之后发行的优先股除了具有无表决权特性之外,还赋予优先股以"普通股的分配率+1%"的优先分配权即具有所谓"1% 优先股"特性。企业之所以发行 1% 优先股,是为了发行当时商法禁止发行的类似于无表决权的普通股的优先股,将 1% 优先股发行为非累积型的话,与普通股相比,除了表决权之外,只有在利润分配比率上存在着 1% 的差异,以此实现依靠无表决权普通股筹集资本的欲望,所以 1986 年之后发行的优先股多数是 1% 优先股,其发行量也大幅度增加了。

3. 1995 年至 2011 年:保障优先股的最低分配率

1% 优先股逐渐成为股份公司主要的资本筹集手段,但它违背了优先股原来的目的及性质。所谓有关利润分配的"优先内容",主要指的是利润分配时在分配顺序上优于普通股,而不是分配额上的超额支付,1% 优先股错误适用了优先股的法理。另外,在禁止将普通股发行为无表决权股的情况下,仅因 1% 超额分配排除优先股的表决权缺乏其合理性。

1995 年《韩国商法》为纠正此类问题,要求公司通过章程规定"最低分配率",而禁止发行 1% 优先股。所以 1996 年之后,1% 优先股消失了。这个时期发行的优先股,是公司根据商法的规定在章程规定最低分配率之后,在有关利润分配决议中确定实际利润分配率。

2011 年之前的《韩国商法》基于股东平等原则,原则上禁止发行权利内容不同的种类股,只是作为例外,允许发行有关利润分配优先股。1980 年之后随着企业的环境变化,韩国进行了7次商法修订工作,但重点放在企业的治理结构及其结构调整,有关资本筹集的股份制度的改善仅限于禁止发行1%优先股、股票票面金额的降低及股份分割制度的引进等。在资本市场及金融商品不断发展,又不断出现新型的企业资本交易的情况下,《韩国商法》仍以1962年商法为基准,限制公司可发行的股份的类型及内容。

(二)2011年《韩国商法》修改:多样化的种类股

商法对股份的类型及发行条件的严格限制,阻碍公司采取多样化的资本筹集手段迅速灵活地筹集资本。为保障公司经营手段的多样化和满足不同投资者需求,韩国法务部共发表了4次有关种类股多样化的修正案:2006年修正案、2008年修正案、2009年修正案和2011年修正案。其中国会通过了2011年修正案。2006年修正案中增设了限制表决权股、限制转让的种类股、否决权股、有关董事选任的种类股,此外将以往不视为种类股的有关偿还的股份和有关转换的股份列为种类股的类型。2008年修正案中以有可能被滥用为防御手段为由删除了否决权股和有关董事选任的种类股。所以2008年修正案只设了限制表决权股、限制转让的种类股。而2011年修正案中又删除了限制转让的种类股,仅剩下限制表决权的种类股。2009年9月的修改案仅包括了新股认购期权。

在韩国政府持续努力下国会于2011年3月终于通过了《商法公司法篇》,于2012年4月15日起施行了。2011年《韩国商法》第344条至第351条分别规定了有关种类股的内容。具体包括:有关利益分配的股份、有关剩余财产分配的股份、有关表决权的股份、偿还股份和转换股份。

二、韩国多样化的种类股在资本筹集当中的应用

2011年《韩国商法》允许企业发行有关利润分配、剩余财产分配的各种类型的种类股,排除或限制表决权的普通股,以便更加有效地筹集资本。公司可以对股份设置不同的财产权利内容,吸引那些对公司经营不感兴趣的投资者。另外2011年《韩国商法》删除了章程中必须规定最低分配率的规定。

(一)有关利润分配的种类股

公司为了发行在利润分配上有不同内容的种类股,在章程中应规定:第一,可分配的财产类型;第二,可分配的财产价格;第三,分配利润的条件。(《韩国商法》第344条之2第1项)

1. 可分配财产的多样化

公司发行有关利润分配的种类股时,在章程中应规定用什么财产进行分配。

利润一般用现金来分配,也可以用股份进行分配,另外2011年《韩国商法》明确规定了可以用实物进行利润分配而实现了可分配财产的多样化。

所谓股份分配是指公司用新股进行利润分配。所以公司将自己保留的自有股份分配给股东是实物分配,而不是股份分配。

所谓实物分配是指用现金之外的财产进行的利润分配。《韩国商法》规定,公司可以在章程中规定用实物进行利润分配,而对可分配的实物类型没有限制。实物分配既可以在定期分配中进行,也可以在中期分配中进行。① 这是有关实物分配的一般规定,但公司决定进行实物分配时也可以规定股东有权请求现金分配的意旨。(《韩国商法》第462条之4第2款第1号)。另外公司章程还可以规定对持有一定比例以下股份的股东可以用现金分配代替实物分配(参照《韩国商法》第462条之4第2款第2号)。

可分配财产的类型的扩大使公司根据自己所处的财务状态或资金运转情况而进行利润分配,股东与之前相比更容易获得利润分配。2011年《韩国商法》采纳实物分配对提高公司、股东利益将起积极作用。但进行实物分配时,可能影响因实物的不当价格评估而违反公司资本充实原则,所以公司应当公正地进行实物评价。

2. 有关利润分配的种类股类型

所谓"利润分配方面内容不同的种类股"是指在进行利润分配时其顺位是优先还是劣后,利润分配在数额上是否有差额。利润分配时在优先顺位的叫利润分配优先股,在劣后顺位的叫利润分配劣后股。利润分配数额上有差额的叫差额分配股。②

(1)优先股

优先股在利润分配顺位上享有优先内容,是利润分配种类股中的典型的形态。

(2)劣后股

劣后股是在分配顺位上劣后于普通股的种类股。实践中其利用率相当低。

(3)差额分配股

根据2011年之前的《韩国商法》的规定,公司发行"数种股份"时发行的优先

① 根据修改前的《韩国商法》,中期分配仅限于现金分配。

② 但有些学者认为"利润分配方面内容不同的种类股"是指在进行利润分配时其顺位是优先还是劣后,而不是利润分配在数额上的多少。差额分配股因为违反股东平等原则不允许发行。参见[韩]文俊宇:"修改商法中对种类股各类型的研究",载《经营法律》2011年。

股是在章程中规定利润或利息分配上赋予优先地位的优先股。此类优先股规定为无表决权的股份，其分配顺位优先于其他股份，并在章程中应当规定最低分配率。但2011年《韩国商法》第344条之2规定，公司可以发行在利润分配或剩余财产分配方面“内容不同”的种类股。而且它可以与表决权无关。换句话说，公司发行的有关利润分配或剩余财产分配的种类股，可以有表决权，也可以没有表决权或被限制表决权。

对此规定有两种不同的观点：

一种观点是此款允许公司发行利润分配顺位优先的优先股之外，还允许发行利益分配上有其他不同内容的种类股。例如，发行在普通股股息率基础上加1个百分点的“1%优先股”等类型，依此观点，还可以发行以票面价值的一定比例（如票面价值的5%分配）为利润分配率的种类股。

在此基础上需要进一步探讨有关利润分配的种类股能不能发行为一时或永久性不分配利润的股份的问题。公司的营利性一般通过向股东分配利润的形式实现，但从理论上也可以分配剩余财产的方法确保其盈利性。所以不能无条件地禁止限制利润分配的股份的发行。

但另一种观点认为此规定是从将股份分为优先股和劣后股的观点出发，有关利润分配和剩余财产分配的种类股指的就是优先股。①

英美法系国家视章程为股东之间的契约。所以差额分配率是公司与差额分配股股东之间的契约内容，因发行差额分配股而发生的与其他种类股股东之间的利益冲突，通过对契约是否存在不公正的地方、是否违反董事的忠实义务的判断来解决。但在大陆法系国家章程是公司的自治法，所以差额分配率是股东大会的决议事项，是通过股东大会的特别决议而形成的。所以当股东大会作出特别决议变更差额分配率给其他种类股股东造成损失的，由该利益受损的种类股股东组成种类股东大会作出决议解决利益冲突问题。

（4）跟踪股（Tracking Stock）

跟踪股票是指在公司不分立的情况下，从公司中分离营业部门或设立新的营业部门，该特定营业部门进行独立核算，对在该营业部门产生的利益赋予排他性的分配请求权的股份。该种类股在美国发行得较多，例如，某一钢铁公司打进风险行业之后，钢铁行业的利润虽低，但预测风险行业应该有高收益。如果风险行业的利益与钢铁行业的利益相混合，就不能向风险领域的投资者分配高收益，以

---

① ［韩］杨万植：“种类股的多样化对企业治理结构的影响”，载《商事法研究》2011年第2期。

阻碍风险行业的资本筹集。所以通过发行跟踪股票,区分分配财源,以钢铁行业的利益向旧股东、风险行业的利益排他性地向新股东分配为条件,募集股东。此类的对分配财源的区别对待存在违背股东平等原则的嫌疑,所以韩国部分学者认为根据《韩国商法》规定公司不能发行跟踪股票。但多数学者认为,2011年《韩国商法》虽没有直接采纳跟踪股票,但根据第344条之1规定,可以理解为《韩国商法》允许发行跟踪股票。①

(二)有关剩余财产分配的种类股

为了发行有关剩余财产分配的种类股,公司应当在章程中规定:(1)剩余财产的种类;(2)决定剩余财产价格的方法;(3)有关剩余财产分配的内容。

对剩余财产的分配来说,不可能用股份进行分配,也没有法律依据进行实物分配(参考第538条),所以要求章程规定剩余财产的种类及价格的决定方法是没有实际意义。对剩余财产来讲只要规定种类股的分配顺位和内容即可。

(三)有关排除表决权或限制表决权的种类股

1. 概说

《韩国商法》第344条之3对排除表决权或限制表决权的种类股做了如下规定。

(1)公司发行无表决权或限制表决权的种类股时应在章程中规定不能行使表决权的事项,如果规定了表决权的行使或恢复的附加条件的,应当规定该条件等。

根据修改之前的《韩国商法》的规定,只有利润分配优先股才能排除表决权(旧商法第370条),而2011年商法删除了此限制,允许发行不用支付任何代价的无表决权或限制表决权的种类股。新商法删除了表决权与优先股的联系,公司发行利益分配优先股之外的其他种类的股份时也可以发行为无表决权或限制表决权的股份,所以公司不承担优先分配利润等负担的情况下也可以筹集资本。特别是发行无表决权的普通股的公司既可以保护其经营权,也可以达到筹集资本的目的。社会公众中不少零散的投资者只关心股票是否升值,而对利润分配及经营权毫无兴趣,为此公司完全可以发行无表决权的普通股,相对地在发行价格及偿还条件上给予一定的优惠。

(2)发行第1项规定的种类股的总数不得超过股份发行总数的1/4。没有或限制表决权的种类股超过股份发行总数1/4时,公司应当立即采取必要的措施。

---

① [韩]金淳锡:"修改商法中的新股份制度解说",载《KLCA research》2011年。

修改之前的《韩国商法》为了防止持有少数表决权的股东利用无表决权或限制表决权的股份控制公司的弊端，绝对禁止了其发行数量超过股份发行总数的1/4。但2011年《韩国商法》并没有绝对禁止超过此类的1/4，即使发生超过现象，并不导致该种类股无效，只是要求及时采取必要的措施解除违法状态，使其恢复正常化。

2. 可发行的种类股类型

（1）排除表决权的股份

排除表决权的种类股是指对股东大会所有决议事项没有表决权的股份，相当于之前的没有表决权的股份（无表决权股）。2011年《韩国商法》最大的变化是：①在利润分配上的普通股也可以发行为无表决权的股份，②并且不强行要求表决权的复活。公司章程对排除或限制表决权的种类股可以规定复活条件，也可以不作任何规定，所以某些股份在公司存续期间始终以无表决权或限制表决权的形态存在，而不恢复其表决权。

（2）限制表决权的股份

限制表决权的股份可分为两种：

第一，只对部分事项不行使表决权的种类股

根据《韩国商法》第344条之3第1项，表决权被限制的种类股是指只对股东大会决议事项的一部分不行使表决权的种类股。章程中规定"不能行使表决权的事项"而确定其内容。

第二，只对特定事项享有表决权的种类股

只对特定事项享有表决权的种类股包括只对董事的选任和解任享有表决权的股份，或只对与公司的结构调整有关的事项行使表决权的股份。商法第344条之3第1项要求章程规定"不能行使表决权的事项"，但也可以规定为："对××事项享有表决权，对其余的事项不享有表决权"，所以也有可能发行只对特定事项享有表决权的表决权限制种类股。

三、韩国多样化的种类股在经营权防御上的应用

商法修正案，从经营权防御的角度曾经探讨过无表决权股分的发行范围的扩大、否决权股（黄金股）、董事任免种类股、复数表决权股、差额表决权股及新股认购权（毒丸计划）等种类股的引进方案，但基于这些种类股违反股东平等原则、被滥用于经营权防御的可能性较大，并与韩国法制不太相符等原因没有被2011年商法采纳。所以现行商法条件下，公司主要将偿还股和转换股作为经营权防御

手段。

(一)有关股份偿还的种类股

修改之前的《韩国商法》将偿还股视为在优先股上附加的特定条件,是优先股的一个属性,而不是单独的一个种类股。但2011年《韩国商法》将其视为种类股的一个类型,包括公司享有偿还权的股份和股东享有偿还请求权的股份。

1. 概述

《韩国商法》第345条规定了有关股份偿还的种类股,具体包括:

(1)公司根据章程可以发行用公司利润可注销的种类股。公司应在章程中规定偿还价格、偿还期间、偿还的方法和偿还的股份数量。(2)发生第1项时,公司应当在取得偿还对象的股份的两周之前将该事实通知持有该股份的股东及记载于股东名册的有权者。但通知可以换为公告形式。(3)公司根据公司章程可以发行股东有权请求公司偿还的种类股。公司应在章程中规定股东有权请求公司偿还的意旨、偿还价格、偿还请求期间、偿还方法等。(4)第1项及第3项时,公司除了现金,还可以支付有价证券(其他种类股除外)或其他的资产作为取得股份的对价。但该资产的账簿价格不能超过第462条规定的可分配利润。[①] (5)第1项和第3项规定的股份的发行仅限于种类股(有关偿还和转换的除外)。[②]

2. 偿还股的类型

修改之前的《韩国商法》只允许发行有关优先股的偿还股,但2011年《韩国商法》虽然不允许发行针对普通股的偿还股,[③]但允许将其他的种类股份发行为偿还股,扩大了偿还股的发行对象。偿还股一般形态应该是在利润分配优先股赋予偿还条件而发行的股份。所谓普通股是在利润分配、表决权行使等方面没有任何限制的股份,所以利润分配上的普通股(在利润分配上没有特殊要求的股份)如果被排除或限制表决权,[④]其可以发行为偿还股。

3. 偿还权的行使

(1)公司行使偿还权

2011年《韩国商法》允许发行各种不同的种类股,从公司的角度出发应当设计这样一套方案:公司为筹集资本需要发行一种种类股,但资金困难解决后,公司

---

① 可分配利润是指从净资产扣除资本金、已积累的资本公积金和盈余公积金、本年度该提存的盈余公积金,根据总统令定下的未实现利润之后剩下的利润。

② 只有种类股可设置为偿还股,而普通股是不能设置为偿还股。

③ 禁止将普通股发行为偿还股是2011年商法的立法宗旨。

④ 就是无表决权或限制表决权的种类股。

往往想收回该股份,为此公司法设计了偿还股。

发行公司行使偿还权的偿还股时应在章程中规定偿还价格、偿还期间、偿还的方法和偿还的股份数量。发行偿还股之后为了行使偿还权需要公司的决议和可分配利益。是否行使偿还权由公司的董事会决定。决定偿还之后公司应当另行通知偿还对象的股东及相关权利者。但根据《韩国商法》第354条第2项规定,该通知可以公告形式进行,这是对股东收到通知权的一种重大例外。

(2)股东行使偿还权

公司可以发行股东有权请求偿还的偿还股。为此应在章程中规定股东有权向公司请求偿还的内容、偿还价格、偿还的方法。

对商法345条第3款有学者提出,应明确规定只有公司存在可分配利益时才可以偿还。这是因为《韩国商法》第345条第1项明确规定应用公司利益偿还公司行使偿还权的股份。而有关股东行使偿还权的第3项没有类似的明文规定,存在解释上的混乱。另外,在没有可分配利润的情况下,公司如果偿还,不能遵守资本充实原则,对债权人保护也存在问题,所以应明确规定存在可分配利润为偿还的条件之一。

4. 偿还的对价

偿还方法有现金偿还和实物偿还。实物包括有价证券(其他种类股除外)和其他财产(《韩国商法》第345条第4项)。一般用发行公司的债券、母公司、子公司的股份或债券作为偿还对价。

解释第345第4项时存在两个问题:第一,为了禁止将偿还股发行为与转换股相同的股份,作为偿还对价的有价证券当中排除了其他的种类股。学术界对其他的种类股是否包含普通股存在争议,如上所述,从立法宗旨考虑,在此说的种类股应包括普通股即普通股也不能成为偿还的对价。所以有必要将括号里的“其他的种类股”改成“其他种类的股份”。第二,《韩国商法》第345条第4项的立法宗旨是不能将偿还股发行为转换股形态,所以禁止公司以发行新股作为偿还的对价。但公司能不能用自有股份偿还又是一个值得探讨的问题,对此学术界基本上持赞同的观点,只是其理由上有不同的解释:一种是《韩国商法》第345条第4项中的有价证券只排除了发行公司的种类股,所以公司自有股份作为普通股可以作为偿还对价,另一种解释为自有股份作为公司自有的财产当然可以成为偿还的对价。从《韩国商法》第345条第4项的立法宗旨考虑,已经发行的公司自有股份(包括普通股和种类股)可以成为偿还的对价。

(二)有关股份转换的种类股

1. 概说

《韩国商法》第346条是有关股份转换的种类股的相关规定。其内容如下:

(1)公司发行种类股时,根据章程的规定股东可以请求将其认购的股份转换成其他的种类股。[①] 公司应规定转换的条件、转换的请求期间、因转换而将要发行的股份的数量和内容。(2)公司发行种类股时可以在章程中规定,发生特定事由时公司可以将股东认购的股份转换成其他的种类股。此时公司应规定转换事由、转换条件、转换期间、因转换而将要发行的股份[②]的数量和内容。(3)发生第2项情况时,董事会应向持有该股份的股东及股东名册上的权利者另行通知下列各事项,通知可以换为公告:第一,将要转换的股份;第二,一定的期间(两周以上)内向公司提示该股票的意旨;第三,规定期间内未提示股票的,该股票将无效的意旨。(4)在转换请求期间或转换期间,在第344条第2项[③]规定的种类股的数量中应当保留新发行的股份的数量。

2011年《韩国商法》将转换股作为种类股的一种类型规定,转换股包括股东享有转换请求权的股份和公司享有转换权的股份两种,公司发行种类股之后需要简化股份类型的,可以行使转换权。

2. 转换股的类型

修改之前的《韩国商法》事实上只允许将利润分配优先股转换成普通股或将普通股转换成利润分配优先股。2011年《韩国商法》允许发行多样化的种类股,有可能进行多种种类股之间的相互转换,但对商法的解释存在两个疑点。

(1)转换成普通股的转换股

根据《韩国商法》第346条第1项和第2项的规定转换的对价只能是其他种类股。将现金和债券排除在转换对价之外的理由是防止转换股变成偿还股的可能。[④] 可以预想的转换股的一般形态是享有利润分配优先内容的转换股转换成普通股。但第346条第1项及第2项规定为可以请求转换"其他种类股",这很容易理解为商法排除了将优先股转换成普通股的转换股。但考察立法宗旨并没有改变转换股份制度的意图,所以应该继续允许发行可以转换成普通股的转换股。基于相同理由,第346条第4项和第344条第2项规定的种类股应当包括普通股。

---

① 此款中的"种类股"应包含普通股,下款相同,笔者注。

② 转换成其他的种类股应该是"新发行的其他种类的股份"。

③ 章程中应规定各种类股的内容和数量。

④ [韩]权钟浩:"2006年公司修正案的主要内容",载《商事法研究》2006年第2期。

所以有学者主张《韩国商法》应将第 346 条第 4 项和第 344 条第 2 项规定的“种类股”改用“其他种类的股份”。

(2)偿还转换股

《韩国商法》第 345 条第 5 项括号[①]里的内容,有可能被理解为对转换股不能赋予偿还权。但在实务中存在对优先股同时赋予偿还权和转换权的偿还转换优先股,所以不能将 2011 年《韩国商法》解释为禁止该类偿还转换股。另外,可转换为偿还股的转换股如果行使转换权,就变成了发行新种类股——偿还股,根据该偿还股的内容事后偿还是有可能的,所以应该理解为其发行也是可能的。[②]

以上探讨的是 2011 年《韩国商法》中的种类股的主要内容及其在实践中的运用。2005 年韩国法务部着手修改种类股制度时的立法目的是,通过股份的多样化,给企业提供多样化的资本筹集手段,给一般投资者提供多种投资渠道,给金融机关提供经营创造多样化的金融商品的机会。但以多样化种类股被利用为防御手段的可能性大为由,有关种类股的修改工作违背了立法目的和种类股的其他功能,过分强调了种类股的防御手段,其修改过程受到了很大限制。

种类股的类型是多种多样的,并具有不同的功能。如韩国 2006 年修正案中的否决权股和有关董事选任种类股对中小企业或风险企业来讲具有重要的功能,它可以保障经营者的经营权同时,赋予投资者牵制经营者的权利,此外还可以促进对家族事业的承继、风险资本的投资。[③] 但因有可能被利用为防御手段最终没有被采纳。我国建立种类股制度,应当正确认识种类股固有的功能,淡化其负面影响,扩大其效率,尽快建立我国种类股制度。

---

① 股份的发行仅限于种类股(除了转换和偿还之外)。

② [韩]李哲松:《2011 年修改商法逐条解说》,博英社 2011 年版,第 112 页。

③ [韩]权钟浩:“种类股的争议与焦点”,载《商事法研究》2013 年第 4 期。

韩国资本市场法上金融投资业解析

张珍宝*

一、序论

韩国的金融投资业与其他金融产业在经济高速增长时期行使了为产业经济提供资金的职能。但这一行业在1997年经济危机后发生了极大的变化。危机之后，随着金融产业先进化的要求，金融投资业开始向先进型IB发展，相关制度与业务形态和惯行也随之发生变化。这些变化使韩国金融机关的健全性和中介性得到了相应的提高，但金融机关行使为企业特别是中小企业提供资金的职能相对显得不足了。值得注意的是，这一时期的韩国开始进入了低成长、低利率、高龄化的经济时代。

在上述背景下，韩国金融产业一直试图走出困境。2003年韩国政府针对企业的生存现状，开始强化资本市场的资金筹措和运营能力，提出了建设“东北亚金融中心”的目标。为了实现这一目标，韩国政府将资本市场过去的监管干涉主义转换为适合混业经营的亲市场监管体系，将《证券交易法》等七个与资本市场相关的法律整合改编成《资本市场与金融投资业法律》（以下简称《资本市场法》）。《资本市场法》放松了对金融机关的监管，促进其开展自由的经营活动。特别是，《资本市场法》对有价证券的概念和金融机关的附属业务的规定，从积极的

---

* 韩国忠北大学法学专门研究生院助教授、律师，韩国首尔大学法学博士。研究方向：公司法、金融法。

(positive)规制方式转换成消极的(negative)规制方式,引进了一揽子金融投资商品概念。[①] 在一揽子金融投资商品的定义下,排除了过去的列举主义带来的监管局限性,监管机构只禁止特定的经营活动和行为,对明文规定之外的则予以放开。

资本市场的开放和《资本市场法》的实施,使市场条件发生了变化,这给金融投资业的发展提供了充分的空间。但在2008年的金融危机之后,金融市场呈现出不确定性,股价停止不前,金融投资业再一次陷入困境。金融机关盲目扩大业务范围及过度使用杠杆金融交易(如衍生商品等)被认为是这次危机的祸首。[②] 市场参与者的行为实际上违背了《资本市场法》欲提高资本市场竞争力这一初衷。目前,韩国已经处于基本克服金融危机的阶段,作为克服危机手段的金融市场规制制度值得我们去研究。

本文第二部分首先介绍《韩国资本市场法》对金融投资业的规定;第三部分叙述投资买卖业、投资中介业、集合投资业、投资咨询业、投资委任业、[③]信托业的主要内容,介绍上述内容的同时,说明排除在这些业务之外的情况并阐述理由;最后,结论部分对比中国金融业的相关制度提出完善意见。

二、韩国的金融投资业的概念

《韩国资本市场法》不是简单地将过去与金融相关的法律合并而成的。它统合了银行法与保险法之外的与金融相关的六部法律,[④]并对与金融相关的剩余9部法律[⑤]做了相关修改。因为过去实施的是根据行业分类制定不同的法律(银行法、保险法、证券法)监管体系,不同行业经营的类似金融产品也要按不同的法律监管,而不同行业设定的监管基准不同,这样就不可避免地存在不合理性。资本市场法设定第3条"金融投资商品"和第6条"金融投资业"概念的目的,就是要

---

① 关于"一揽子"金融投资商品的概念,参见张珍宝:"韩国资本市场法系列之一:金融投资商品概念简析",载《金融法苑》(北京大学金融法研究中心)2009年第79辑。

② [韩]崔智慧(音译):"关于资本市场法上金融投资业进入规制制度的内容及改善方案的研究",载《延世世界商事法学研究》(延世大学法学研究院世界商务与法中心)2013年。

③ 韩国语直译为"投资一任业",因中国读者对"一任"不好理解,作者翻译成"委任"。

④ 即《证券交易法》、《期货交易法》、《资产运营业法》、《信托业法》、《综合金融公司法》、《证券期货交易所法》,资本市场法实施的同时这6部法律予以废止。

⑤ 即《贷款专门金融业法》、《不动产投资公司法》、《船舶投资公司法》、《产业发展法》、《风险企业育成特别处置法》、《中小企业创业支援法》、《社会基础设施民间投资法》、《配件、材料专门企业育成特别处置法》、《文化产业振兴基本法》。

消除这种不合理性。[①] 下面解析第6条规定的意义。

(一)金融投资业的概念

韩国的《资本市场法》将原来的依金融机关行业分类的监管体系转换为依金融机关提供的金融商品功能分类的监管体系。根据这一原则,以金融商品的买卖、中介等为业的都可定义为金融投资业。“本法中的‘金融投资业’是指以营利为目的,以持续或反复的方法进行下列行为的业务。这些业务是指投资买卖业、投资中介业、集合投资业、投资咨询业、投资委任业、信托业。”[②]

《资本市场法》在规定金融投资业概念(第6条)的同时,也规定了不适用《资本市场法》金融投资业的各种情况(第7条),并在该法施行令中作出了仔细的说明。[③]

(二)营利性

“以营利为目的,以持续或反复的方法进行的行为”是指该行为的“营业性”(by Way of Business Test)。这一规定起到了防止金融投资业范围无限扩大的作用。比如说,一般企业以对冲为目的进行的短期场外衍生商品交易即不具备持续性和反复性,因此这一行为不受针对金融投资业的规制。“营业性”包括营利性、持续性、反复性三个要素。但是“营利性”不一定局限于追求利益,维持收益平衡也应包括在内即应给予其更宽泛的解释,在这种意义上对其持续性、反复性来进行推定。

---

① 韩国证券法学会:《资本市场法[注释书Ⅰ]》,高昌贤(音译)执笔部分,博英社2009年版,第34页。

② 参见《资本市场法》第6条第1项。也就是说,在资本市场,根据从业者行为的性质可将金融投资业分为投资买卖业、投资中介业、集合投资业、投资咨询业、投资委任业、信托业。

③ 本文此次仅翻译法条相关内容,在第3部分进行详细说明。资本市场法第7条(不属金融投资业的情况):(1)自己发行证券的(投资信托的受益证券、衍生结合证券中总统令规定及具有投资性的存款保险除外),不视为投资买卖业。(2)投资顾问(Investment - Solicitor)推销的不视为投资中介业。(3)以向不特定人为对象发行或送信,不特定人可随时购买或收信的刊行物、出版物、通信物,或通过广播电视提供咨询的不视为投资咨询业。(4)投资中介业者接受投资者的买卖指令,接受投资者的全部或一部分委托时,在处理过程中需对金融投资商品进行投资判断,总统令规定的内容不视为投资委任业。(5)《附担保债券信托法》规定的附担保债券信托业、《著作权法》规定的著作权信托管理业、《电脑软件保护法》规定的软件著作权委托管理业务,不视为信托业。(6)第1项至第5项规定之外,下列情况根据总统令不视为第6条第UI项各目规定的金融投资业:(1)根据第373条规定设立的韩国交易所开设、运营证券市场和衍生商品市场的;(2)投资买卖业者通过对方或投资中介业者买卖金融投资商品的;(3)此外,考虑行为的性质和投资者保护的必要性,总统令规定有排除适用金融投资业必要的。

从其他国家的例子来看,《澳大利亚证券投资委员会法》[①]规定"具备一定的系统和持续性、反复性即视为构成营业性要件,不要求具有收益性动机"。[②]《日本证券交易法》将"证券业"定义为进行一定行为的"营业",并以"营利性"作为该行业的要件,[③]但其金融商品交易法为了明确营业范围,则规定"以一定的行为为'业'",[④]并不以营利性为要件。[⑤] 日本法不考虑"营利性"是基于以下原因:(1)在法律修订之前销售金融商品者大部分未进行登记,其行为是否属于这里定义的营业不明确;(2)在金融机关中有类似"劳动金库"(Labor Bank)不以营利为目的的团体。[⑥] 鉴于上述情况将原来的以"营业"为要件转换成以"业"为要件。[⑦]

三、金融投资业的种类

上面提到《资本市场法》第 6 条设定"金融投资业"概念的目的,是要消除原来各项法规在监管现实中存在的不合理性。[⑧] 该条规定了金融投资业的概念,它包含投资买卖业、投资中介业、集合投资业、投资咨询业、投资委任业、信托业。这六项业务原则上都是与金融商品的设计、销售相关的。[⑨] 下面详细解析这六项分类的具体定义和业务形态。

---

① Australian Securities and Investments Commission Act 2001.

② ASIC, Licensing: The scope of the licensing regime: Financial product advice and dealing: An ASIC guide (November 2001, Updated November 2002), 3. 2.

③ 参见《日本证券取引法》第 2 条第 8 项。

④ 参见《金融商品取引法》第 2 条第 8 项。

⑤ [日]小島宗一郎、松本圭介、中西键太郎、酒井敦史:"金融商品取引法の目的・定義規定",载《商事法務》,No. 1772,第 24 页。

⑥ [日]川村正幸主编:《金融商品取引法》,弘文堂 2008 年版,第 209 页。

⑦ [韩]金建植、郑顺燮:《资本市场法》,斗圣社 2009 年版,第 60 页。

⑧ 韩国证券法学会编,高昌贤(音译)执笔部分:《资本市场法[注释书 I]》,博英社 2009 年版,第 34 页。

⑨ 韩国资本市场统合法研究会编著:《资本市场统合法解说书》,崔元镇(音译)执笔部分,2007 年版,第 42 页。资本市场法对金融投资商品作出了"一揽子"的规定,金融投资业的范围也相应地扩大了,实际上不需要管制的业务也可能包括在内。因此,资本市场法考虑现实需要,将一部分无须监管的交易明文排除在金融投资业之外。例如综合金融公司经营的票据管理业务、资金中介公司的短期金融商品中介业务即不是以金融投资商品为对象的业务,这两项就排除在金融投资业之外。所谓"综合金融公司"是指以证券的买卖、中介、收购、投资及票据管理、存款为业务的金融公司。旧《综合金融公司法》对此作出了规定。资本市场法将《综合金融公司法》吸收后,综合金融公司业务中不属于金融投资业的部分归入到资本市场法第 6 编"金融投资业相关机关"中。

(一) 投资买卖业

《资本市场法》第6条第2项对"投资买卖业"是这样规定的。"投资买卖业"是指,不论以谁的名义从事金融商品的买卖、证券的发行·收购或申购·认购,由本人承担损益结果的业务。

这里的"不论以谁的名义"是指以本人、客户或他人的名义。"本人承担损益结果"应该做扩大解释,例如,在接受客户委托时,有可能会对收益比例签订分成协议。[①] "买卖业"是指金融机构的自营业务(Dealing)。自营业务是不管场内场外,自己承担买卖结果的业务。不仅是金融投资业者,个人和一般公司都可以进行自营业务。这样的话,属于"买卖业"的范围就过于广泛了。因此,有必要对买卖业的范围进行限制。资本市场法第7条和资本市场法施行令第7条对此作了详细规定。[②] 这里仅讨论国家性质的买卖与韩国银行[③]的公开市场操作、附回购协议证券买卖(Repurchase Agreement,RP)。

政府和中央银行很多情况下会为了公共利益交易金融投资商品。这种情况下,没有必要按照金融投资业来管制。资本市场法将国家或地方自治团体依法为了公共利益交易金融商品[④]和韩国银行依据《韩国银行法》第68条在公开市场进行的操作排除在投资买卖业之外。

RP交易是指以在一定期限后认购或回购为附加条件的买入卖出交易。[⑤] 对于RP交易,一种见解认为属于证券,一种见解认为是附证券担保贷款。[⑥] 资本市场中的RP交易分为对客户的RP交易和对机构的RP交易。对客户的RP交易视为证券买卖,接受金融投资业监管。这是因为,RP交易的对方在不能履行合同、证券价值急速下落时,投资者有可能发生损失。对客户的RP交易业务需取得金融投资业特别是投资买卖业的许可,这也是对投资者采取的一项保护措施。对机构的RP交易是在具备一定要件的专业投资机构的投资专家间进行的。[⑦] 机构之间进行的RP交易需要投资者保护措施的可能性较小,并且机构之间经常需要短

---

① 对"本人承担损益结果"的解释,感谢首尔大学金建植教授的指点。

② 韩国证券法学会编,高昌贤(音译)执笔部分:《资本市场法[注释书I]》,博英社2009年版,第34页。

③ 韩国的中央银行。

④ 参见《资本市场法》第7条第6项第3目、施行令第7条第3项第1目。

⑤ 参见《资本市场法》实施令第181条第1项。

⑥ [韩]郑顺燮:"关于国际证券金融交易的法律考察——以回购协议交易(Repo,repurchase agreement transaction)为中心",载《经营法律》2004年第14集。

⑦ 参见《资本市场法》第7条第6项第3目、施行令第7条第3项第3目。

期拆借,从政策上考虑没必要将其放在监管范围之内。[①]

(二) 投资中介业

1. 定义

《资本市场法》第6条第3项对“投资中介业”(Arranging Deals)是这样规定的。“投资中介业”是指不论以谁的名义,从事金融商品的买卖、金融商品买卖的申购认购、或证券发行收购的申购认购,由他人承担损益结果的业务。

这里的“不论以谁的名义”应广泛地解释为本人、顾客或他人的名义。“由他人承担损益结果”即由顾客或他人承担损益结果。

投资中介包括了旧证券法上的证券公司的委托买卖业、中介业、代理业、买卖委托的中介·斡旋·代理业、募集·卖出的斡旋业;旧期货交易法上期货公司的期货交易业;旧综合金融公司法上的综合金融公司的中介业。下面为避免概念上的混淆,叙述委托买卖业、中介、代理的意义,以便明细他们的区别。

委托买卖业可从广义和狭义两方面理解。广义上包括买卖的中介和代理;狭义的是指交易所的会员接受投资者的委托,以自己的名义进行买卖的业务。中介业务是指为了促成他人间的买卖在中间尽力的事实行为,中介人在交易中不能成为当事人,这点区别于代理。金融商品买卖的代理是指,以委托人的名义进行金融投资商品的买卖,收取手续费的业务。作为代价,中介人收取手续费。在证券交易所只有会员才有买卖交易的资格。[②] 因此,非会员在接受投资者的委托后,不能直接在市场进行交易,只能委托给具有会员资格的金融投资业者。对会员的委托包括了中介、斡旋、代理,这三项都包括在投资中介业之中。

2. 不属于金融中介业的几种情况

《资本市场法》明确规定了中介业的范围,同时也明示了三种排除情况:第一,投资劝诱代行人代行投资劝诱。投资劝诱代行人接受金融投资业者的委托,代行金融投资劝诱行为的,由其他法律监管。[③] 第二,韩国证券交易所开设、运营证券市场和衍生商品市场。[④] 第三,韩国金融投资协会在场外交易非上市股票。[⑤]

① [韩]金建植、郑顺燮:《资本市场法》,斗圣社2009年版,第63页。

② 参见《资本市场法》第388条第1项(市场交易资格)。

③ 参见《资本市场法》第51~53条。

④ 参见《资本市场法》第7条第6项第1目。

⑤ 参见《资本市场法》第7条第6项第3目。

(三)集合投资业

1. 定义

集合投资业(Collective Investment)是指以集合投资为业。① 可具体解释为,集合投资是指从二人以上的投资者处募集资金等资产或根据《国家财政法》第81条②规定的剩余资金,不接受投资者或各基金管理主体的例行性指令,取得、处分或以其他方法运营投资对象资产,资产的运营结果分配给投资者或各基金管理主体的业务。③ 集合投资这一概念是从旧《间接投资资产运营法》上演变过来的,但资本市场法扩大了其范围。

从上述法条的内容可以看出,集合投资这一概念需具备资产集合、运营指令、运营方式、投资结果归属四个要素。

第一,资产的集合。原则上集合投资是从多数投资者处募集资产,资产交由专门运营机构集合投资业者运营,通过专门的运营方法和规模经济达到节省费用和利益最大化。因此,集合投资要求首先从二人以上多数人处募集资产。典型的资产集合形态是将二人以上多数投资者的投资资金集合形成一个投资资产。那么,一人投资者的资产是否可以形成"私募单独基金"呢?旧《间接投资资产运营法》规定"从投资者处募集资金等资产",这里没有明确要求是几名投资者,但资本市场法在立法阶段即考虑以募集二人资产为集合投资要件,这就排除了"私募单独基金"即一人资产的情况。排除"私募单独基金"的理由是,一人投资者的资产在运营时,投资意思决定等经济实质性行为类似于投资委任和信托。而现实中资金运营者在运营公募基金或其他基金时有可能发生业务疏忽或滥用基金属性上5%规则等情况。另外,根据国家财政法规定的剩余资金,事实上它是从各基金主体处募集的资产池,它已经集合了数人(即数个机关)的资产。④

此处还需要说明的是,不一定要把全部投资者的资产都集合到一个账户下运营。运营数个账户集合到一起管理(Managed as a Whole)也属于集合投资。例

① 参见《资本市场法》第6条第4项。

② 《国家财政法》第81条企划财政部长官为了有效管理和运营剩余基金,可以通过总统令设定的基准和程序选定金融机关运营各基金管理主体存管的剩余资金。

③ 参见《资本市场法》第6条第5项。

④ 但实际上,目前还无法立即把"私募单独基金"排除在外。2006年立法当时,在资产运营市场上有约70兆的私募单独基金,如果这些资金离场的话,马上会引起市场恶化。资本市场法选择了折中方案,即"投资劝诱应当向2人以上进行"。根据这一表述,只有向2人以上进行时,才视为投资劝诱,对于资金并不要求从2人以上处募集。这样规定后,将无法强制解除或解散通过回赎等方式成立的一人单独基金。

如,特定资产信托按照个体设定的、信托业者不考虑个别资产的特征而整体管理的,也视为集合投资。

第二,例行运营指令。投资者的资产运营权完全的转移给集合投资业者的资产运营专家,是集合投资的一个本质性特征。

第三,取得、处分或以其他方法运营投资对象资产。集合投资是集合投资业者从投资者处募集资金等资产,取得、处分或以其他方法投资到有价值的对象资产,创造收益的行为。这里需要注意的是:取得、处分或以其他方法运营投资对象资产不是要改变投资对象资产的性质,而是谋取投资对象资产的价值变动。这一点上,与从投资者处募集资金等资产,由经营人直接经营,从经营收益中向投资者分配利益的一般企业经营在本质上是不同的。

第四,利益分配。集合投资的运营结果归属于投资者。也就是说,集合投资业者运营资产的业绩分红为实质性分配收益。

2. 不属于集合投资业的几种情况

从以上对集合投资业的定义可以看出集合投资是一种一揽子性的概念。因此,这一定义有可能与其他类似的投资形态发生冲突。《资本市场法》为了将这种冲突最小化,将其他法律规定的集合投资机构、资产流动化、不需要投资者保护措施的几种投资形态排除于资本市场法规定的集合投资之外。

第一,其他法律规定的集合投资机构。除韩国金融委员会之外,存在不少隶属政府各部处管辖的基金机构即其他法律规定的集合投资机构。若按照资本市场法上的集合投资业解释,这些基金机构也属于集合投资,理应由资本市场法监管。但是,这些基金是按照特定产业政策目标,为了培养海洋水产、建设业等特定产业而设立的,为了这些政策性目标,有必要对资本市场法作出一定调整。为此,资本市场法将其他法律规定的基金排除在外。

私募可以算作其他法律规定的集合投资的一种情况,《资本市场法》第6条第5项第1目针对这种情况作出如下规定:“根据总统令确定的法律,以私募方式募集资金等资产并运营分配的,投资者数不得超过总统令规定的人数。”另外,即使有其他法律的规定,但是对有必要实施投资者保护的大规模公募基金,原则上要适用资本市场法。

其他法律规定的集合投资机构,需符合下列三个要件:(1)根据施行令确定的法律;(2)以私募方式募集资金等资产运营分配的;(3)施行令确定的投资者总数限制。下表比较清晰地说明了集合投资业除外情况的各种要件。

集合投资业除外情况表

序号	分类	内容	法律依据
1	资本市场法施行令确定的法律	(1)《不动产投资公司法》 (2)《船舶投资公司法》 (3)《文化产业振兴基本法》 (4)《产业发展法》 (5)《中小企业创业支援法》 (6)《贷款专门金融业法》 (7)《风险企业育成特别处置法》 (8)《配件·材料专门企业等的育成特别处置法》	资本市场法施行令第6条第1项
2	资本市场法施行令确定的投资者	总统令确定的人是指除下列各项内容之外的投资者 (1)施行令第10条第1项各目规定的投资者① (2)施行令第10条第3项第12目、第13目的规定中,金融委员会确定告示的投资者	施行令第6条第2项
3	资本市场法施行令确定的人数	49人 按照49人计算时,如其他集合投资机构取得该集合机构发行证券的10%以上时,其他集合机构的投资者(指上述资本市场法施行令确定的投资者)与该集合机构投资者合并计算	施行令第6条第3项

第二,资产流动化。《资本市场法》将《资产流动化法》规定的资产流动化排

---

① 参见施行令第10条第1项:"总统令确定的人是指不属于下列内容的专门投资者。(1)国家;(2)韩国银行;(3)第2项第1目至第17目的规定;(4)第3项第1目至第11目的规定;(5)第3项第18目1~3的规定;(6)前述第3项规定的外国人(第2项第1目至第17目为银行法规定的银行;韩国产业银行法规定的产业银行;中小企业银行法规定的中小企业银行;韩国输出输入银行法规定的韩国进出口银行;农业协同组合法规定的农业协同组合中央会和农协银行;水产业协同组合法规定的水产业协同组合银行;保险业法规定的保险公司;金融投资业者(法第22条规定的金融投资业兼营者除外);证券金融公司;综合金融公司;根据资本市场法第355条第1项规定取得许可的资金中介公司;金融控股公司法规定的金融控股公司;贷款专门金融业法规定的贷款专门金融公司;相互存蓄银行法规定的相互存储银行及其中央会;山林组合法规定的山林组合中央会;新农村金库法规定的新农村金库;信用协同组合规定的信用协同组合中央会。第3项第1目至第11目:存款保险法规定的存款保险公司和整理金融机关;金融公司不良资产等有效处理及韩国资产管理公司设立法规定的韩国资产管理公司;韩国住宅金融公司法规定的韩国住宅金融公司;韩国投资公司法规定的韩国投资公司;韩国政策金融公司法规定的韩国政策金融公司;协会;资本市场法第294条规定设立的韩国预托结算院;交易所;金融委员会设置等法规定的金融监督院;集合投资机构(金融委员会确定告示的除外);信用保证基金法规定的信用保证基金;技术信用保证基金法规定的技术信用保证基金。"

除在集合投资业之外。这是考虑两者的结构和机能。集合投资的结构是从投资者处募集资金等资产,投资到投资对象资产上谋取收益;资产流动化的结构是以投资对象资产为依据,发行证券给投资者募集资金。从这两种结构可以看出,集合投资以"从投资者处募集"为出发点;与此相反,资产流动化则是以"以投资对象资产为依据发行证券"为出发点,两者有本质的差异。但从投资者的观点出发,最终都是从投资对象资产中产生现金流,以此为收益源泉,这一点两者是统一的。

第三,无须投资者保护的情况。《资本市场法》第6条第5项第3目规定"考虑行为的性质和投资者保护的必要性等,总统令确定的情况"排除在集合投资业之外。施行令对此设定了几种情况如下:(1)有其他法律规定的。例如,依据其他法律运营的证券金融公司的投资者预托金;[1]信托业者的信托资产共同运营;[2]资本市场法上的投资目标公司的业务运营;[3]综合金融公司的票据管理账户业务;[4]法人税法上的特殊目的公司的资金等的运营和分配。[5] (2)非营利团体等以学术、宗教、社交等公益非营利目的运营资产的。(3)控股公司通过持有股权证券控制其他公司的。(4)投资集团即募集的资金需取得全体投资者同意进行运营和分配的。(5)金融委员会根据一定事项综合考虑确定排除在集合投资业之外的情况。

(四)投资咨询业

投资咨询业是指,对金融投资商品的价值和对金融投资商品投资判断(对种类、项目、取得与处分、取得与处分的方法·数量·价格和时间等的判断)提供咨询的业务。[6] 投资者的财产并不委托给投资咨询业者,这点与集合投资业和投资委任业是有本质区别的。

同时,《资本市场法》设定了如下几种情况,将其排除在投资咨询业之外:(1)向不特定多数人通过通信、出版物等提供的投资咨询;(2)委托买卖中的免费咨询;(3)与咨询劳务相关的信息分析与提供。[7]

(五)投资委任业

投资委任业是指从业者接受投资者对金融投资商品的投资判断的全部或一

---

① 参见施行令第6条第4项第1目。
② 参见施行令第6条第4项第2目。
③ 参见《资本市场法》第271条、施行令第6条第4项第3目。
④ 参见施行令第6条第4项第4目。
⑤ 参见施行令第6条第4项第5目。
⑥ 参见《资本市场法》第6条第6项。
⑦ 参见《资本市场法》第7条。

部分委任,区别各种投资者,考虑投资者资产的状态和投资目的等情况,取得、处分或以其他方法运营金融投资商品的业务。①

投资中介业者在进行中介业务时,不可避免地会出现在接受处理投资者的买卖指令过程中被投资者赋予一定投资裁量权的情况,这类似于投资中介业者的投资委任。考虑这种情况,资本市场法施行令规定了几个要件,在符合这几个要件时将其排除在金融投资业之外。②

韩国旧《证券交易法》第36条之21项第3目允许证券公司兼营投资委任业和委任买卖,其第107条规定的委任买卖中委任只限于数量、价格、买卖时间。但是在实际的委任买卖中,不仅证券的数量、价格、买卖时间,连证券的种类、项目都可能包括在内,因此纠纷不断。资本市场法为了揭制非法委任买卖,废止了委任买卖制度。现在要进行委任买卖业务的金融投资业者需事前进行登记,接受营业规则的制约。

(六)信托业

《资本市场法》第6条第8项规定"'信托业'是指以信托为营业"。这里需特别说明的是本法信托业上的"以信托为营业"的涵义是指以信托的收购为营业。而信托的本意是指信托法上的信托。这点需要加以区别。之所以条文中没有使用"收购"这一用语,是为了防止与投资买卖业上的一部分金融投资商品上的"收购"相混淆。但这种表述方法是否妥当,还值得进一步商榷。③

资本市场法上的信托业是以金融投资商品为基础构成的,这样规定的目的是为了防止银行经营的信托业范围缩小。④ 同时,资本市场法规定了排除在信托业之外的几种情况。例如,《附担保债券信托法》规定的附担保债券信托业,《著作权法》规定的著作权信托管理业,《电脑软件保护法》规定的软件著作权委托管理业务等。⑤ 另外,资本市场法也将管理信托的受益权排除在金融投资业之外。⑥

---

① 参见《资本市场法》第6条第7项。

② 参见《资本市场法》第7条第4项。考虑本文篇幅,详细内容见资本市场法施行令第7条第2项第1目至第5目。

③ [韩]金建植、郑顺燮:《资本市场法》,斗圣社2009年版,第79页。

④ 韩国财政经济部:《资本市场和金融投资业法制定案》听证会意见收集结果,2006年6月,第13~14页。

⑤ 参见《资本市场法》第7条第5项。

⑥ 参见《资本市场法》第3条第1项第2目。

四、结论

本文第二部分解析了韩国金融投资业的概念，着重对其“营利性”进行了说明。第三部分按照金融投资业的分类对投资买卖业、投资中介业、集合投资业、投资咨询业、投资委任业、信托业的概念进行了解析，同时说明其业务范围及排除在该业务之外的情况，讨论排除的理由。通过以上叙述，读者可以对韩国金融投资业有个概况性的了解。

反观中国的金融市场，表面上从法律体系上看仍维持分业经营、分业监管的状态，但实际上早已开始了混业经营，其标志性产品即是各金融机构设计、开发的理财产品。银行业典型的是银监会2011年8月颁布的《商业银行理财产品销售管理办法》，保险业典型的是其开发的投资型保险产品。以《商业银行理财产品销售管理办法》为例，其内容相当地完善，有风险提示、销售文件的说明义务、风险评级、客户风险承受能力评估等内容。但根本的一点是，对于银行销售的理财产品也好，保险公司销售的理财产品也好，理财产品到底是什么、如何定义等对投资者极其重要的内容，却找不到相应的法律规定。① 更重要的是，理财产品事实上超出了银行、保险业自身的业务范围。银行、保险业的运营都以稳健为主，对其实施的监管措施与风险性强的证券业有着很大的不同，这就难免在现实的监管业务中出现问题。全国大规模出现的理财产品纠纷就说明了这点。② 因此，对类型相近的金融产品，不分机构种类应当由统一的监管机关，以统一的监管尺度来实施监管。中国虽然目前实行了联席会议制度，但该制度并未给投资者留下什么印象。

韩国金融投资业目前是混业经营、统一监管模式，金融委员会设置与运营法、资本市场法等金融法规统合了与金融投资业相关的监管机构和监管措施。金融市场内的产品开发、销售等行为都可做到有法可依，这为保护投资者利益打下了坚实的基础。以上立法经验，值得中国资本市场相关的立法者考虑借鉴。

---

① 保监会网站[http://www.circ.gov.cn/default.aspx]，北大法宝[http://vip.chinalawinfo.com/]等网站上找不到这里提到的法律依据。

② 关于理财产品纠纷，详见晏凌煜，“商业银行个人理财产品法律问题研究”，华东政法大学2012年硕士学位论文；苏薪茗：“银行理财业务机制研究”，中国社科院研究生院2014年博士学位论文；张大海：“银行、保险理财产品诉讼证明责任问题研究”，载《法律适用》2009年第4期等论文。

初探韩国自贸区及其他类似区域制度

马　光*

一、引言

为了发展沿海经济，韩国同时设立有自由贸易区、经济自由区和国际自由都市，这些地区的设立各以不同的法律①为依据。虽然三者在定义上是有明确区别的，而在现实当中，三者的功能又有一些重复。下面就对韩国的自由贸易区、经济自由区和国际自由都市在定义、立法体系、范围和管理机构、具体制度等方面予以比较，从而探索出对我国自贸区建设有益的经验。

二、三个区域的比较

（一）定义

自由贸易区（Free Trade Zone，以下简称为自贸区）②

---

* 浙江大学光华法学院副教授、律师，韩国高丽大学法学博士。研究方向：国际法、海洋法、世贸组织法、韩国法。

本文是“浙江大学基本科研业务费专项资金资助”成果。

① 这些法律包括：《关于自由贸易区的指定及运营的法律》、《关于经济自由区指定及运营的特别法》和《济州特别自治道设置与国际自由都市建设特别法》。

② 从用词来看，韩国采用了“자유무역지역”的称谓，从而将其与自由贸易区（Free Trade Area）进行了区分。而我国这次将 Free Trade Zone 也翻译成了自贸区，就容易引起混淆，虽然，目前在我国自贸区只是处于试验阶段，而且设立的也只有上海一个，所以从用词上采用了自贸试验区的形式，然而，随着这种试验成功，全面推广时，定将试验两字去掉，就成了自贸区，这样就会引起更多问题。或许将 Free Trade Zone 翻译成自贸园区效果可能更佳，也能与 Free Trade Area 进行区分。尽管如此，为了保障用词的统一性，本文还是将韩国法中的“자유무역지역”翻译成了“自由贸易区”。

是指通过对《关税法》、《对外贸易法》等相关法律的特例和支援，为了保障自由的制造、物流、流通及贸易活动等所指定的地区。[①] 具体而言，自贸区是保障自由制造、物流、流通以及贸易活动的地方，通过外商投资振兴贸易、加大就业以及提高技术，为国家及地区经济发展做出贡献为目的指定的区域。

经济自由区(Free Economic Zone，以下简称为经自区)是指作为为了改善外国人投资企业的经营环境和外国人的生活条件而设立的区域。[②] 具体而言，经自区是通过与国内其他地区差别化的制度和条件，保障外国投资者的企业活动与经济活动的区域。因此，经自区保障自由的经济活动，高质量的行政服务及便利的生活环境。

国际自由都市(Free International City，以下简称为自由都市)是指为最大限度保障人、商品、资本的国际移动和企业活动的方便，缓和规制，适用国际标准的区域单位。[③]

从上述的定义可以看出，自贸区、经自区和自由都市的功能还是有较大区别的：自贸区重点放在货物的自由进出，经自区则重点在于引入更多外资，自由都市则包括了这两种功能，再加上服务业的发展。但是正如上面也提到，自贸区也有引进外资的目的，而经自区既然主要都设在港口城市(具体分布情况请见下面内容)，那么它当然也要求有自贸区的功能，而自由都市则已经包括这两种功能。所以，从现实来看，三者的功能似乎有很大程度的相互覆盖。

(二)立法体系

与我国设立上海自贸试验区不同，韩国采用了自上而下的立法即对三种区域都相继制定了相关法令，而且这些法令既包括了法律也包括了条例和部令等下位实施立法，已经形成了较为完备的立法体系。

其中，专门规定自贸区的法律为：《关于自由贸易区的指定及运营的法律》。韩国曾在1970年1月制定了《出口自由区设置法》，于2000年1月将其全文修改并将名称修改为《关于自由贸易区指定等的法律》，而此名称于2004年3月再度被修改为《关于自由贸易区的指定及运营的法律》。此后该法经历了多次修订，最近是在2014年1月21日以法律第12301号予以修订。与这一法律配套的法规有：《关于自由贸易区的指定及运营的法律施行令》和《关于自由贸易区的指定及

① 参见《关于自由贸易区的指定及运营的法律》第2条第1项。
② 参见《关于经济自由区指定及运营的特别法》第2条第1项。
③ 参见《济州特别自治道设置与国际自由都市建设特别法》第2条。

运营的法律施行规则》。除此之外,与自贸区有关的法令还有:《关于自由贸易区运营的指针》、《自由贸易区国有土地及建筑物租赁价格》、《关于自由贸易区进出货物管理的告示》、《群山自由贸易区管理院委任专决规定》、《大佛自由贸易区管理院委任专决规定》、《蔚山自由贸易区管理院委任专决规定》、《益山自由贸易区管理院委任专决规定》、《金堤自由贸易区管理院委任专决规定》、《栗村自由贸易区管理院委任专决规定》等。

专门规定经自区的法律为:《关于经济自由区指定及运营的特别法》。为了实现韩国作为发挥东北亚商务中心作用的方案而建设的经自区里尽早创造亲近外国人的经营、生活条件而对必要的事项给予制度上的保障,韩国于2002年12月制定《关于经济自由区指定等的法律》,于2009年1月部分修改该法并将名称修改为《关于经济自由区指定及运营的特别法》,此后进行了多次修订,最近是在2014年1月14日以法律第12248号予以修订。与这一法律配套的法规有:《关于经济自由区指定及运营的特别法施行令》和《关于经济自由区指定及运营的特别法施行规则》。除此之外,与经自区有关的法令还有:《经济自由区内联合住宅出售价格上限制排除适用及连接体育设施的单独住宅供应特例适用基准》、《关于经济自由区及济州国际自由都市的外国教育机构设立、运营的特别法》、《关于经济自由区内外国医疗机构的开设许可程序等的规则》、《经济自由区内外国人专用赌博业许可事先审查指针》、《经济自由区开发指针》、《新万金—群山经济自由区厅设置条例》、《新万金—群山经济自由区厅事务专决处理规定》、《新万金—群山经济自由区新万金地区(观光园区)开发计划变更及第1工区填埋实施计划承认》、《新万金—群山经济自由区厅设置条例》、《新万金—群山经济自由区厅设置条例施行规则》、《关于新万金—群山经济自由区厅的部门所设业务主管组长的名称及级别的规定》、《全罗南道地域开发及光阳湾圈经济自由区一般产业园区支援基金条例》、《光阳湾圈经济自由区组合规约》、《光阳湾圈经济自由区河东地区大松产业园区开发计划变更,实施计划承认及地形图面》、《关于仁川广域市经济自由区内生活废弃物管理的条例》、《关于仁川广域市经济自由区内生活废弃物管理的条例施行规则》、《仁川广域市经济自由区厅设置条例》、《仁川广域市经济自由区厅设置条例施行规则》、《仁川广域市经济自由区厅户外广告物等管理条例》、《关于仁川经济自由区金融产业培育及支援的条例》、《仁川经济自由区松都地区松都国际化综合园区地形图面告示》、《仁川经济自由区松都地区松都科技园区扩大开发计划变更,实施计划变更及地形图面》、《仁川经济自由区永宗地区永宗高空城市开发计划变更,实施计划变更承认及地形图面》、《仁川经济自由区永宗地区龙游—舞衣文化、观光、休闲、综合都市开发计划变更承认》、《关于仁川经济自由区宣传的条例》、《关于仁川广域市经济自由区发展咨询委员会设置及运营的条例》、《仁川广域市经济自由区事业设置条例》、《仁川广域市经济自由区厅道路管理审议会设置及运营规则》、《江原道东海岸圈经济自由区厅设置条例》、《江原道东海岸圈经济自由区厅设置条例施行规则》、《忠北经济自由区厅设置条例》、《忠北经济自由区厅设置条例施行规则》等。

专门规定自由都市的法律为:《济州特别自治道设置与国际自由都市建设特别法》。本法旨在随着对济州道的国内外旅游需求急剧增加而需要大幅度扩充不足的旅游设施并合理保存、管理济州道特有的秀丽自然景观及乡土文化,使济州道发展成为国际性旅游休养地并同时谋求济州道居民的生活环境改善与地区经济的活跃化。其前身为于1991年12月制定的《济州岛开发特别法》。此后将名称修改为《济州国际自由都市特别法》,为了将济州岛培育、发展成具有国际性旅游、休养都市及商务、尖端知识、物流、金融产业等综合功能的自由都市而提供最大限度地保障人、商品、资本移动的自由和企业活动的便利并具备国际性投资环境的制度装置,于2006年2月重新制定《济州特别自治道设置与国际自由都市建设特别法》,该法至今修订多次,最近版本为2014年1月14日以法律第12248号公布。与这一法律配套的法规有:《济州特别自治道设置与国际自由都市建设特别法施行令》。除此之外,与自由都市有关的法令还有:《关于济州国际自由都市指定免税店运营的告示》、《关于济州国际自由都市推进委员会等的构成及运营的规定》、《关于济州特别自治道设置与国际自由都市建设特别法违规罚款确定基准的规则》、《关于济州特别自治道济州国际自由都市综合计划审议会设置、运营及广域设施计划告示等的条例》等。

由此可以看到,不管是自贸区,还是经自区或自由都市,韩国首先是进行了自上而下的立法,其立法往往以法律、施行令和施行规则形成较为完整的一套规则,在此基础上再进行中央政府部门、地方议会和地方政府的相应立法。

(三)范围和管理机构

截至2014年7月3日,韩国共指定设立了14个自贸区,即马山自贸区(位于庆尚南道昌原市,1970年1月指定为出口自由区,2000年7月改为自贸区,0.953平方公里,网址为:http://www.ftz.go.kr/)、益山自贸区(位于全罗北道益山市,0.309平方公里,1973年10月指定为出口自由区,2000年7月改为自贸区,2011年改为产业园区,自贸区废止)、群山自贸区(位于全罗北道群山市,2000年10月指定,1.256平方公里,网址为:http://www.ftz.go.kr/gunsan/)、大佛自贸区(位于全罗南道灵严郡,2002 年 1 月指定,1.157 平方公里,网址为:http://www.ftz.go.kr/daebul/)、新港自贸区(位于釜山广域市,2004 年指定,网址为:http://cafe.daum.net/busan-FTZ/)、光阳港自贸区(位于全罗南道丽水市,2004 年指定)、仁川港自贸区(位于仁川广域市,2004 年指定)、仁川国际机场自贸区(位于仁川广域市,2005 年 4 月指定)、东海自贸区(位于江原道东海市,2005 年 12 月指定,0.248 平方公里,网址为:http://www.ftz.go.kr/donghae/)、栗村自贸区(位于全罗南道顺天市,2005 年 12 月指定,0.343 平方公里,网址为:http://www.ftz.go.kr/yulchon/)、蔚山自贸区(位于蔚山广域市,2008 年 12 月指定,1.297 平方公里,网址为:http://ftz.go.kr/ulsan/)、金堤自贸区(位于全罗北道金堤市,2008 年 12 月指定,0.992 平方公里,网址为:http://ftz.go.kr/gimje/)、平泽—唐津港自贸区(位于京畿道平泽市和忠清南道唐津市,2009 年指定)、浦项港自贸区(位于庆尚北道浦项市,2009 年指定)。

韩国的产业通商资源部长官为了管理、运营自贸区,并支持出口产业,可设置和运营行政机关。[①] 由此设立的即为自贸区管理院(以下简称为管理院),它是产业通商资源部所属机关,是主管对自贸区所有业务与管理的政府机关。除此之外,为形成专业化及特性化管理,产业资源通商部长官、国土交通部长官、海洋水产部长官分别成为自贸区中产业园区、机场/流通园区及货物码头等、港湾及背后地的管理权者。[②] 在被指定的 14 个自贸区中,新港、光阳港、仁川港、平泽—唐津港、浦项港自贸区属于港湾及背后地型自贸区,管理权者为海洋水产部长官;仁川国际机场自贸区为机场/流通园区型自贸区,管理权者为国土交通部长官;其他则为产业园区型自贸区,管理权者为产业通商资源部长官。管理权者可将自贸区区分为:生产设施地区、知识产权设施地区、物流设施地区、支持设施地区、公共设施地区、教育和训练设施地区。[③]

同一时期,韩国共设立了 8 个经自区:仁川经自区(位于仁川广域市,2003 年 8 月指定,169.5 平方公里,网址为:http://www.ifez.go.kr/)、釜山—镇海经自区(位于釜山广域市和庆尚南道昌原市,2003 年 10 月指定,82.3 平方公里,网址为:http://www.bjfez.go.kr/)、光阳湾圈经自区(位于全罗南道光阳市,2003 年 10 月指定,84.63 平方公里,网址为:http://www.gfez.go.kr/)、大邱—庆北经自区

---

① 参见《关于自由贸易区的指定及运营的法律》第 51 条第 1 款。

② 参见《关于自由贸易区的指定及运营的法律》第 8 条。

③ 参见《关于自由贸易区的指定及运营的法律》第 9 条。

(位于大邱广域市和庆尚北道,2005 年 6 月指定,30.04 平方公里,网址为:http://www.dgfez.go.kr/)、黄海经自区(位于京畿道和忠清南道,2008 年 5 月指定,115.8 平方公里,网址为:http://www.yesfez.go.kr/)、新万金—群山经自区(位于全罗北道群山市,2008 年 5 月指定,2013 年 10 月废止,依据《关于新万金事业推进及支持的特别法》,将其改造成具有环境优美,适合于旅游和外国人投资的区域)、东海岸圈经自区(位于江原道东海岸,2013 年 2 月指定,8.25 平方公里,网址为:http://www.efez.go.kr/)、忠北经自区(位于忠清北道,2013 年 2 月指定,9.08 平方公里,网址为:http://www.cbfez.go.kr/)。

为实施关于经自区的事务,产业通商资源部设置经自区委员会,由其对经自区主要制度和政策、基本规划、指定与变更、开发规划等事项进行审议与决定。①另,各经自区均设有经自区厅,其法律依据是《关于经济自由区指定及运营的特别法》第 27 条之 2,该条规定:经自区厅由市、道知事设置,而如果经自区横跨两个以上行政区域的,由相关市、道知事协商后共同设置。厅长由市、道知事任命,但要事先与产业通商资源部长官进行协商。也就是说,该厅长由地方政府长官予以任命,经自区厅可看成是市、道的下设机构。

同一时期,韩国指定了济州自由都市(位于济州特别自治道,2002 年 4 月指定,1849.2 平方公里,网址为:http://freecity.jeju.go.kr/)。

韩国在国务总理下面设置了济州特别自治道支持委员会,由其对成果目标和评价、基本规划的树立与实施等多数事项进行审议。② 另,根据《济州特别自治道设置与国际自由都市建设特别法》第 261 条,韩国特地设置济州自由都市开发中心支持并促进济州自由都市振兴发展,作为开发专门机构。该中心定性为推动济州自由都市发展,同时追求公共性及事业性的特殊法人机构,是国土交通部下设的准市场化国有企业。它是全面推动济州自由都市开发有关旅游、教育、医疗、尖端等战略项目的公共开发商及招商引资专业机构,通过与济州地区搭建良好合作关系,达成济州自由都市展望目标的国家支援机构。

从上面的描述可以看出,自贸区面积普遍较小,经自区面积稍大,和我国的上海自贸试验区(28.78 平方公里)大体相仿,而自由都市则最大,是新加坡的 2.7 倍和香港的 1.7 倍。

从管理机构来看,三者分别采取了不同的模式,自贸区采用的是由产业通商

---

① 参见《关于经济自由区指定及运营的特别法》第 25 条。

② 参见《济州特别自治道设置与国际自由都市建设特别法》第 7 条。

资源部下设机构——自贸区管理院来管理,而经自区则由地方政府来组建的地方政府机关——经自区厅来管理,自由都市则采取了隶属于国土交通部下设的国有企业——济州自由都市开发中心来管理。现实中,这三种模式将会各有利弊,比如说,采用中央政府机构管理的模式,能够更好地进行全国统筹规划,在中央层面提供更多政策支持;采用地方政府管理的模式,则能够更好地发挥地方政府的能动性;国有企业的模式又能充分发挥市场的积极性。目前,我国上海自贸试验区采用的是第二种模式即由上海市政府下设的管委会管理,而这种模式在全国统筹,预防重复建设及更多取得中央政府支持方面是有一些不足的,以后设立的自贸区是否要变更管理模式值得我们思考。

(四)具体制度

1. 自贸区

(1)指定

中央行政机关的长官或特别市长、广域市长、道知事或特别自治道知事经过与相关中央行政机关的长官及相关市、道知事协商后可向产业通商资源部长官邀请指定自贸区。而产业通商资源部长官经审议申请区域实际情况和指定必要性及指定条件后,经与企划财政部长官、外交部长官、安全行政部长官、农林畜产食品部长官、环境部长官、国土交通部长官、海洋水产部长官及关税厅长协商后指定自贸区。①

(2)入驻企业

主要以出口为目的的制造企业,经营制造业或知识产权产业的外商投资企业,主要以进出口贸易为主要目的的经营批发业者,经营物品的装卸、运输、保管、展览等事业者,经营支持自贸区入住企业事业的行业者等可以入住自贸区,管理权者应优先许可外商投资企业、含有高新技术项目的经营者及以出口为主要目的的事业经营者入住。②

(3)入住企业的待遇

①国有(或公有)土地或工厂等的租赁及出售方面的优惠。具体包括:租赁

① 参见《关于自由贸易区的指定及运营的法律》第4条。

② 参见《关于自由贸易区的指定及运营的法律》第10条、第11条。

费或出售价格优惠和租赁期间优惠,[①]买入款的延期缴纳及分期缴纳优惠,[②]租金的减免优惠。[③]

②税费优惠。具体包括:关税和增值税的免除,[④]法人税等租税减免,[⑤]交通引发负担金的免除。[⑥]

③资金支持。具体包括:技术开发支持、人力培养支持、基础设施支持。[⑦]

2. 经自区

(1)指定

市、道知事为经自区的指定而制定经自区开发计划并提交产业通商资源部长官,产业通商资源部长官经过经自区委员会的审议、议决而指定经自区,产业通商资源部长官认为有必要设立经自区时,征得市、道知事同意并经经自区委员会的审议和议决后可以指定经自区。[⑧]

(2)入住企业的待遇

①税费优惠和资金提供。对入住经自区的外商投资企业提供:国税和地方税减免,土地租赁费减免,对教育、医疗、研究设施和住宅等外国人生活设施的设置

---

① 参见《关于自由贸易区的指定及运营的法律》第17条、第18条,其施行令第11条规定:允许自由贸易区内的国有(地方自治团体所有)的土地或工厂等出租或出售于入住企业或支援企业,其租赁费或出售价格适用特例,租赁期间属入住企业为50年以内、属支援企业为10年以内而定。

② 参见《关于自由贸易区的指定及运营的法律》第19条,其施行令第12条,其施行规则第8条:管理权者(或地方自治团体的负责人)在出售自由贸易区内的国家所有的(或地方自治团体所有的)土地或工厂等时,认为买入者一次性缴纳买入款有困难的,可以延长缴纳期限或要求分期缴纳。

③ 参见《关于自由贸易区的指定及运营的法律》第20条,其施行规则第9条规定:管理权者或地方自治团体的负责人可以把入住自由贸易区内的外国人投资企业视为入住外国人投资地区的外国人投资企业减免租金。并对经营具有对加强国内产业国际竞争力非常要紧的尖端技术事业的外国人企业还可以追加减免租金。

④ 参见《关于自由贸易区的指定及运营的法律》第45条规定:对于入住企业作出运入申报的国内物品,免除或返还关税,适用零增值税率。并对于在自由贸易区内入住企业间供应或提供的外国物品等和劳务,也适用零增值税率。

⑤ 参见《关于自由贸易区的指定及运营的法律》第47条规定:对于属外国人投资企业的入住企业,可减免法人税、所得税、取得税、登记税、财产税、综合土地税等租税。

⑥ 参见《关于自由贸易区的指定及运营的法律》第48条规定:对于入住企业的工厂等免除交通引发负担金。

⑦ 参见《关于自由贸易区的指定及运营的法律》第49条、其施行令第31条之2规定:国家或地方自治团体为了促进自由贸易区内入住企业的技术开发活动或人力培养可以支援必要的资金。并为了支援自由贸易区内入住企业的事业,应致力于对入住企业出租的工厂等的维护、维修和医疗设施、教育设施、住宅等各种基础设施的扩充并支援其所需资金。

⑧ 参见《关于经济自由区指定及运营的特别法》第4条。

所需资金,国(公)有财产的租赁费减免,国(公)有财产未经竞拍或招标即可任意销售和租赁给外商,优先支持基础设施设置所需费用。①

②法律适用例外。对入住外商投资企业,排除适用若干劳动法规与国有资产法规的相关条款。例如,外商对国(公)有财产的租赁期限可延长至50年,并可铸造永久设施。②

③外国人生活便利。市、道知事、市长、郡守、区厅长为入住经自区的外商投资企业及外国人的便利,发行、受理、处理公文等时提供外语服务。外国学校法人经过经自区委员会的审议和议决并取得教育部长官的许可可以在经自区设立外国教育机构。外国法人或外商投资法人经过经自区委员会的审议和议决并取得保健福祉部长官的许可,可以设立外国医疗机构;外国人经过向市、道知事登记可开设外国人专用药店;外国医师、牙医及药师资格持有者符合保健福祉部长官规定的,可以在经自区设立的外国医疗机构或外国人专用药店里就业。此外,在经营保养温泉,外国人专用赌场,外国广播的再传输,外国人专用租赁住宅,签证和滞留等方面都给予一定的特惠。③

3. 自由都市

(1)外国人自由往来措施。包括:针对济州道,除法务部长官另行规定以外,外国人可以免签证入境并经法务部长官的许可可以移动到其他地区;为增加外国投资者等的便利,行政机关受理、处理公文时提供外语服务;外国广播可再传输;济州自治道内一定规模以下经常交易的款项,当事人之间可以以《外汇交易法》所规定的对外支付手段直接支付;对外国人优先提供住宅。设立外国人子女专用幼儿园并对这些幼儿园的儿童补贴抚育费用;一些劳动法规排除适用。④

(2)振兴旅游措施。包括:外国人可以投资于外国人专用赌博业;本国人在指定免税店购买物品并带入韩国其他地区的,免除或返还关税、增值税、个别消费税、酒税、教育税、农渔村特别税、烟消费税、地方教育税;免除针对进入高尔夫球场征收的租税和附加款。⑤

(3)教育措施。包括:外国学校法人可以设立外国教育机构;外国大学可以设置外国大学教育课程;外国人学校的入学条件具有例外;小学、初中和高中可以

① 参见《关于经济自由区指定及运营的特别法》第16条、第18条。

② 参见《关于经济自由区指定及运营的特别法》第17条。

③ 参见《关于经济自由区指定及运营的特别法》第20~24条。

④ 参见《济州特别自治道设置与国际自由都市建设特别法》第156~168条。

⑤ 参见《济州特别自治道设置与国际自由都市建设特别法》第171~178条。

聘任外籍教师;设立英语教育城和国际学校。[①]

(4)医疗服务措施。包括:指定外国人诊疗所;外国人设立的法人经道知事许可,可以设立外国医疗机构;可以设立外国人专用药店;持有外国相关资格证,并符合保健福祉部规定的外国人,可在外国医疗机构和外国人专用药店工作。[②]

(5)产业发展措施。包括:国(公)有财产的租赁和销售特例;船舶登记特区制度与对外国船舶的租税减免。[③]

4.比较

正如上述,韩国的自贸区、经自区和自由都市各有自己的特色:自贸区主要是以发展物流和进出口为目的,经自区主要是以发展外国人投资为目的,而自由都市则以发展服务业为重点。但是,不可否认,三种区域的功能也有所重复。例如,自贸区也在大力引进外资,而经自区大多位于港口,不免要具有些自贸区的传统功能,自由都市则往往同时具有自贸区和经自区的功能。虽然,各个区域所引进的外资方向不一定相同,但从目前韩国这些自贸区、经自区和自由都市的分布来看,几乎涵盖了韩国的所有行政区域,因此,不免会存在过多的重复建设和内部竞争的问题。

从开放的力度来看,不可否认济州自治道的力度是最大的,几乎涵盖了济州自治道的所有产业,特别是像教育、医疗、旅游、船舶注册、博彩等诸多服务业。而经自区则主要针对外国人投资进行了一些特别化管理,自贸区则主要对入住企业提供一些税收等方面的特惠。从各个区域采取的优惠措施来看,也存在不少的重复部分,比如,租税减免,对外国人的各种优惠等。就是说,各个区域的特色逐渐在减少,有些趋同化。

三、对我国自贸区建设的建议

从目前我国所设立的上海自贸试验区来看,似乎与济州自由都市最为接近,主要是为了在服务贸易领域进行更大的开放,期待我国经济的第二次腾飞。当然,两者也存在差异,比如说,上海致力于成为全球金融中心,而济州显然没有这方面的优势;济州致力于免签证和扩大旅游,而这方面也不是上海的重点。上海自贸区同时也具有传统自贸区(即类似于韩国的自贸区)的功能和经自区的

① 参见《济州特别自治道设置与国际自由都市建设特别法》第181~189条之4。

② 参见《济州特别自治道设置与国际自由都市建设特别法》第191~194条。

③ 参见《济州特别自治道设置与国际自由都市建设特别法》第220~221条。

功能。

但是,这里也存在问题即如何界定上海自贸区的功能问题,不可否认,经过三年的试验,上海的经验肯定会推向全国,而在此期间,各地也会纷纷申请设立自贸区,那么就会存在如何协调发展的问题。

从目前韩国的情况来看,似乎这些区域数量过于庞杂,相互之间竞争激烈,远没有达到预期效果,更谈不上与国际上的先进自贸区进行竞争。三种区域相互转换和撤销的情况也较为普遍,近期又推出了类似于济州道的新万金地区立法,这就使得人们对自贸区、经自区和自由都市等的制度产生一个混淆。

我国也有可能会面临类似问题,一个直接的例子就是上海与舟山,如果以后舟山也申请设立自贸区,而其与上海离得又那么近,如何协调发展?在此,就有必要仔细观察济州的经验。济州没有大型港口,也没有成为金融中心的条件,所以,济州就专注于服务产业,特别是在旅游业取得了令人瞩目的发展。再看舟山,有美丽的风景,特别是佛教名山普陀山,再加上其群岛的特性,可以试行免签和境内免税店制度等。除此之外,还可以开发特色产业,如环保农业,设立船舶注册特区等。通过这种方式,进行一个规划,使得各个地区能够均衡发展,各自发挥自己的长处。

三种区域制度比较表

名称	设立依据	范围	特点
自贸区	关于自由贸易区的指定及运营的法律	群山、大佛、蔚山、益山、金堤、栗村、平泽—唐津港、东海、马山、新港、仁川港、仁川国际机场、浦项港、光阳港	类似于我国保税区,主要功能在于扩大贸易,对贸易主导型企业提供一些特惠,除此之外,还有引进外资的目的
经自区	关于经济自由区指定及运营的特别法	仁川、釜山—镇海、光阳湾圈、黄海、大邱—庆北、新万金—群山、东海岸、忠北	类似于我国经济特区,主要功能在于扩大外国人投资,但因为这些都位于沿海地区甚至是港口,所以有些也同时具备了自贸区的类似功能,例如黄海经自区就是将扩大与中国的贸易作为一个主要目标

续表

名称	设立依据	范围	特点
自由都市	济州特别自治道设置与国际自由都市建设特别法	济州	类似于我国的特别行政区,兼备了自贸区和经自区的功能,而且在此基础上也增加了免签、外国人开办赌场等诸多便利,将济州道的各个部分细化为若干功能区,进行一些特化。总体上,这种模式更符合舟山的特色,包括与大陆相对隔离,以及大小等

论《韩国信贷金融业法》及对信用卡业的法律监管

崔金珍*

20世纪90年代，韩国的信用卡产业处于发展初期，为了鼓励各大发卡机构能够更好地开展信用卡业务，韩国政府实施了各种各样的鼓励政策来推进信用卡消费业务。然而，信用卡的便利使用及热情的贷款通道使缺乏金融专业知识的韩国国民盲目地进行负债消费，使得部分信用卡持卡人面临着无力偿还债务的危机局面。此外，各大信用卡发卡机构在没有坚实的基础设施基础上大量盲目地发行信用卡从而扩充信用卡业务，这些却为韩国的金融危机埋下了不小的金融隐患。基于此背景，为了能够更好地保护信用卡各方交易当事人的权利，同时为更好地发展金融行业以加强韩国的国民经济，韩国金融委员会颁布了《韩国信贷金融业法》。

一、《韩国信贷金融业法》产生背景

20世纪80年代初，韩国首次由五家商业银行（朝兴银行、商业银行、第一银行、韩一银行、首尔信托银行）共同出资并且发行了信用卡。当时，由于信用卡具有其先进的结算方式及使用的便利等优点，所以瞬时信用卡便

* 天津财经大学法学院副教授，韩国延世大学法学博士。研究方向：商法、金融法、知识产权法。

得到了越来越多韩国民众的喜欢并利用其进行各种消费,可以说,信用卡无形中已经成为了韩国民众必须的金融商品之一。20 世纪 90 年代末,韩国政府推出系列鼓励政策如刷信用卡消费有奖活动、减免特约商户营业税等活动,力图通过以上优惠政策来拉动消费信贷的同时刺激韩国民众的消费。仅仅通过几年的大力推行,2001 年韩国就已占据亚洲最大信用卡市场席位。①

然而,信用卡这把“双刃剑”带给信用卡发卡机构与特约商户一定的商业利益和给信用卡持卡人提供便利的同时,也给韩国的经济社会埋下了不小的经济隐患与法律隐患。主要体现在韩国政府没有计划地盲目发展信用卡行业,并且缺乏强有力的监管机制,这些均导致了韩国信用卡业不可避免地面临严重的金融危机。分析导致韩国信用卡危机的原因可知,韩国政府为刺激内需强力推行使用信用卡消费,这使得信用卡发卡机构无限制地扩张信用卡发卡规模,不认真审核申请人资格,从而导致信用不充分的未成年人及没有固定工作和经济来源的人员等也进入到信用卡的消费领域。最主要的原因之一是韩国金融监管机构没有对信用卡发卡机构进行强有力的法律监管。

在韩国,发卡机构不仅限于商业银行,只要能够从韩国金融监督委员会获准许可经营信用卡业务,大型百货公司也可以成为发卡机构。更具体地说,在韩国,信用卡发卡机构分为两种类型:其一,韩国的商业银行即韩国银行、朝兴银行、友利银行等;其二,专门从事信用卡业务的公司即 LG 公司、三星(SAMSUNG)公司、乐天(LOTTE)公司等。由于专门从事信用卡业务的非金融机构公司其主要业务就是发行信用卡,所以在韩国政府的激励之下,他们为了能够发行更多的信用卡,为广大的消费者提供比商业银行等金融机构更人性化的优质服务。当然,由于这些非金融机构没有成熟经验的营销策略,加上消费者盲目地申请信用卡,金融监管机构很难地进行有效的金融监管,从而导致了信用卡金融危机。②

不可否认的是,信用卡行业在短短的几年之内有了飞速的发展,信用卡的便利不仅在首尔这样的大城市而且在偏僻的农村小超市中也能有很好的发挥。但是,信用卡发行机构之间的激烈竞争不得不引发出滥发信用卡的现象发生,因此也会有很多的法律问题需要解决。信用卡因被不法分子盗用之后所产生的风险应当由哪一方当事人来承担?特约商户伪造或变造信用卡消费签购单而冒领持卡人账户资金时由谁来承担持卡人的风险?信用卡的担保人应当承担什么程度

① 马向军:“韩国信用卡危机对我国信用卡发展的启示”,载《中国城市金融》2005 年第 6 期。

② 崔金珍:《中韩信用卡法律理论与实践比较研究》,延边大学出版社 2014 年版,第 44 ~45 页。

的责任,有限责任或无限责任？持卡人在什么情况下可以使用抗辩权？信用卡套现应当如何定性并处理？为了能够更好地解决诸多的法律纠纷,1987年,韩国金融委员会起草并制定了《韩国信用卡业法》(法律第3928号)。但由于韩国民众对信贷金融知识没有很好的理解和掌握,此外,韩国信用卡发卡机构也缺乏很好的自我安全警报,信用卡发卡机构的盲目发行为潜在的金融危机埋下了一颗定时炸弹。

1990年12月31日,韩国对《韩国信用卡业法》进行了第一次修订。在修订版本中,仅增加了保护持卡人利益的条文若干款,几乎没有规范三方当事人之间的权利与义务的条款。主要由各信用卡发卡机构制定的章程来规范信用卡三方当事人之间的权利与义务。虽然在该法中也明确规定章程内容必须事先得到韩国财务部长官的同意方可有效,但这些章程的大部分条款仍旧有利于发卡机构,相对于持卡人和特约商户,信用卡发卡机构规定了很多霸王条款。[①]

不仅该法没有明确规定交易当事人之间的权利义务,韩国的相关法律也没能很好地从保护弱势群体的角度解释并解决因信用卡被盗用之后或丢失之后所产生的风险问题。在该法中仅规定了信用卡发卡机构承担由于信用卡因被盗或丢失而产生的风险,但是信用卡发卡机构不承担信用卡因使用伪造或变造的信用卡而产生的相应风险。

同时,该法也没有规定发卡机构应当要对特约商户承担的义务等条款,因此,发卡机构借着法律的漏洞往往是把因信用卡被盗、丢失和使用伪造或变造的信用卡而产生的所有风险全部都转嫁给特约商户,为此,曾一度由于特约商户为了保护自身的利益而不接受消费者使用信用卡进行消费。基于此,为了保护各方当事人之间的利益,为了发展韩国的国民经济,为韩国国民带来更便利的消费模式,同时为了能够更有序得发展设施租赁行业、期货金融行业、对高科技产业的金融投资等,1997年8月,韩国金融委员会整合相关的法律制定并颁布了《韩国信贷金融业法》。与此同时,韩国废止了之前的《韩国信用卡业法》和《韩国设备租赁业法》。该法从实施以来到2013年,根据实践中出现的法律问题,每年都有部分条款进行修订。

二、《韩国信贷金融业法》的主要框架及内容

《韩国信贷金融业法》共72条,其中规定信用卡业的法律条款有17条。该法

① [韩]韩相文:《信用卡法入门》,正法社1992年版,第32页。

第2条第2款第2项界定了信用卡发卡机构,第2条第4款界定了持卡人,第2条第5款界定了特约商户。其中信用卡发卡机构不限于商业银行等金融机构,凡是"经营信用卡业务而且取得韩国金融委员会认可的机构"都可以成为该法第2条第2款第2项规定的信用卡发卡机构。也就是说,在韩国信用卡发卡机构的范围比较宽,不仅可以包括金融机构(商业银行)还可以包括信用卡发卡公司及大型的包括现代、乐天在内的百货商店,这种多样化的信用卡发卡机构的规定对整个信用卡行业起到了积极的促进作用,而我国却规定只有商业银行才可以发行信用卡①。我国的单一业务模式不仅不能为持卡人提供更多人性化的服务,由于信用卡业务完全由商业银行所垄断,所以不利于信用卡业良性发展。

《韩国信贷金融业法》第2条第2款明确规定了信用卡业是指经营包括以下两种以上业务的经营者:(1)信用卡发行和管理;(2)信用卡使用结算;(3)特约商户的募集和管理。该法规定了信用卡发卡机构只有在事先得到韩国金融委员会的许可之后方能开展信用卡业务,同时还规定从营业的性质上被认为可以经营信用卡业并且得到总统令许可者只要在金融委员会登记即可从事信用卡业务②。从各项条款中可以看出,该法对设施租赁行业、对高科技产业的金融投资等的规定采取的是积极的条款,而对信用卡业的规定采取了消极的条款。该法中大部分关于信用卡业的条款都是在原有的《韩国信用卡业法》和《韩国信用卡业务运用准则》的基础上进行修改并完善,有关对特约商户遵守事项的规定则是在原《韩国信用卡业法》的基础上进行完善补充。③

《韩国信贷金融业法》第13条第1款规定了信用卡发卡机构除可进行信用卡发行等等主要业务之外,在第1款第1项规定了发卡机构可以针对持卡人进行资金融通,在第2项规定了发卡机构可以发行借记卡及结算,第3项规定了发卡机构还可以进行销售预付卡及结算等附带业务。第13条第2款还规定信用卡发卡机构依照总统令的制定可以允许第三者代行第1款规定的业务。以上规定的附带业务会因信用卡发卡机构的性质而有所不同,其中因为借记卡的使用会发生结算业务,故唯有商业银行等金融机构才可以进行有关借记卡的发行与结算业务。

《韩国信贷金融业法》第14条第1款规定了信用卡发卡机构只有获得发行许可之后方可发行信用卡。但更新或重新发行信用卡时根据总统令的规定只要得

---

① 崔金珍:"中韩信用卡相关法律关系与挂失风险承担之比较",载《现代财经》2008年第7期。

② 参见《韩国信贷金融业法》第3条第3款第2项。

③ 载 http://law. go. kr/main. html。

到信用卡持卡人的同意即可以发行。第2款规定了信用卡发卡机构应当依据第1款的规定确认发行申请是否满足以下各项条件即申请人本人申请;信用额度不能超过信用卡发卡机构制定的依据算定基准核算的个人信用额度,算定基准包括以下几项:(1)所得与财产的事项;(2)为他人提供的支付保证事项;(3)是否有结算信用卡支付费用能力的事项;(4)申请信用卡时持卡人是否有从其他金融机构申请过的信用担保等事项;(5)其他信用额度算定时由总统令制定的事项。第3款规定了信用卡发行机构可以向满足以下条件者发行信用卡即具备第2款规定的各项条件者;截止信用卡申请日前,依据总统令制定的年龄以上的人;作为信用卡发行的重要条件具备依据总统令制定的条件者。第4款规定了信用卡发卡机构不能依据《访问销售法》第2条第5款规定的直销方式的募集方法募集持卡人。第5款规定了信用卡发卡机构发行信用卡时,为了保护信用卡持卡人的权益依据总统令应以书面形式告知持卡人必要的事项。但是申请人同意的话可以传真或电子文书(《电子交易基本法》第2条第1款规定的电子文书)的形式告知。

《韩国信贷金融业法》第14条之2规定了只有满足下面条件之一的主体才能募集信用卡持卡人:(1)信用卡发卡机构的工作人员;(2)代替信用卡发卡机构同持卡人信用卡领用合同者;(3)为募集信用卡发卡机构和持卡人携手签订合同者(以募集信用卡持卡人为主业的除外)及职员。此外,还规定了募集信用卡持卡人的机构在募集时应当遵守总统令指定的事项及募集方法。

《韩国信贷金融业法》第14条之3规定了募集人应当在金融委员会登记方可取得募集资格,属于下列各项之一者不能成为募集人:(1)无能力人或限制性行为人;(2)破产之后未有能力人;(3)违反本法被处以一定以上金额刑罚者在执行期届满(包括被看作是执行期届满的情况)或执行被免除之日起未满2年的;(4)依据本法被取消登记者未满2年的。本条还规定了依据本法第62条成立的信贷金融业协会为了保护募集人的登记、管理,维持健全的募集秩序,保护信用卡持卡人的利益可以设立募集者运营委员会。

《韩国信贷金融业法》第16条规定了信用卡发卡机构应对持卡人承担的义务:信用卡发卡机构自收到信用卡持卡人或借记卡持卡人的丢失或被盗的挂失起对卡的使用承担责任。对于挂失之前的风险,信用卡发卡机构承担总统令所指定的期间的所有风险。如果双方签订了由持卡人承担因信用卡丢失或被盗而产生的所有风险之合同,那么就需要由持卡人承担由此产生的风险。但是,因不可抵挡的暴力或自己、家人的生命及身体受到威胁时,如果不是故意或过失地危害而泄露密码,持卡人就不承担风险。信用卡发卡机构收到第16条第1款规定的通知之后应及时将受理人、受理号及受理事项通知给通知人。如果发卡机构与持卡人针对第16条第5款第1项和第2项的内容签订了能够证明持卡人有故意或过失情况的话由持卡人承担所有风险的合同，可以让持卡人承担由此产生的风险。为分散有可能发生的该法第16条第1款、第2款、第5款及第17条所规定的法律风险，该法明确规定信用卡发卡机构必须采取进行投保、加入共济组织或存储准备金等措施。如果持卡人以书面的形式对信用卡使用金额提出异议时，信用卡发卡机构对此完成调查之前不能从持卡人一方收取应支付的金额。

《韩国信贷金融业法》第17条规定了信用卡发卡机构应当对特约商户承担的义务，信用卡发卡机构不能因以下交易情形之一而推卸其应当承担的责任：(1)使用丢失或被盗的信用卡交易；(2)使用伪造或变造的信用卡交易；(3)因被黑客侵害网络、电算系统出现故障，发卡机构工作人员故意泄露持卡人个人信息而使用的交易；(4)盗用他人名义申请并使用信用卡的交易。但是，如果信用卡发卡机构与特约商户之间签订了关于发卡机构能够证明是因特约商户的故意或重大过失而引起的交易属于免除事项的条款时，发卡机构可以不用承担责任。

《韩国信贷金融业法》第18条规定了使用信用卡进行消费时发行机构应当承担的周知义务，信用卡发卡机构根据总理令指定的方法告诉持卡人和特约商户下列的各项内容：(1)信用卡发卡机构规定的利息、折扣率、滞纳金利率、特约商户手续费利率等各种利率；(2)信用卡、借记卡使用之后的结算方法；(3)对持卡人承担的义务；(4)根据第17条及第19条对特约商户承担的责任和特约商户应当遵守的事项；(5)之外由总理令指定的事项。

《韩国信贷金融业法》第19条规定了特约商户应当要遵守的事项：特约商户不能拒绝消费者使用信用卡结算或因使用信用卡消费而拒绝销售商品或提供低质量的服务；特约商户有义务确认是否是由信用卡持卡人本人使用并消费；特约商户不可以将手续费转嫁给信用卡持卡人。禁止特约商户有下列情形之一：(1)持卡人无消费的前提下开具销售凭据；(2)超出持卡人的实际使用金额而伪造交易金额；(3)利用其他特约商户的名义进行不正当交易；(4)向第三方出借特约商户名义的行为；(5)代行信用卡交易的行为。但是，结算代行机构可以不受第1项、第4项、第5项的限制，如果属于代行接受的特约商户不受第3项、第5项(限于第2条第5款之2规定的代行行为)的限制；代行结算机构在进行销售或提供服务是应当根据总统令指定的事项向信用卡发卡机构提供持卡人的信息与信用卡交易事项。

三、《韩国信贷金融业法》对信用卡业的法律监管

(一)明确权利与义务

《韩国信贷金融业法》不仅规定了发卡机构可以享有收回信用卡的权利即在信用卡结算日如持卡人没有正当理由拒绝支付信用卡消费款项时,发卡机构有权收回信用卡。而且在该法第16条很全面地规定了信用卡发卡机构对持卡人应当承担的义务。第一,针对信用卡交易条件的详细说明义务。为确保弱势群体持卡人的利益,《韩国信贷金融业法》第24条第2款明确规定了信用卡发卡机构责无旁贷地有义务进行交易条件的详细说明。第二,发卡机构的投保义务①。为了从降低交易成本的角度能够更合理地分散信用卡挂失之后所产生的不必要的风险,该法第16条第8款明确地规定了信用卡发卡机构有义务向保险公司进行投保,或者加入共济组织,或者存储准备金以减少承担的风险。然而,中国《银行卡业务管理办法》不仅没有规定发卡银行的强制性投保义务,而且发卡机构通常会把因各种原因引发的法律风险转嫁给处于弱势地位的持卡人。这种规定不仅使发卡机构更加怠慢于处理信用卡持卡人的挂失问题,而且不能够及时地控制风险的扩散。

《韩国信贷金融业法》第17条规定了信用卡发卡机构应当对特约商户承担的义务,信用卡发卡机构不能因以下交易情形之一而推卸其应当承担的责任:(1)使用丢失或被盗的信用卡交易;(2)使用伪造或变造的信用卡交易;(3)因被黑客侵害网络、电算系统出现故障,发卡机构工作人员故意泄露持卡人个人信息而使用的交易;(4)盗用他人名义申请并使用信用卡的交易。但是,如果信用卡发卡机构与特约商户之间签订了关于发卡机构能够证明是因特约商户的故意或重大过失而引起的交易属于免除事项的条款时,发卡机构可以不用承担责任。

该法除了规定发卡机构应当承担的义务之外,还规定了特约商户应当要遵守的事项。特约商户不能拒绝消费者使用信用卡结算或因使用信用卡消费而拒绝销售商品或提供低质量的服务;特约商户有义务确认是否是由信用卡持卡人本人使用并消费;特约商户不可以将手续费转嫁给信用卡持卡人。禁止特约商户有下列情形之一:(1)持卡人无消费的前提下开具销售凭据;(2)超出持卡人的实际使用金额而伪造交易金额;(3)利用其他特约商户的名义进行不正当交易;(4)向第

---

① 《韩国信贷金融业法》第16条第8款明确规定,为履行第16条第1款、第2款、第5款,第17条所规定的责任,发行机构必须进行投保或提取准备金。

三方出借特约商户名义的行为。

(二)明确风险责任承担主体

虽然该法第16条很全面地固定了发卡机构的责任,但由于现代网络的快速发展,信用卡犯罪类型又趋向于国际化,所以该法明确规定了发卡机构除承担"他人因使用伪造或变造的信用卡进行消费而产生的风险"之外,还承担"因被黑客侵害网络、电算系统出现故障、发卡机构工作人员泄露持卡人个人信息而产生的所有风险"、"盗用他人名义申请并使用进行消费而产生的所有风险(信用卡持卡人故意或有重大过失的除外)"①。

《韩国信贷金融业法实施令》②第6条之9规定"《韩国信贷金融业法》第16条第2款中规定的'大总统令所指的期间'是指发卡机构自接到信用卡挂失之日(丢失或被盗)起算前60日"。即当发卡机构自接到持卡人的信用卡挂失通知之日起算60日之前发生的所有风险都由发卡机构来承担。从该法的规定上我们可以看出,韩国从立法的层面就已经很明确的规定了在风险承担问题上采取的是发卡机构承担主义。然而,与韩国的规定截然相反的是,在中国这些风险全部由信用卡持卡人来承担。

(三)强化了监管力度

该法明确规定了金融委员会有权利监督信贷金融公司和兼营信贷业者开展的业务,必要时还可以要求其提供相应的财务报告。③ 当然,金融委员会认为必要时可以要求信贷金融公司公示其经营情况。④ 为能够更好地落实信贷金融公司对持卡人的保护,在制定或修订章程时必须事先向金融委员会申请并核准通过,并将公国的章程公示于相应网站。⑤ 该法还规定了为使信贷金融业的有序发展,信贷金融公司可以设立信贷金融业协会,⑥信贷金融业协会也可以制定或修订章程,但需要实际向金融委员会进行申报并通过核准。⑦

---

① 参见《韩国信贷金融业法》第16条第5款。

② 根据中国的法律,《韩国信贷金融业法实施令》相当于《韩国信贷金融业法实施细则》。但为了尊重韩国的法律名称,在此直接翻译成为《韩国信贷金融业法实施令》。

③ 《韩国信贷金融业法》第53条。

④ 《韩国信贷金融业法》第54条第2款。

⑤ 参见《韩国信贷金融业法》第54条第3款第1项、第2项。

⑥ 参见《韩国信贷金融业法》第62条。

⑦ 参见《韩国信贷金融业法》第54条第3款第3项、第4项。

四、结语

韩国的信用卡产业在短短几十年之内发展得比较成熟,其中很重要的原因之一就是韩国金融委员会颁布的《韩国信贷金融业法》能够为信用卡交易的三方当事人提供很好的法律保障。《韩国信贷金融业法》不仅明确规定了三方当事人之间的权利和义务,而且还为在韩国境内包括商业银行及各大百货公司等信用卡发卡机构制定信用卡使用章程提供了良好的法律依据。其中,该法在法律监管方面的规定即明确当事人之间的权利与义务,明确承担风险的主体,强化监管力度等都很好地在实践中得到了认可。此外,该法关于发卡机构应投保的规定值得中国借鉴。

韩国保险法修改动向及启示

金香兰*

一、韩国保险法现况

与中国立法体系不同,韩国有专门的商法典。韩国的狭义保险法是指《韩国商法典》第4篇之保险篇。该篇规定主要涉及保险公司与投保人、被保险人、保险受益人之间的法律关系,属于典型的商事合同规范。《韩国保险法》(以下简称现行保险法)于1962年制定并颁布,施行于1963年1月1日。1991年修订该法获得国会通过,并于1993年1月1日起施行。2008年8月6日,大韩民国政府将保险篇修正案提交到国会,但该修正案因个别条款受到争议而处于保留状态。韩国最终在2014年3月11日修订了《韩国商法典》保险篇(法律第12397号)(以下简称修改后保险法),于2015年3月12日正式实施。韩国保险篇共分三章,分别是通则、财产保险(包括通则、火灾保险、运输保险、海上保险、责任保险、机动车保险及新设的保证保险)和人身保险(包括通则、生命保险、伤害保险及新设的疾病保险)。广义的保险法还包括保险业法和保险特别法。《韩国保险业法》制定于1962年2月20日,于1977年第一次修订后,最近一次修订是2014年。保险业法原则上作为对保险监督的公法,不能称之为保险合同法的法律渊源,但其囊括了涉及保险合同中

---

* 延边大学法学院副教授,韩国高丽大学法学博士。研究方向:商法、经济法、比较法。

私法性交易关系部分的规定。保险特别法包括《贸易保险法》(1968 年 12 月 31 日制定,最近一次修改是 2013 年,并于 2013 年 10 月 6 日施行)、《因火灾导致的灾害补偿和保险的相关法律》(1973 年 2 月 6 日制定,最近一次修改是 2014 年,并于 2014 年 11 月 9 日施行)、《雇佣保险法》(1993 年 12 月 27 日制定,最近一次修改是 2015 年,并于 2015 年 1 月 20 日施行)等。①

二、韩国保险法 2014 年主要修改动向

(一)投保人的撤销权行使期限延长

现行保险法第 638 条之 3(交付、明示保险约定条款的义务)规定:(1)签订保险合同时,保险人应向投保人交付保险约定条款,并告知其主要内容。(2)保险人违反第 1 款规定的,投保人自保险合同成立之日起 1 个月内,可撤销该合同。

实际生活当中,保险人违反交付、明示保险约定条款的义务,导致投保人因 1 个月期限规定的过短,而很难行使撤销权。修改后保险法规定:保险人违反第 1 项规定的,投保人自保险合同成立之日起 3 个月内取消保险合同。这也就是说,在 1 个月基础上又延长了 2 个月的撤销期间,投保人自保险合同成立之日起 3 个月内可以撤销合同,使投保人更容易行使权利。

(二)新设保险代理商等规定

现行保险法当中并无关于保险代理商相关规定,但正因相关规定的缺失导致保险代理商等保险人辅助人的权限不清。例如,投保人对于保险代理商行使的要约等意思表示不明确时,或在给付保险金问题上,都易造成保险人和投保人之间纠纷难解决。

修后改保险法是在现行保险法第 646 条(代理人知情的效果)②基础上新设第 646 条之 2,赋予保险代理商保险金受领权、保险单交付权、要约和解约等意思表示的通知权与受领权、对为特定的保险人持续中介从事签保险合同的人承认保险金受领权(仅限于交付保险人制作的收据情况)和保险单交付权。之所以如此修改,是考虑到一方面可以明确保险人辅助人权限,另一方面,使保险人和保险辅助人之间的协议不能对抗善意的投保人,保护了投保人的利益。

(三)消灭时效期限的延长

韩国现行《保险法》第 662 条(消灭失效)规定:保险金的请求权以及保险费

---

① 崔吉子、黄平著:《韩国保险法》,北京大学出版社 2013 年版,第 2 页。

② 参见韩国现行《商法》第 646 条(代理人已知情的效果):“委托代理人签订保险合同的,代理人已知的事由视为本人已知。”

或储备金的返还请求权2年内不行使的，保险费请求权1年内不行使的，消灭时效完成。同样基于消灭时效期限过短，导致保险人与投保人权利难以及时有效行使。韩国保险法学者们在此次修改前主要争议焦点是在保险请求权的消灭时效的起算点上。

修改后《保险法》第662条规定为：保险金的请求权以及保险费或储备金的返还请求权3年内不行使的，保险费请求权2年内不行使的，消灭时效完成。由此可知，消灭时效期限各延长了1年。

（四）对家族成员的保险人代位

韩国现行《保险法》上对于保险人代位权的规定主要体现在财产保险通则中第681条[①]和第682条、[②]人身保险通则中第729条的。保险人可代位的权利，可以是对被保险人标的物（残留物代位）的权利，也可以是投保人或被保险人对引起损害的第三人的权利。此外，保险人代位权在人身保险当中原则上是被禁止的，但是第729条的规定[③]是种例外情形即在伤害保险合同情形下，有约定的可以在不损害被保险人权利的范围内，代位行使该项权利。

但是韩国现行《保险法》并未考虑到保险人对第三人代位行使的范围上是否应设有限制问题，因此现实生活当中，因为保险人代位权的行使，结果造成投保人或被保险人得不到保险合同的保护的情况发生。因此修改后保险法充分考虑这一情形，修改第682条，规定为在引起事故的第三人是投保人或被保险人一起生活的家族成员的情况下，除了故意造成事故外，保险人禁止行使代位权。

（五）责任保险之通知义务人性化

韩国现行《保险法》第722条[④]规定了关于责任保险当中被保险人收到第三人的赔偿请求时应立即通知保险人，但没有规定未通知情形造成何种法律后果。

---

① 参见韩国现行《商法》第681条（与保险标的有关的保险代位）规定："保险标的全部灭失时，支付全部保险金额的保险人取得有关该标的的被保险人的权利。但是，不足额投保时，保险人应当取得权利，应按保险金和保险价值的比例确定。"

② 参见韩国现行《商法》第682条（对第三人的保险代位）规定："损害是因第三人的行为而产生的，已支付保险金的保险人，以其支付的金额为限，取得投保人或被保险人对该第三人的权利。但保险人支付应予以补偿的部分保险金时，以不损害被保险人的权利为限，可以行使该权利。"

③ 参见韩国现行《商法》第729条（对第三人保险代位的禁止）规定："保险人不得代位行使因保险事故产生的投保人或保险受益人对第三人的权利。但是在签订伤害保险合同的情形下，若当事人之间另有约定，保险人可在不损害被保险人权利的范围内，代位行使该项权利。"

④ 韩国现行《商法》第722条（被保险人的事故通知义务）规定："被保险人收到第三人的赔偿请求时应立刻通知保险人。"

现实当中,责任保险的被保险人依照法律规定告知保险事故发生,但未告知或未及时告知收到第三人赔偿请求也时有发生。

韩国修改后《保险法》考虑上述情形,对第722条做了修改,增加第2款:责任保险的被保险人因未能及时通知保险人而增加的损失保险人不承担赔偿责任,但责任保险的被保险人依照该法律告知保险事故发生时,不必再通知保险人。也就是说,修订后,通知事故发生的被保险人不另外通知赔偿请求事实也不会承担不利后果,这就使该条规定更加人性化。

(六)财产保险章中新设第7节保证保险

本次韩国《保险法》修改顺应国内保险事业发展,将保证保险纳入到保险法中加以规制。其中第726条之5规定了保证保险人的责任,第726条之6规定了适用例外,第726条之7规定了适用规定。

(七)人身保险章中新设第4节疾病保险

我国人身保险包括人寿险、意外险和健康险三个主要的险种类型,韩国保险法长期只规定了生命保险和伤害保险。此次修改,新设疾病保险专节。其中,第739条之2规定了疾病保险人的责任,第739条之3规定了疾病保险的适用规定。

(八)其他修改事项

1. 修改后《保险法》第638条(保险合同的意义)、①第655条(合同终止与保险金请求权)、②第664条(相互保险、共济等的适用)、③第726条(再保险的适用)、④第727条(人身保险人的责任)、⑤第730条(生命保险人的责任)、⑥第735

---

① 参见韩国现行《商法》第638条(保险合同的意义)规定:"保险合同,因约定当事人一方支付约定的保险费,另一方在对方财产、生命、身体发生不确定事故时支付一定的保险金及为其他给付而发生效力。"

② 参见韩国现行《商法》第655条(合同终止与保险金请求权)规定:"保险事故发生后,保险人根据第650条、第651条、第652条和第653条的规定终止合同的,不承担支付保险金的责任并可请求返还已支付的保险金。但证明违反告知义务或危险显著变化、增加的事实对保险事故的发生并无影响的除外。"

③ 参见韩国现行《商法》第664条(相互保险)规定:"本篇的规定,在其性质不相冲突的限度内适用于相互保险。"

④ 参见韩国现行《商法》第726条(再保险的适用)规定:"本节规定适用于再保险合同。"

⑤ 参见韩国现行《商法》第727条(人身保险人的责任)规定:"人身保险合同的保险人,在生命或身体发生保险事故时,依据保险合同的规定,承担支付保险金及其他给付的责任。"

⑥ 参见韩国现行《商法》第730条(生命保险人的责任)规定:"发生与被保险人生命有关的保险事故的,生命保险合同的保险人承担支付约定保险金的责任。"

条之3(团体保险),[①]对现行保险法原有内容作了细致修改。

2. 修改后《保险法》第666条(财产保险保单)[②]第7项之2新设要求在财产保险保单上记载被保险人的住所、姓名或商号。韩国现行保险法是在财产通则中规定了财产保险保单内容,同时对于财产保险中的如火灾保险、[③]运输保险、[④]海上保险、[⑤]机动车保险[⑥]及人身保险通则[⑦]中的保险保单在第666条基础上又增加专有内容。

3. 修改后《保险法》第732条之2[⑧]新设第二款内容为当保险受益人为两人以上时,由于部分保险受益人故意造成被保险人死亡的,保险人对其他保险受益人支付保险金的责任不予以免除。

---

① 参见韩国现行《商法》第735条之3(团体保险)规定:"1. 根据团体规章以团体的全部或部分成员为被保险人签订生命保险合同的,不适用第731条的规定。2. 签订第1款的保险合同时,保险人仅向投保人交付保单。"

② 参见韩国现行《保险法》第666条(财产保险保单)规定:"在财产保险保单上,应记载下列事项,并由保险人签名或盖章:(1)保险标的;(2)保险事故的性质;(3)保险金额;(4)保险费及其支付方式;(5)约定保险期间的,其起止日期;(6)无效和失权的事由;(7)投保人的住所、姓名或商号;(8)订立保险合同的年月日;(9)保单的制作地、制作日期。"

③ 参见韩国现行《商法》第685条(火灾保险保单)规定:"在火灾保险保单上,除了记载第666条中所列的事项外,还应记载下列事项:(1)保险标的为建筑物的,其所在地、结构及用途;(2)保险标的为动产的,其存放地的状况及用途;(3)确定保险价值的,该价值。"

④ 参见韩国现行《商法》第690条(运输保险保单)规定:"在运输保险保单上,除了记载第666条中所列的事项外,还应记载下列事项:(1)运输路线及方式;(2)承运人的住所、姓名或商号;(3)运输物品的收取和支付地点;(4)确定运输期间的,该期间;(5)确定运输保险价值的,该价值。"

⑤ 参见韩国现行《商法》第695条(海上保险保单)规定:"在海上保险保单上,除了记载第666条中所列事项外,还应记载下列事项:(1)为船舶投保的,该船舶的名称、国籍、种类及航海范围;(2)为运载货物投保的,船舶的名称、国籍、种类,确定装货港、卸货港以及装运地和目的地时,该地点;(3)确定保险价值的,该价值。"

⑥ 参见韩国现行《商法》第726条之3(汽车保险保单)规定:"在汽车保险保单上,除了记载第666条中所列的事项外,还应记载下列事项:(1)汽车所有人及其他保有人的姓名、出生日期或商号;(2)被保险汽车的登记编号角、车辆号码、车型年度样式及机械装置;(3)确定车辆价格的,该价格。"

⑦ 参见韩国现行《商法》第728条(人身保险保单)规定:"在人身保险保单上,除了记载第666条中所列的事项外,还应记载下列事项:(1)保险合同的种类;(2)被保险人的住所、姓名及出生日期;(3)确定保险受益人的,其住所、姓名及出生日期。"

⑧ 参见韩国现行《商法》第732条之2(因重大过失引发的保险事故)规定:"在以死亡为保险事故的保险合同中,即使因投保人、被保险人或保险受益人的重大过失引发事故的,亦不得免除保险人支付保险金的责任。"

4. 修改后保险法删除现行保险法中的第735条(养老保险)①和第735条之2(年金保险)②的规定。

三、对中国的启示与思考

韩国保险立法比我们早了30多年,渐趋成熟,且保险市场也较发达,群众保险意识较强。此次保险法的修改的部分内容(如关于保险代理人、经纪人的权利与义务,③消灭失效期限,④引起损害的第三人为投保人或被保险人的家族成员,⑤受益人故意造成被保险人死亡的该受益人丧失受益权⑥等),虽我国早在2009年修订保险法时已有规定,但有些还是值得我们学习和反思。

(一)立法体例上合二为一模式有待思考

保险合同法与保险业法合二为一的我国立法模式,往往由于当前世界经济形势变化莫测、保险市场发展迅猛和国家调控政策的变动性较强,导致保险法面临不及时修订就跟不上形势发展、落后于现实需要;或及时频繁修订却显示出法律的变动过多过快不稳定,容易导致保险实务界应对不及。并且,韩国的保险法对各主要类型保险合同也能作比较详尽规定,反观我国保险合同部分的规定更体现为保险合同通则的规定,未作细致规制。因此韩国的立法模式可以值得我们思考与学习。

(二)增加投保人撤销权行使期限条款

我国保险法无投保人撤销权行使期限规定,只是在《保险法》第15条规定:

---

① 参见韩国现行《商法》第735条(养老保险)规定:"在以被保险人的死亡为保险事故的保险合同中,亦可约定不发生保险事故且在保险期间届满时,保险人支付一定的保险金。"

② 参见韩国现行《商法》第735条之2(年金保险)规定:"发生与被保险人生命有关的保险事故时,生命保险合同的保险人可根据约定,以年金的形式分期支付保险金。"

③ 中国保险法专设第五章保险代理人和保险经纪人。

④ 参见中国《保险法》第26条规定:"人寿保险以外的其他保险的被保险人或者受益人,向保险人请求赔偿或者给付保险金的诉讼时效期间为2年,自其知道或者应当知道保险事故发生之日起计算。人寿保险的被保险人或者受益人向保险人请求给付保险金的诉讼时效期间为5年,自其知道或者应当知道保险事故发生之日起计算。"

⑤ 参见中国《保险法》第62条规定:"除被保险人的家庭成员或者其组成人员故意造成本法第60条第1款规定的保险事故外,保险人不得对被保险人的家庭成员或者其组成人员行使代位请求赔偿的权利。"

⑥ 参见中国《保险法》第43条规定:"投保人故意造成被保险人死亡、伤残或者疾病的,保险人不承担给付保险金的责任。投保人已交足2年以上保险费的,保险人应当按照合同约定向其他权利人退还保险单的现金价值。受益人故意造成被保险人死亡、伤残、疾病的,或者故意杀害被保险人未遂的,该受益人丧失受益权。"

“除本法另有规定或者保险合同另有约定外，保险合同成立后，投保人可以解除合同，保险人不得解除合同。”也就是说，投保人在保险合同成立后，任何时段都可以解除合同。还有第17条规定：“订立保险合同，采用保险人提供的格式条款的，保险人向投保人提供的投保单应当附格式条款，保险人应当向投保人说明合同的内容。对保险合同中免除保险人责任的条款，保险人在订立合同时应当在投保单、保险单或者其他保险凭证上作出足以引起投保人注意的提示，并对该条款的内容以书面或者口头形式向投保人作出明确说明；未作提示或者明确说明的，该条款不产生效力。”也就是说，规定了保险人在订立保险合同时，应严格明示和说明条款内容。但是立法却未考虑因保险人未履行明示和说明义务情形而导致投保人行使撤销权的情形。因为投保人解除合同原因众多，但解除合同有可能导致其权益受损害，尤其是在保险人违反义务的情形下，因此日后修法时可以酌情考虑此种情形。

四、结语

中韩两国保险立法模式虽异，但都遵循世界发展潮流，学习国外先进保险立法，考察本国现实国情，各自走过了几十年的保险立法修法历程。中国最近一次的2009年修订，已使保险立法水平上到了一个比较高比较先进的层次，但当时还遗留下来一些问题和近几年新出现问题亟待解决。本文只关注于韩国保险法2014年修改动向，实则韩国保险法从立法体系、立法技术、法规内容而言，有更多我们可以借鉴和学习的，期待今后中韩两国保险法学界和实务界有更多交流与合作。

韩国商法中的股东新股认购优先权制度及其借鉴

南玉梅*

经济全球化的今天,公司要在激烈的市场竞争中脱颖而出,充足的资金是其必要条件。一般公司募集资金的方式主要有两种:第一种是通过公司自身发行新股①或债券的直接融资方式;第二种则是通过银行借款等间接融资方式。②其中,作为直接融资方式的发行新股与发行债券又具有本质上的区别。发行债券是指公司对外举债而进行融资的行为,清偿期届满,公司即会面临向债券持有人还本付息的压力;发行新股是指通过发行新股,吸纳新股东,通过股东缴纳的股款形成公司财产的积极增长,因此对公司而言,新股发行既无还本付息的压力,又可以降低公司融资时的经营风险。

新股发行的对象可以为公司既有股东也可以为既有

---

* 武汉大学法学院讲师,韩国高丽大学法学博士。研究方向:商事法、韩国商法、比较法学。

① 公司的新股发行广义上可以分为普通的新股发行与特殊的新股发行。普通的新股发行是指公司以融资为目的而发行新股,而特殊的新股发行是指因政策上的原因,在公司财产不变的基础上,通过公积金转增资本等方式实现增资效果的新股发行。虽然普通的新股发行与特殊的新股发行均具有增资的效果,但是普通的新股发行除了具有增加资本金的效果之外公司的财产也可以得到实质意义上的增加;因此,普通的新股发行相比特殊的新股发行更具有探讨的意义。

② [韩]Chan-Hyung Chung:《商法讲义》(上)(第16版),博英社2013年版,第1160页。

股东以外的第三人。公司以既有股东为对象发行新股进行融资,不存在稀释既有股东利益的隐患,但是具有融资规模较小的缺点。然而,公司以既有股东以外的第三人为对象发行新股,虽然能够融到大型资金,但是却可以稀释既有股东在公司股份中的持股比例,使其所享有的比例性利益与财产性利益受损。为了解决向第三人发行新股对既有股东造成的不利影响,股东新股认购优先权制度应运而生,成为发行新股时平衡公司利益与既有股东利益的重要杠杆。

有关股东的新股认购优先权,英美法系与大陆法系各国早已通过相关立法及判例确立了该项制度,且对于制度本身的运行方式及条件规定的较为详细。韩国作为大陆法系国家之一,早在1962年商法(法律第1000号)中规定了股东的新股认购优先权。[①]《韩国商法》经过多次修改,不断完善股东的新股认购优先权的相关规定,使股东的新股认购优先权成为公司融资中保护既有股东利益的重要制度。然而,我国公司法在有关股东的新股认购优先权问题上,采取分类立法模式,即有限责任公司与股份有限公司采取不同的规定:承认有限责任公司的股东享有新股认购优先权,而对于股份有限公司股东是否享有新股认购优先权则规定的较为模糊。我国对于股东如此重要的权利,既未建立该权利的具体行使方式,也未建立对该权利的相关救济手段,难免有欠周全。

鉴于我国公司法中有关股东的新股认购优先权规定的不足,本文以股东新股认购优先权的概念以及立法的必要性为起点,讨论新股认购优先权性质以及存在的法理基础,并通过介绍、分析韩国有关股东新股认购优先权的相关规定,试图为我国立法之完善提供建设性意见。

一、新股认购优先权的意义及认定的必要性

(一)新股认购优先权的意义

新股认购优先权(preemptive right,subscription right)是指公司发行新股时,股

① 1962年《韩国商法》(法律第1000号)第418条规定:"章程中若无相反规定,股东有权根据其持股比例享有新股认购权。"此时韩国学者将其解释为,通过章程可以限制及排除股东的新股认购优先权,即对于股东的新股认购优先权采取任意的立法态度。然而2001年修订《韩国商法》(法律第6488号)时,则对此采取法定的立法态度,即"股东有权根据其持股比例认购新股"(《韩国商法》第418条第1款)。

东可以优先于他人认购全部或部分的新股的权利。①②从此可以看出,股东的新股认购优先权仅指公司发行新股时,股东优先于他人认购新股的权利,而非发行价格优惠于他人或认购条件优待于他人的意思。此外,股东对公司负有有限责任,因此新股认购优先权仅仅是股东的权利而非股东的义务,即新股发行时,股东可以放弃新股认购优先权的行使。③

根据股东的新股认购优先权的规定方式,可以将其分为抽象的新股认购优先权与具体的新股认购优先权。一般来讲,对新股认购优先权采取法定主义态度的国家承认抽象的新股认购优先权,即法律或公司章程赋予股东在公司发行新股时优先认购股份的权利。因此抽象的新股认购优先权乃股东基于股东的资格依法享有的固有权,属于股东权的一部分,不得与股份相分离而单独转让。然而,具体的新股认购优先权则是指公司机关发行新股决议时,股东根据决议而取得的优先于他人请求公司按照其持股比例认购新股的权利,因此具体的新股认购优先权与抽象的新股认购优先权不同,自公司发行新股的意思形成时产生。④

除了股东的新股认购优先权以外还存在第三人的新股认购优先权。第三人的新股认购优先权是指根据法律或公司章程的规定,第三人享有优先于他人认购新股的权利。法律赋予第三人新股认购优先权主要是指向第三人发行可转换公司债等情形,然而,公司章程赋予第三人新股认购优先权则构成对股东新股认购优先权的限制。由于第三人的新股认购优先权会对既有股东的股份比例与财产利益带来损害,因此应当在设计出维护既有股东利益的方案后,方可向第三人发行新股,且其内容应当具有客观性与合理性。⑤

(二)认定新股认购优先权的必要性

1. 防止股东持股比例的稀释而导致的参与公司事务权利的弱化

在公司所有与经营相分离的浪潮下,股东通过其持有的表决权间接参与公司

---

① [韩]Chul-Song Lee:《公司法讲义》(第21版),博英社2013年版,第859页。

② 美国自19世纪通过大法院 William Gray, Jun. v. the Prisident, Direcotrs and Company of the Portland Bank(1987. 11)判例承认了股东的新股认购优先权,并通过 Stokes v. Continental Trust. Co. of City of New York 判例明确了股东新股认购优先权的相关内容。而德国则通过在《股份公司法》(German Stock Corporation Law)第186条与第187条规定,承认了股东的新股认购优先权。

③ [韩]Young-Gon Kim:"新株引受权的法理",载《法学研究》(韩国法学会)2006年第22卷,第217页。

④ [韩]Sang-Kyu Kim:"有关新株引受权的小考",载《法学论丛》(汉阳大学法学院法学研究所)第24辑第3号,第4页。

⑤ [韩]Chul-Song Lee:《公司法讲义》(第21版),博英社2013年版,第867页。

事务的经营,因此股东持股比例的大小直接决定其行使表决权的大小。然而股东的持股比例的大小,除了对表决权产生影响以外,还对股东的某些共益权产生重要影响。①例如,股东的代表诉讼提起权、股东大会召集请求权以及自行召集权、股东的提案权,等等。

具体来看,股东的代表诉讼提起权需要连续180日以上单独或合计持股1%(《中国公司法》第151条)、股东大会的召集请求权则要求连续90日以上单独或合计持股10%(《中国公司法》第101条第2款)、股东的提案权则要求单独或合计持股3%(《中国公司法》第102条第2款)。由此可见,正常情况下,公司发行新股会导致发行股份总额的增加与新股东的加入,势必会造成既有股东持有的少数股东权的稀释,如果赋予股东新股认购优先权,使得股东仍能维持原有的持股比例,其表决权和其他相关权利就不会弱化。

2. 防止股东持股比例的稀释而导致的经济性利益的损失

既有股东丧失其持股比例,不仅对其比例性利益(proportionate interest)造成消极的影响,还会对其造成经济利益的损失。此处所指因持有股份而具有的经济利益是指新股折价发行时新股与旧股混合而形成的股价或每股的净资产额低于旧股的情形。②

例如,A公司的净资产额为100元、发行股份总数为10股,此时,每股净资产额价值大小为10元。若此时,公司因扩张业务范围急需资金,以每股5元的价格向第三人发行新股。新股发行结束后,A公司的净资产额达到150元,而发行股份总数共计20股,此时,每股净资产额为7.5元。从既有股东来讲,每股10元的股价缩减为7.5元即发生2.5元的经济损失。然而,从第三人来讲,以5元每股的价格认购每股净资产额为7.5元的股份即产生2.5元的收益。由此可见,一定范围内,既有股东的财产因新股发行而归第三人所有,此为新股发行而导致的既有股东经济利益的损失。

二、新股认购优先权的立法模式

新股认购优先权制度诞生以来,各国或地区公司法对新股认购优先权主要采取法定主义和任意主义两种模式的立法。然而,采取何种模式立法,完全取决于

---

① 刘俊海:《股份有限公司股东权的保护》(修订本),法律出版社2004年版,第232页。

② [韩]II-Su Kim:"考察现行商法中的股东的新股认购优先权制度",载《商事判例研究》(韩国判例法学会)2010年第23卷第4号,第9页。

该国的立法政策以及融资相关的事务操作程序。[①]具体来看,英美法中对于股东的新股认购优先权大多采取任意主义的立法态度,此种任意主义的立法模式通过董事的忠实义务保护新股发行时既有股东的利益。大陆法系中对于股东的新股认购优先权大多采取法定主义的立法态度,然而此种法定主义的立法模式不利于公司通过新股发行进行融资,因此增设了有关限制及排除股东的新股认购优先权的相关规定。以下部分详细介绍有关新股认购优先权的立法模式。

(一)法定主义立法模式

大陆法系大多对股东的新股认购优先权采取法定主义的立法模式。此种立法模式的特点在于,法律中承认股东具有新股认购优先权,且不允许公司章程予以变更或排除,只有具备正当事由时,方可由股东大会依严格的程序予以排除或加以限制。[②]这种模式将股东的新股认购优先权视为股东的固有权利,投资者一旦具备股东身份,立即享有新股认购优先权。采取此种立法模式的代表性法规,主要有《德国股份法》、《欧盟第2号公司法指令》(EEC Directive on Company's Capital)、《韩国商法》,等等。

1.《德国股份法》

自1891年德国在《德国商法》中确立了股东的新股认购优先权之后,于1965年修订为《德国股份法》,并于1978年修订《德国股份法》之时,增设了有关排除新股认购优先权的形式要件。具体来看,根据《德国股份法》第186条第1款的规定,新股发行时,股东在注册资本的范围内,依持股比例享有认购新股的权利。对股东的新股认购优先权采取法定主义的《德国股份法》意识到,法定主义立法模式下,存在公司融资难的弊端,因而修订《德国股份法》增设有关排除新股认购优先权的相关规定。《德国股份法》第186条第3款与第4款规定了排除新股认购优先权的形式要件,即排除股东的新股认购优先权应当通过股东大会特别决议(资本金3/4以上决议)而为之。此外,要求董事会向股东大会递交有关排除股东的新股认购优先权合理性的书面报告,该书面报告书中应当记载发行价格是否合理以及与此相关的说明等(《德国股份法》第186条第4款)。

《德国股份法》中排除股东新股认购优先权时,规定董事会的报告义务的立法宗旨在于,为股东做出合理的判断提供相关依据,这具有事前防止股东滥用新

① [韩]Dong-Seung Lee:《股东的新株引受权的研究:以排除要件为中心》,高丽大学1998年法学博士学位论文。

② 卜治溢:"股东新股认购优先权研究",中国政法大学2006年法学硕士学位论文。

股发行无效之诉的积极意义。①

2.《欧盟第2号公司法指令》(EEC Directive on Company's Capital)②

欧共体于1976年12月13日发布的《第2号公司法指令》中,在第29条第1款规定了股东的新股认购优先权,然而经过多次修订,现行《欧盟第2号公司法指令》中,在第33条规定了股东的新股认购优先权。

根据《欧盟第2号公司法指令》第33条第1款,以现金形式增加公司资本时,公司既有股东有权依其持股比例认购新股,且在第4款规定,股东的新股认购优先权不得由法律或章程加以限制或排除。只有公司的经营机构向股东大会递交书面报告,说明限制或排除股东的新股认购优先权的理由及拟发行股份价格的合理性时,方可由股东大会予以限制或排除股东的新股认购优先权(《欧盟第2号公司法指令》第33条第4款)。

(二)任意主义立法模式

英美法系大多对股东的新股认购优先权采取任意主义的立法模式。此种立法模式的特点在于,法律中不把股东的新股认购优先权视为固有权,股东是否对新股享有优先认购权完全取决于公司的自由决定。③此种立法模式又可以细分为两类。第一类为只允许公司章程赋予股东新股认购优先权的任意性立法模式,此种模式以美国《模范公司法》为代表。第二类为公司章程或公司机构有权赋予股东新股认购优先权的任意性立法模式,此种模式以《日本公司法》为代表。下面详细探讨采取此种立法模式的代表性法律。

1. 美国《模范公司法》

根据美国《模范公司法》第6.30条的规定,"公司章程中未承认股东的新股认购优先权,则股东不具有该权利"。由此可以看出,《美国模范公司法》原则上不承认股东的新股认购优先权。④

那么,新股发行时怎样保护既有股东的利益呢?一般情况下,不承认股东的新股认购优先权时,既有股东大多通过董事违反忠实义务的相关规定,保护新股

① [韩]Yu-mei, Nan:"有关股份公司新株引受权的研究",高丽大学2013年法学博士学位论文。

② 韩国将"欧盟第2号公司法指令"称为"资本指令"。

③ 卜治溢:"股东新股认购优先权研究",中国政法大学2006年法学硕士学位论文。

④ 虽然《美国模范公司法》未承认股东的新股认购优先权,然而美国的州法可以分为承认的州(18个)与不承认的州(25个)。承认股东新股认购优先权的州主要有New York、Nebraska,等等,然而不承认股东新股认购优先权的州主要有New Jersey、Delaware,等等。

发行时自身的利益。①

2. 日本《公司法》

纵观日本公司法制的历史沿革可以看出,日本法制大多受西方法制的影响。首先,日本继受法国法制,制定《日本民法》与《日本商法》,并于1899年废止旧《日本商法》,以德国法制为蓝本制定新《日本商法》,并于1938年修订《日本商法》时引入新股认购优先权的规定。②第二次世界大战后,日本以美国法为蓝本多次修订《日本商法》,并于1955年删除作为章程中必要记载事项的股东的新股认购优先权。2005年自《日本商法》中将《日本公司法》单独分离出来,制定了《日本公司法》这一单行法规。因此,现行《日本公司法》受美国法的影响,对于股东新股认购优先权采取任意的立法模式。

根据现行《日本公司法》的相关规定,公开公司以公募的方式市价发行新股进行融资时,经董事会决议,可以以配股的方式发行新股(《日本公司法》第199条第1款及第2款、第201条第1款、第202条第1款)。但是,公开公司低于市价发行新股进行融资(日本称此为"有利发行")时,则应当经股东大会特别决议以及董事的说明后,方可以配股的方式发行新股(《日本公司法》第199条第3款)。

三、韩国商法有关新股认购优先权的法律规制

(一)概况

韩国商法发展历经曲折,于1962年制定了本国的商法(法律第1000号)。③该法中,规定了股份公司的授权资本制、保护股东利益所必要的留止请求权制度、代表诉讼制度、股东的会计账簿查阅权等。

对于股东的新股认购优先权则规定,章程若无相反规定,股东有权依其持有

---

① [韩]Dong-Seung Lee:"新股认购优先权的现代意义",载《商事法研究》(韩国商事法学会)1999年第18卷第1号,第157页。

② [韩]阪埜:《新株引受权の法理》(日本庆应义塾大学法学研究所),1970年版,第70~71页。

③ 韩国受日本统治时期(韩国称此为"韩日合邦"),商法领域适用日本的相关法律,韩国学界称此时的商法为"依用商法"。韩国解放后,根据美军政令及制宪宪法第100条的规定,继续适用"依用商法",历经多年的法律制定工作,终于1962年1月20日以法律第1000号的形式颁布韩国《商法》,并于1963年1月1日起实施至今。

股份的比例认购新股(1962 年韩国《商法》第 418 条)。[①]此后,经过 1984 年修订韩国《商法》(法律第 3724 号)新增有关股东新股认购优先权的行使期间:公司应当选定一个日期,于该日期两周前,向股东名簿记载的股东通知其具有新股认购优先权且该权利可以转让(1984 年韩国《商法》第 418 条第 2 款)。显然,1984 年修订的韩国《商法》中,未将股东的新股认购优先权的性质加以理清。随着该问题的越发凸显,2001 年修订商法时,终于明确了股东的新股认购优先权的性质并规定了相关限制情形,又于 2011 年修订商法时,详细规定了股东新股认购优先权的行使要件及期间。

以下着重探讨现行韩国《商法》中有关股东的新股认购优先权的相关规定。

(二) 新股认购优先权的法定及其限制

1. 新股认购优先权的法定

根据现行韩国《商法》第 418 条第 1 款的规定,股东有权依其持股比例认购新股。由此可以看出,韩国《商法》对于股东的新股认购优先权采取法定的立法模式,即股东的新股认购优先权并非依章程或董事会决议而产生的,而是由法律规定而产生的股东的基本权利,承认所有股东原则上具有抽象的新股认购优先权。

然而,当既有股东的资金能力有限,无法满足公司融资需求时,有必要向具有经济实力的第三人进行融资。但是,此时股东的新股认购优先权将会成为障碍,韩国意识到股东的新股认购优先权存在上述弊端,在法律中承认股东的新股认购优先权的同时,规定特定事由、程序等,允许限制股东的新股认购优先权。以下着重探讨有关限制新股认购优先权的问题。

2. 新股认购优先权的限制

韩国意识到股东新股认购优先权存在的融资弊端,2001 年修订商法时,增设

---

① 此时,股东的新股认购优先权的限制及排除问题,一直是韩国学界的讨论热点。公司章程是否可以毫无理由地限制股东的新股认购优先权?对此学界两种观点相互对立,少数意见认为,股东的新股认购优先权属于股东的固有权,仅在有合理理由的情况下,方可加以排除或限制([韩]Chul-Song Lee:"新株的第三人发行与股东的保护",载《现代商事法的诸问题》,第 388 页)。但通说认为,股东的新股认购优先权并非股东的固有权,因此章程可以毫无理由地限制及排除股东的新股认购优先权([韩]Chan-Hyung Chung:《商法讲义》(上)(第 16 版),博英社 2013 年版,第 1057 页)。

有关排除股东新股认购优先权的情形。[①]根据《韩国商法》第418条第2款的规定,引进新技术、改善财务结构等为了达成公司经营目的所必要的情况下,可以排除新股认购优先权。由此可以看出,该条款所指的可以排除股东新股认购优先权的要件可以概括为"达成经营目的"与"必要的情况"等两种。

新股发行时,股东的新股认购优先权作为保护既有股东利益的制度性装置具有积极意义,然而,目标公司排除股东的新股认购优先权而向第三人发行新股又可以成为目标公司抵御敌意收购的手段。判断排除股东新股认购优先权的行为是否满足《韩国商法》第418条第2款的规定,应当如下所示,根据公司排除股东的新股认购优先权的目的,具体情况具体分析。

(1)公司以融资为目的排除股东的新股认购优先权

为了便于公司融资,《韩国商法》采取授权资本制度,董事会有权在授权资本范围内,根据公司的具体需求发行新股进行融资。与此同时,为了防止董事滥用职权任意发行新股而侵害既有股东的利益,在《韩国商法》中承认股东的新股认购优先权,保障新股发行时既有股东的比例性利益。然而,《韩国商法》再次意识到股东的新股认购优先权客观上不便于公司融资,因此在《韩国商法》允许的范围内,通过在公司章程中记载相关事项,满足该事项时排除股东的新股认购优先权。

基于《韩国商法》中有关排除股东新股认购优先权的规定,有学者主张,公司为了融资而排除股东新股认购优先权应当满足"合法性原则"与"合理性原则"。[②]首先,"合法性原则"是指应当满足现行《韩国商法》的相关规定,即除了引进新技术、改善财务结构等为了达成公司经营目的等《韩国商法》明文规定的情况以外,向既有股东融资无法完成公司发展所必要的条件,如引进外资等,也应当允许排除股东的新股认购优先权。其次,"合理性原则"是指考虑"目的与手段的比例性",即虽然通过向既有股东融资无法达成公司经营目的而不得不向第三人发行新股,但是向第三人发行新股时,应当在满足公司经营目的的最小范围内而为之。

---

① 韩国对股东的新股认购优先权除了在《韩国商法》中予以明文规定,允许公司通过章程予以排除外,韩国其他相关法律中也可以对此加以限制。例如,根据《韩国资本市场与金融投资业法》第165条之6的规定,上市公司以公开募集的方式发行新股时,其股东不具有新股认购优先权。此外,《韩国破产法》第265条第2款及第266条第3款规定,公司重组程序中,根据重组方案发行新股时,股东不具有新股认购优先权。既有法律中规定的排除股东新股认购优先权不属于公司可以自由裁量的范围,因此不是本文探讨的重点。

② [韩]Jung-Won Lee:"新株第三人发行的合法性:以评述大法院2009.1.30宣告2008DA50776判决为中心",载《弘毅法学》(弘毅大学)2012年第13卷第3号,第759页。

(2)公司以抵御敌意收购为目的排除股东的新股认购优先权

公司为了抵御敌意收购而排除股东的新股认购优先权,是指目标公司通过排除股东的新股认购优先权而向第三人发行新股,以便达到稀释收购人持股比例的目的。目标公司以此为目的排除股东的新股认购优先权是否满足《韩国商法》中规定的"达成经营目的"的要件?随着此类案件的渐渐增多,韩国大法院(相当于我国的最高人民法院)意识到该问题的重要性,并通过"UBK事件"与"现代电梯事件",力求明确此问题是否合法。以下通过探讨大法院有关"UBK事件"与"现代电梯事件"做出的判决,分析排除股东的新股认购优先权是否可以用作抵御敌意收购行为。

①UBK事件(首尔南部地方法院 第14民事部 2004.11.25 宣告2003-16871)

[事实关系]市场占有率第二的POINT NIX的母公司MD HOUSE收购了市场占有率第一的UBK部分股份,UBK为了防御MD HOUSE的收购,通过向第三人发行新股的方式稀释了MD HOUSE的持股比例。对此MD HOUSE向法院提起UBK公司的新股发行无效之诉。

[判决事项]大法院认为UBK排除股东的新股认购优先权而向第三人发行新股的目的在于防止或抵御公司控股权的变动,因此新股发行存在不公正性,MD HOUSE胜诉。

②现代电梯事件(水原地方法院丽州支院 2003.12.12 宣告2003-369)

[事实关系]GMO(外国基金公司)收购现代电梯的股份而威胁到该公司的经营权,因此现代电梯以抵御敌意收购为目的向金刚高丽化学以第三人配股的方式发行大量新股。然而,金刚高丽化学背叛了现代电梯转而对外公布将要收购现代电梯。面对金刚高丽化学的转变,现代电梯感到了威胁,决定采取企业国民化的措施,发布了大规模增资的公告:以每股42,700韩元共计发行1000万股,每人认购200股为限,预计融资4300万亿韩元。金刚高丽化学对此向法院提起现代电梯的新股发行无效之诉。

[判决事项]法院认为现代电梯发行新股的动机并非基于《韩国商法》第418条第2款但书中规定的为了引入新技术、改善财务结构等达成公司经营的目的,而是为了改变公司的持股比例状况,因此现代电梯发行新股的动机及手段不合法也不合理,侵害了股东的新股认购优先权,因此新股发行存在不公正性,现代电梯败诉。

③判例评述

通过上述两个事件可以看出,审查以抵御敌意收购为目的向第三人发行新股的行为是否具有合法性,应当首先审查发行动机是否满足法律中规定的“达成经营目的”。韩国大法院通过上述两个判例确定了一个原则,即为了抵御公司控股权的变动而向第三人发行新股的行为不符合《韩国商法》第418条第2款但书中规定的“达成经营目的”的要素。

然而,有学者认为审查以抵御敌意收购为目的而向第三人发行新股的行为,仅从是否为了改变公司控股权去考虑存在不够全面的缺陷。因为收购行为不仅改变目标公司的控股权,还对社会经济以及公司内部的非控股股东的利益产生影响。因此应当综合考虑目标公司自身的情况以及非控股股东的态度等相关因素,考虑向第三人发行新股的合理性。目标公司内部自身的情况是指目标公司业务在社会经济中的重要性、维持目标公司既有经营层的必要性等因素,考虑非控股股东的态度是指在控股权纠纷中听取非控股股东的中立性意见。①

(三)新股认购优先权的转让及其转让方法

1.新股认购优先权的转让

韩国《商法》对股东的新股认购优先权采取法定的立法模式即承认抽象的新股认购优先权。由于抽象的新股认购优先权是股东基于法律而具有的权利,因此不得单独转让。然而,具体的新股认购优先权则是股东根据公司机关发行新股的决议而取得的权利,自公司发行新股的意思形成之时产生且独立于股东地位,因此可以单独转让。此外,从保护既有股东的经济性利益的角度来看,有必要允许新股认购优先权的转让,主要体现在新股认购等同于要求认购人出资,然而既有股东不具备相关资金又不允许其转让,既有股东将会损失新股市价与发行价之间存在的差额,导致其经济性利益受损。②因此股东转让其新股认购优先权会产生以下两方面的效果:一是通过让渡对价获得其应当取得的经济利益;二是因转让而放弃了保持其比例性利益的权利,从而自愿降低自己在公司中的比例性地位。③

顺应上述逻辑,韩国也于1984年修订商法之时,明文规定新股认购优先权的转让性与其转让方法(《韩国商法》第416条第5项)。根据《韩国商法》第416条

---

① [韩]Hong-Sik Kim:《M&A概论》,博英社2009年版,第159页。

② [韩]Chan-Hyung Chung:《商法讲义》(上)(第16版),博英社2013年版,第1061页。

③ 谢鹭鹭:“股东新股认购权研究”,中国政法大学2008年法学硕士学位论文。

第5项的规定，有关股东转让其新股认购优先权的事项，由章程规定，章程无规定时，由董事会决议。但法律及章程中规定由股东大会决议时则例外。由此可见，除了法律及公司章程规定由股东大会决议以外，股东可以根据公司章程及董事会决议转让其新股认购优先权。

2. 新股认购优先权的转让方法

《韩国商法》除了允许新股认购优先权转让以外，还规定了具体的转让方法以及相关具体程序，保障新股认购优先权的实际转让具有可操作性。根据《韩国商法》第420条之3第1款的规定，新股认购优先权的转让应当通过交付新股认购优先权证书而为之。新股认购优先权证书(stock subscription warrant)是指表彰股东的新股认购优先权的有价证券。[①]公司应当于公司章程或董事会决议中规定的请求期间内，向请求发行的股东发行新股认购优先权证书(《韩国商法》第420条之2第1款)。若公司章程或董事会决议中未规定请求期间公司应当于新股认购日两周前，向所有股东发行新股认购优先权证书(《韩国商法》第420条之2第1款)。此类向股东发行的新股认购优先权证书，原则上只可以在申购新股日前两周内进行流通，具有流通期间较短的特点。

倘若公司违反上述规定应发行新股认购优先权证书而未发行，股东可以采取新股认购优先权受侵害时的救济措施，捍卫自己的利益。

(四)新股认购优先权受侵害时的救济

有权利就应该有救济，任何权利要正常地发挥其功能都需必要的救济措施。公司违反公司章程或法律的相关规定，排除股东的新股认购优先权而发行新股时，《韩国商法》对此规定了以下三种措施，保障股东的利益与新股的公正发行。

1. 新股发行留止请求权

当公司违反法律、公司章程以显著不公正的方式发行新股，可能导致股东的合法权益受损时，股东可以请求留止新股的发行(《韩国商法》第424条)。股东请求公司留止发行新股的权利称为股东的新股发行留止请求权，且该权利是基于英美法系中的法院的留止命令制度(injunction)而产生的。[②]新股发行的留止请求权作为不公正发行新股的事前救济措施，不要求有实际的损害发生，因此只要新股发行有可能导致股东的损害即可提起。此外，该权利以防止股东个人的损害为直接目的，属于股东的自益权范畴。

---

① [韩]Chan-Hyung Chung:《商法讲义》(上)(第16版)，博英社2013年版，第1062页。

② 同上，第1078页。

2. 新股发行无效之诉

作为新股发行的事后救济措施,股东、董事以及监事可以于新股发行之日起六个月内向法院提起新股发行无效之诉(《韩国商法》第429条)。然而对于可以提起新股发行无效的原因,《韩国商法》未做具体规定,通常情况下,新股发行存在违反法律及公司章程等瑕疵时,可以提起新股发行无效之诉。[①]然而,由于新股具有流通性且一旦新股发行无效成立,新股发行的效力不溯及既往但立即回收并消除已发行股份(《韩国商法》第431条第1款),因此基于保护交易安全的角度来讲,并非所有存在违反法律、公司章程的新股发行行为均应当认定无效。只有违反股份公司本质的重大违法行为,例如,超过授权股份总数而发行的新股、[②]发行公司章程未规定的类别股、未采取法律规定程序而低于票面金额发行新股、无视股东的新股认购优先权而发行新股,等等。[③]由此可见,公司无视股东的新股认购优先权而擅自发行新股时,股东可以提起新股发行无效之诉,股东胜诉,则公司应当将缴纳的股款返还给股东(《韩国商法》第432条第1款)。

3. 损害赔偿责任

不当侵害股东的新股认购优先权而发行新股时,受害股东可以请求侵权人承担损害赔偿责任。此类侵权人包括公司、董事以及执行官等。具体来看,公司基于公司的代表人行使的侵权行为而承担损害赔偿责任,即根据《韩国商法》第210条的规定,公司成为侵权人。当代表公司的职员因其履行职务而损害他人的合法权益时,公司应当与该职员对受害人承担连带责任。然而,董事以及执行官承担损害赔偿责任则是基于其作为管理者应当承担的善管义务与忠实义务。当董事及执行官故意或重大过失懈怠履行职责时,应当对第三人承担连带责任(《韩国商法》第401条、第408条之8第2款)。

四、结论:韩国的立法方式对中国的启示

我国公司法对股东的新股认购优先权虽然有所涉及,但条款有限,缺乏可操作性。我国公司法中对于股东的新股认购优先权采取分类立法,即有限公司与股份公司采取不同的立法模式。具体来看,对于有限公司《中国公司法》第34条规

---

① [韩]Chan-Hyung Chung:《商法讲义》(上)(第16版),博英社2013年版,第1083页。

② 韩国采取授权资本制度,资本金并非公司章程必要记载事项,公司章程中应当记载授权股份总数,在授权股份总数范围内,董事会依其职权发行新股,超过授权股份总额而发行新股,应当通过股东大会的决议。

③ [韩]Chan-Hyung Chung:《商法讲义》(上)(第16版),博英社2013年版,第1084页。

定,公司新增资本时,股东有权优先按照实缴的出资比例认缴出资,从该条款可以看出,有限公司股东享有新股认购优先权。然而,对于股份公司我国《公司法》第133条第4项规定,新股发行时股东大会决议向原有股东发行新股的种类及数额,从该条款可以看出,股份公司股东原则上不享有新股认购优先权,须由股东大会以决议的方式赋予。除此之外,《中国公司法》缺乏新股发行制度相关的救济措施,难以维护缺乏新股认购优先权导致的中小股东比例性利益被稀释的严重后果。

然而,忽视对中小股东权利的保护,一直是我国的现实国情,笔者主张我国应当参照《韩国商法》对股东新股认购优先权的法律规定,完善我国股东的新股认购优先权制度。具体如下:首先,引入法定主义的立法模式,赋予股东新股认购优先权;其次,为了克服法定主义的立法模式存在通过新股发行融资难的弊端,应当一并引入《韩国商法》中对排除及限制股东新股认购优先权的相关规定并允许股东转让其新股认购优先权;最后,为了保障中小股东的新股认购优先权得到切实有效的实现,还应当引入《韩国商法》中规定的股东的新股发行留止请求权与新股发行无效之诉。

滥用市场支配地位相关规制的变迁
——韩国相关规制的沿革

全玲贤*

一、序论

无论是资本主义国家还是社会主义国家,但凡是市场经济发达的国家均无一例外地拥有垄断市场经营者,尤其在资本主义国家,垄断经营者往往会起到促进该国经济发展的作用。而韩国作为一个"小国",能够在世界上以自己国家的名义制造出国际品牌商品可谓是奇迹。为了达到如此的发展,政府和企业均付出了不可磨灭的努力。如果没有昔日的垄断经营者和企业的奋斗及政府的大力推动,就不会有今天的成就。由此来看,我们无法认为企业是通过竞争发展了经济,且此种行为亦有属于不公平交易行为之虞。本文将对这种不公平交易行为,尤其对其中的滥用市场支配地位的行为及其规制的必要性进行探讨。

本文分四个部分予以开展。首先,以儒教文化和历史为背景,在垄断的出现及发展方面找出垄断规制的根据。其次,以时代变迁之过程为依托,对垄断规制法的发展及市场支配经营者对其地位的滥用进行探讨。在此以《物价稳定法》的制定为例,了解垄断经营者和垄断经营者滥用市场支配地位的情形。再次,审视《与垄断规制及

---

* 韩国首尔大学法学院法学博士生。研究方向:经济法。

公平交易有关的法律》所规定的垄断规制制度,即滥用市场支配地位和市场结构改善政策的始末。最后,在结论部分找出禁止滥用市场支配地位规制中的不足之处,并对此进行简要的论述。

二、垄断及市场支配者的形成与发展的根据

(一)历史根据

1. 儒教文化对韩国经济产生的影响

儒教是在高句丽以前就被引进到了韩国,并对韩国古代社会产生了深远的影响。在东亚儒教文化圈中,韩国可谓是最为坚守原始形态的儒教礼仪及其传统的国家。因此,儒教所保有的特征至今仍在影响着韩国社会。[①]

在韩国的经济发展中,儒教文化也起到了非常大的作用,即韩国的经济发展是具有世俗现实主义特征的儒教文化和市场经济制度共同促进的结果。换句话说,为"以儒教文化为基础的市场经济制度运营——儒教市场经济模型"。[②]

儒教不同于其他地区的文化,是与庶民在日常生活中的礼仪和道德规范等相关的具有世俗现实主义之特性的文化。儒教的诚敬思想体现在劳动者的勤劳与诚实上,而节用思想则通过朴素与节俭体现在了储蓄率上。[③]尤其通过调和与共同体精神,比起社会上平等的所得分配及竞争,更推崇合作与互相扶持。

孔子曾说过:"君子无所争,必也射乎!揖让而升,下而饮,其争也君子。"[④]从孔子的思想中也可以看出,向来提倡相互协助的儒教对竞争一般是持反对态度的。然而在国民的经济问题或与生产有关的问题上却冥冥中具有认可的立场。[⑤]孟子曰:"夫物之不齐,物之情也。或相倍蓰,或相什百,或相千万。子比而同之,是乱天下也。巨屦小屦同贾,人岂为之哉?"[⑥]此外,孟子还通过传授"大国应当侍奉小国"的思想传播了有关"侍奉"的道理。而在韩国,此种"家族"观念具有非常深远的意义。[⑦] 因此韩国早已对共同体的经济问题即衣食住行等实际的民生改

---

① [韩]Liu seong gu:《韩国的儒教》,世宗大王纪念会 1980 年版。

② [韩]Zhu seng huan:"儒教文化对韩国经济发展的影响",载《东北亚竞争研究》1999 年第 12 集。

③ [韩]Kim senghun:《垄断规制法 30 年——对垄断规制》,法文社 2010 年版。

④ [韩]Kim hakzu 译:《论语》,首尔大学出版社 2009 年版。

⑤ [韩]Kim senghun:《垄断规制法 30 年——对垄断规制》,法文社 2010 年版。

⑥ 《孟子》,[韩]Park geunghuan 译,弘毅出版社 2008 年版。

⑦ "家族"单词包含很多意思。家族既可以看作国家或者政府,还可以看作现在的大企业等。

善问题进行过思考。恰恰是这种思想,对当今韩国经济现状产生了重要的影响。换句话说,韩国对血缘、原始的家族主义的重视使韩国孕育出了直系血统财阀,这与日本的情形相差甚远。韩国财阀在东亚儒教文化圈中更是具有独特的企业组织性。这种财阀集团即大企业集团的迅猛发展为垄断经营者的形成提供了必要条件,也必然导致了具有市场支配地位的经营者的形成与发展。

从儒教的视角来看,具有市场支配地位的经营者本身并不是什么大问题。问题在于,大企业剥削中小企业即大企业会剥夺中小企业的商业权,并利用自身地位以非竞争性的手段在市场上创造利益,而法律正是要对此种情形加以规制。最终,具有市场支配地位的经营者应当"侍奉"小企业的传统思想,到头来成了应当规制具有市场支配地位的经营者的正当性来源。①

2. 以朝鲜时期辛亥通共为视角

(1)市廛商人与禁乱廛权

为了更好地理解辛亥通共和朝鲜后期的商业情况,先来了解一下市廛商人与禁乱廛权。朝鲜开国时期将国家财政重心放在了农业上,农业的发展将会牵动国家财政的巩固。然而在商业领域,朝鲜政府以现在的钟路为中心建立了大规模的建筑物并召集商人入驻其中,同时不仅允许他们收集官需品、处分国库里的剩余物资,还赋予其向首尔市民提供生活必需品的职能。当时将这种商人称为"市廛商人"。

市廛商人拥有独占的销售特定商品的权利。例如,市廛中的入廛对来自中国的丝绸具有垄断销售权利,而米廛能够独占地销售大米。但这也不是说只有市廛商人才能做生意。民间也有许多从地方到首尔卖东西的商人,胡同里也不乏卖海鲜、梳子等商品的商人。然而到首尔卖东西的商人都必须将商品移交给市廛,而且在首尔行商的人也不许卖从市廛中购买的商品。比如,家有喜事时需要用丝绸,但家里只有大米时就必须先到米廛交换大米,再用换到的钱去入廛购买丝绸。② 市廛商人拥有对特定物品的垄断销售权就是指这种情形,而这种权利就叫作禁乱廛权。

(2)辛亥通共的产生

18世纪的朝鲜社会在各个领域都发生了显著的变化。在经济方面因《移秧法》和《施肥法》的发展增大了谷物的生产量,还通过《商业法》发展了农业。另一

---

① [韩]Kim senghun:《垄断规制法30年——对垄断规制》,法文社2010年版。

② 1833年的"大米价格暴涨"事件。

方面,广作经营的实施分化了农民阶层,且以此为基础大力发展了商品货币经济。此外,自从实施了《大同法》以后,收取体制和赋税制度也发生了巨大了变化。①

进入18世纪中期,政府的市廛保护政策的局限性开始显露出来。首尔的市廛数急速增加,且这些市廛均行使着禁乱廛权,其结果是首尔商业界经历了沉重的经济混乱局面。损失最为惨痛的是零细商人和小商品生产者,禁乱廛权的危害甚至波及到了消费者。因市廛商人将商品供给到首尔的途径全面封锁,因此物资的流通无法顺利进行。不仅如此,市廛商人利用垄断权操纵着价格,由此还发生了物价暴涨的现象。当时除了市廛商人以外,资本规模较大的乱廛商人也通过垄断行为操纵价格并由此瓜分利益。正因如此,虽然在辛亥通共之前实施过三次通共政策,但均告以失败,这也意味着当时市廛带来的弊端相当之顽固。

在这种背景下,辛亥通共政策作为商业政策于正祖15年(1791年)辛亥年予以实施。辛亥通共中的"通共"意味着将两边贯通起来,即将消费者与生产者贯通在一起。

辛亥通共是蔡济恭主导实施的政策,其内容主要是对朝鲜建国以来在首尔商品流通领域保有垄断地位的市廛商人的特权予以击毁。辛亥通共击毁了除六矣廛②以外的所有市廛的禁乱廛权,允许所有人在首尔通过自己的意志销售商品。现如今,我们可以将辛亥通共政策视为当今对垄断经营者即具有市场支配地位的经营者的规制。

朝鲜时期初期的经济以自给自足为主,但朝鲜时期后期因首尔人口增多导致对商品的需求也增多,再者由于广农的产生而发展的商业性农业大力增强了供给能力,③因此至少在汉阳城逐渐显现出市场经济体制的雏形。就在经济秩序慢慢发生变化的时期,当代知识分子为了改善垄断问题而提出的策略,即辛亥通共政策可谓是韩国第一个有效的经济政策。④

由此可见,从朝鲜时期开始人们就亲身体验了垄断现象,因此当时的知识分子才会通过辛亥通共政策来解决了垄断经营者垄断价格等问题。当时虽然有许多老百姓非常赞同实施辛亥通共,但据记载也有不少人对此持反对态度。也就是

---

① [韩]Gang nangir:《朝鲜后期商业资本的发展》,高丽出版社1973年版。

② 六矣廛是指朝鲜时代坐落于首尔钟路的六种御用商店。他们不负责国宴,而是由政府授予特权行使商品的垄断与专卖权以负责提供王室与国家仪式所需的物品,从而支配了商业经济。

③ [韩]Park heunmo:《辛亥通共政治经济学》,载《韩国政治学会》2010年第35集。

④ 同上。

说,消费者与垄断经营者之间的利益冲突从朝鲜时期就开始萌生。[①]

3. 以现代韩国经济发展为视角

(1)20世纪50年代韩国经济状况

韩国自建立政府初始就宣誓构建资本主义市场经济。然而当时缺乏资本主义萌芽的前提条件即累计资本的不足。建国以后韩国将基础产业等自然垄断产业均变为国有化,再加上"6·25战争"(1950~1953年)将当时为数不多的所有产业设施均予以毁灭,因此资本主义市场经济难以发挥其原有的职能。当时国家通过各种认可与许可支持民间企业的活动或者予以限制,且基于长期的物资不足,通过对价格、生产量、流通形态等的规制惯常性地对国民经济进行了干涉,即实行了政府主导的经济运营体制。[②] 直至20世纪50年代,因各种政治上或社会上的动乱,在民间尚无法对垄断或垄断经营者的规制问题进行讨论。

(2)20世纪60年代至70年代的韩国经济状况

从20世纪60年代初开始,韩国的经济开发正式以政府主导下的外向型成长优先主义进行发展。政府比起农业部门更注重工业部门,比起内需产业更注重输出产业,比起中小企业更注重大企业并以此促进经济政策。这种开发战略在对外经济方面取得了巨大的成果,韩国作为一个典型的落后国家极力改善了其经济状况。[③] 1962年货币改革之后,又试图对外汇管理制度进行局部的改革,并将商业银行还原为政府所有。此外,还通过树立经济开发5年计划,[④]重点扶持少数有能力的企业,即采取了所谓的"不均衡成长政策",导致了国民经济的迅猛发展,但另一方面深化了垄断型的市场结构乃至经济力的集中,从而在产业之间、地域之间、阶层之间开始产生不均衡现象。

现在的大企业集团形式都是从那个时期开始形成的。[⑤] 成长后的垄断企业

---

① [韩]Kim senghun:《垄断规制法30年——对垄断规制》,法文社2010年版。

② 同上。

③ 公正交易委员会报道资料:《引进公正交易制度10年》,1997年。

④ 经济开发5年计划在1962年以后经过30年的期间共有过6次改革,对称之为"汉江奇迹"的韩国经济发展起到了划时代的作用。第一次改革主要以增大农业生产量;第二次改革为工业化改革与农业近代化;第三次改革为提高重化学工业与出口增大;第四次改革为经济自主化与产业结构的重化学工业化;第五次改革为新城市建设产业的结构改善与调节产业均衡;第六次改革为物价稳定政策与提高高新技术产业、调增产业均衡等为内容。

⑤ 1962~1996年:培育出了水泥、肥料、石油、化学、纤维工业。1967~1971年:培育出了机器、造船、纤维、石油化学、钢铁、非铁金属制钢工业。1970~1980年:通过部分企业之间的合并与兼并,出现了大宇、现代、东亚、汉津、晓星、双龙等大企业。

为了独占垄断利益,动员所有能够控制市场的手段并制止中小企业的加入,还通过价格垄断设定垄断价格。[①] 随着经济的高速增长,垄断问题第一次成为国民关心且进行批判的问题。其中,有两大事件成为垄断规制问题的导火索:一是1963年发生的“三分暴力”事件;二是1969年发生的“丰田汽车”事件。

“三分暴力”事件是20世纪60年代初生产面粉、白糖、水泥的垄断大企业利用长期的供给不足情况,以高出正常价格3~4倍的操纵价格和偷税行为谋取暴利的事件。而正是因为这个事件,学界开始对公平交易法的制定进行讨论。“丰田汽车”事件中的问题也在于,当时丰田汽车的国际销售价格为800美元(22万韩元),但该企业却以87万韩元的国内销售价格予以销售并以此谋取暴利。

(3)小结

以上是将韩国经济发展进程分为20世纪50年代和20世纪60年代至70年代而开展的论述。韩国垄断现象的形成并非像西方资本主义国家一样是通过竞争而产生的结果,而是因国家与政府的选择与集中性的支援过程而形成的。以此而形成的部分企业利用自身的垄断地位、肆意抬高价格妨碍其他企业的活动,从而引发了垄断的危害性。这种现象进一步导致了企业与企业之间或企业与消费者之间不公平现象的发生。因此人们就很自然地接受了对此进行改革的必要性。

(二)经济秩序中的宪法上根据

韩国《宪法》前文中规定:“在政治、经济、社会、文化等所有领域均保障各人的平等机会,使其发挥最高限度的能力。”由此可以看出,韩国不仅在政治上欲求达到民主主义,在经济、社会方面也力争实现民主主义。[②]

韩国《宪法》第23条第1款规定:“保障所有国民的财产权”,且宣言采纳以私有财产为基础的资本主义,而在第10条第1款中规定:“所有国民具有人之所以为人的尊严和价值,且拥有追求幸福的权利。”在此可以看出韩国将私法自治原则视为基础。此外还有第15条“选择职业的自由”、第34条“社会保障”,有关竞争的章节中有第119条和第127条的规定。其立法宗旨在于维护市场竞争职能并加以促进。

尤其在韩国《宪法》第119条第2款中有“国家……为了防止市场的支配和经济力的而滥用……可以进行有关经济的规制和调整”之规定。对此,宪法裁判所

---

① 公正交易委员会报道资料:《引进公正交易制度10年》,1997年。

② [韩]权五乘:《经济法》第9集,法文社2011年版。

曾经指出,该规定是韩国《垄断规制法》的直接授权规定,[①]即“维护公平的竞争秩序”之公益是规制垄断的正当性来源,因此国家应该予以介入从而维护竞争秩序。[②] 该规定的含义也许在于将“垄断规制与公平交易之维持”视作经济政策目标,但其更深层次的含义应该是对公平且自由的竞争进行维护与促进。

三、制定韩国《垄断规制法》之前为竞争立法而做出的努力

(一)韩国《垄断规制法》的立法尝试及对滥用市场支配地位的规制

1. 公平交易基础委员会的原始结构

垄断问题从朝鲜时期就开始显现。韩国在20世纪60年代的5年计划经济时期,经济方面取得了高速发展。这个时期是大企业旺盛且垄断经营者称霸的时期,垄断经营者因贪恋垄断利益而开始不择手段。因此问题开始频频出现,而上述“三分暴力”事件的爆发引起了国民的关注。

为此经济企划院于1964年3月10日委托首尔大学校商科大学的韩国经济研究所对公平交易制度进行研究,还在同年9月构建了公平交易基础委员会。[③] 同年8月,上述韩国经济研究所发表了“与公平交易维护有关的立法制度研究”。[④] 该研究的主要内容为:(1)与国外立法例之间的比较研究(日本、美国、西德、英国);(2)对韩国垄断规制法的可行性研究;(3)对立法将会引发的问题的研究;(4)垄断规制法试案,从而对当时韩国的垄断规制法之制定的意义进行了摸索。该研究一方面对垄断规制法的必要性予以了认可,但是对其实效性并没有抱太大的期望,而是以垄断规制法的方法为视角撰写了韩国《垄断规制法试案》。

《韩国垄断规制法试案》共有5章23条。规定目的之第1条规定:“在垄断及限制交易行为中施加公共规制,从而禁止不正当的价格及交易条件且确保自由的竞争。”该法的适用对象为“对价格、生产、供给或运输的条件产生实质影响或可能会产生实质影响的国内市场中所有或部分经营者或经营者团体”(第7条第1款),还有规定指出利用能够对商品及劳务的价格、生产、供给或运输的条件产生实质影响或可能产生实质影响的方法,在国内市场的全部或部分领域,导致不正

① 宪法裁判所:《关于新闻考试案件》,2002.7.18。

② [韩]Zo heisu:《垄断规制法30年——宪法与垄断规制》,法文社2010年版。

③ 《朝鲜日报》1964年9月10日。

④ 韩国经济研究所:《经济发展与经济计划——韩国经济稳定与成长》,1964年。

当竞争价格或交易条件、不正当地限制交易自由或交易条件,从而引发不正当的差别或有类似嫌疑时,公平交易委员会可以通过与相关经营者或经营者团体进行交涉排除该种状态(第11条第1款)。虽然当时的韩国《垄断规制法试案》中并不存在有关滥用市场支配地位而限制竞争的规制,但从第7条第1款和第11条第1款中可以看出,仍然有对滥用市场支配地位予以规制的倾向。

有关该试案中为何没有对滥用市场支配地位的规制,尚无明确的解释。但从制定垄断规制法的原委中可以看出,因当时像"三分暴力"等事件折射出了垄断企业谋取独占利益且共同操纵价格与市场的问题,因此当时的垄断规制法将其重点放在了对该种问题的规制上。

2. 1964年韩国《垄断规制法草案》

经济企划院在构建垄断规制法基础委员会时以韩国《垄断规制法试案》①为参考,于1964年9月撰写了共由29条组成的韩国《垄断规制法草案》。

草案的立法宗旨并非与调整物价相关的韩国《临时措施法》②一样拟实行直接控制制度,而是旨在建立能够使国民经济稳健发展的制度。而当时价格的上升与下降、不正当垄断利益的获取、垄断利益导致的市场支配地位等问题是该立法宗旨的背景。该草案与研究韩国《垄断规制法试案》时的思路与目的基本相似。虽然该草案并没有直接对具有市场支配地位的经营者滥用其地位的行为进行规制,但其对垄断利益导致市场支配情形的规制中可以看出,该草案非常重视具有市场支配地位的经营者的滥用地位之行为。然而,该草案最终被予以废止,因为垄断企业堆积资本和对流通市场的支配是经济发展过程中的一种过渡期现象,因此不应当对垄断企业追求且获得利润加以批评,反而要对其加以扶持。

3. 1966年韩国《垄断规制法试案》中出现的"禁止滥用市场支配地位"

1966年开始,政府制定垄断规制法的进程进入到了更具体的阶段。该内容的出现旨在确立更自由和公平的经济秩序,并以此保护一般消费者,促进经营者的企业活动,同时扶持产业经济全局性的稳健发展和国民经济的实质性飞跃。③怀着这种立法宗旨,韩国《垄断规制法试案》于1966年5月6日通过了法制处的

---

① 由首尔大学商科大学院韩国经济研究所规定。

② 为了对通过1945年至1969年之间实行的大韩援助及贷款和美军政厅于1947年7月开始实施的所属企业无偿分配等不正当方法而致富的人加以制裁,在1961年4月17日制定了《非法聚财特别处理法》。之后在1961年修改为《非法聚财处理法》。为了防止革命导致的政治混乱,维持对重要物资的合理销售价格,在1961年11月9日制定了《与物价调节有关的临时措施法》。

③ [韩]Sin yeongsu:《垄断规制法30年——垄断规制法的变迁与发展》,法文社2010年版。

审核[①]并予以公布。[②]

韩国《垄断规制法试案》公开之初,包括大韩商工会在内的33家集团拟提对该立法进行了强烈的批判。[③] 但与此相对抗的学界、法曹界、媒体界均主张应当增加公平交易委员会的组成人员,并对制定法律的必要性予以认可。[④] 政府全面修改了参照各界意见而发表的试案,且该修正案通过1966年7月13日的国务会议,最终于7月14日提交到了国会。但当时国会正在就韩国《外资引进法案》等部分议案进行热议,因此无法详细地对韩国《垄断规制法》进行讨论。后来因会期届满该法案于1967年6月30日被自动废止。但政府坚持不懈地又在1967年8月7日将该法案提交给了国会,该法案最终也因强烈的反对没能予以通过。[⑤]

该法案共有9章44条,其内容包括经营者集中、不公平交易、滥用市场支配地位的情形等。该法案与上述法案的最大差别在于将"滥用市场支配地位"之规定放入了条款当中,即将当今成为《垄断规制法》之基石的四大禁止性行为规定均包括在了法案里。该法案不像以往的法案,其目的在于对滥用垄断地位的防止,且采取了以危害规制为主的方式。

此处之所以加入对滥用市场支配地位的规制,是为了防止行为人在特定的商品或劳务领域具有市场支配地位,且通过滥用其地位肆意操纵该商品或劳务的价格、流通量、品质、交易条件等,即经济企划院因发现管理、控制个别商品物价的政策具有局限性,才通过此种方法欲求提高市场的竞争职能。

4.1969年韩国《垄断规制法案》对垄断经营者的规制

1968年国会内部对暴利问题进行了热议,新进汽车工业股份公司的丰田汽车垄断横暴问题发展成为了主要的议案。1968年10月,朴正熙总统就垄断企业的暴利问题下达了"制定垄断法案"的指令,由此开启了垄断规制法的立法工作。[⑥]

该法案制定伊始就被称为是有关价格规制的法案,因为其着重强调了垄断企业不正当价格政策等有关价格的规定。1968年4月8日,韩国《垄断规制法案》被提交到了国会。

---

① 《朝鲜日报》1966年5月。

② 《朝鲜日报》1966年5月7日。

③ 《东亚日报》1966年5月24日。

④ 《朝鲜日报》1966年6月11日。

⑤ 经济计划院:《公正交易百科全书》,1984年。

⑥ 公正交易委员会:《公正交易委员会30年史》,2011年。

韩国《垄断规制法》全文共有29条及附则3条，其不同于1966年采取原因禁止主义的韩国《垄断规制法案》，采取了仅规制垄断弊端的弊端规制主义，其主要的规制内容有对垄断经营者的规制、竞争限制行为、标价制度。此前提交到国会的有关禁止滥用市场支配地位及禁止不公平交易行为的规定，其作为规定的形式不复存在，而是以统一的一个规定对垄断经营者进行了规制。因为制定该法案的主要目的在于防止垄断或限制竞争的行为可能会导致的弊端，但是垄断规制法的制定因被指责时机尚早，最终又于1971年6月末因会期届满而被自动废止。

5. 1971年韩国《垄断规制法案》中对垄断经营者的规制

期间一直高速增长的韩国经济进入1971年时也开始有了一定的物价不稳定之征兆。政府为了应对物价冲击，将1969年提交到国会但因会期届满而被自动废止的韩国《垄断规制法案》重新加以补充，并通过9月29日的听证会于10月15日再次上交到了国会。

该法案全文由30个条文和附则构成，其主要的规制内容有：对经营者、购销商或者经营者团体主导的不公平交易行为的禁止，垄断经营者的申报及不正当行为的禁止，限制竞争行为的登记等。该法案也没有使用市场支配地位之术语，而是使用了垄断经营者之术语。

上述规定中垄断经营者的定义主要以垄断行为为基础，且将垄断行为的申报制度、禁止垄断经营者所做的不正当行为以及与垄断行为有关的商品或劳务上的标价作为重点内容。此种规制中对垄断经营者的定义与1969年韩国《垄断规制法案》中对垄断经营者的定义相类似，但对于垄断行为的定义却截然不同。

1969年韩国《垄断规制法案》中的垄断行为只有生产量、供给量及其能力等数据标准，但1971年韩国《垄断规制法案》在其数据标准之外还规定：在经济地位上具有显著优势从而实际上能够限制竞争的情形也认定为垄断行为。

此外，1966年韩国《垄断规制法试案》中所规定的第15条（禁止滥用市场支配地位）与1969年韩国《垄断规制法案》中第4条（垄断经营者的不正当行为）所包含的拒绝交易和终止交易被引入到了1971年韩国《垄断规制法案》的第2条第4款第8号。

对于此次韩国《垄断规制法案》，不论是中小企业集团还是消费者团体均表示出了极度的赞扬。① 然而原计划于9月提交到国会的1971年韩国《垄断规制法案》一直没有具体的立法工作进展，因此直至9月末仍没能出台法案。因为9月

---

① 经济计划院：《公正交易百科全书》，1984年。

初开始制定《垄断规制法案》时,已经另行对韩国《经济稳定法》及韩国《物价稳定法》进行了构思。[①] 其原因在于,当时的主要目的就在于抑制物价,因此在针对垄断规制法的制定争论一番后,最终还是告以失败。

(二)韩国《与物价稳定及公平交易有关的法律》的制定

1. 韩国《物价稳定法》的制定

如上所述,进入20世纪70年代初之后,虽然每当垄断的弊端引起众议或者价格显现出不稳定状态时,为了规制垄断和保护消费者总是会出现制定垄断规制法的动态,但实际上其充其量只能视作为了达到物价稳定而出台的政策。(1)对于欲求实现公平竞争的韩国《垄断规制法》,时机尚早的观点占据上风;(2)垄断的弊端可以通过1961年制定的与调整物价有关的韩国《临时措施法》或行政指导加以规制。此时因韩国《垄断规制法案》的政策导向在于稳定物价,因此金鹤烈副总理在1971年9月强调,为了应对重大经济僵局,应当制定能够为暂时冻结物价与薪资等紧急措施提供依据的垄断规制法之外的经济稳定法,并将其立法计划公之于众。[②]

从1972年末开始因第一次石油冲击的影响,国内的物价变得更加不稳定,因此对物价进行更有效规制的制度装备显得越来越有必要,于是从1971年9月末就开始审议的《经济稳定法》被部分修改,最终制定出了韩国《与物价稳定及公平交易有关的法律》(以下简称《物价稳定法》)。[③] 该法将政府为国民生活所需而指定的主要物资价格、房地产等的租金及费用(包括手续费及费用)的最高额规定为“最高价格”(该法第2条第1款),同时为了使经营者、购销者、经营者团体或租赁人遵守其最高价格,制定了禁止拒绝销售、限制出库等行为的规定(该法第3条各项),从而直接对价格予以控制,此外还包括一些限制不公平交易的条款(该法第5条各项)。

然而,指定最高价格后市场职能的变相运营导致市场出厂价格与市价的价格二元化现象,因此不仅无法确保公平交易秩序,连物价的稳定都无法实现。于是,各界提出应当就物价稳定和公平交易问题制定更加有效的法律。[④] 然而《物价稳定法》并没有对滥用市场支配地位和垄断经营者的不正当行为进行规制。

2. 1975年制定韩国《与物价稳定及公平交易有关的法律》

当时的政府将执政目的放在了通过减轻低收入阶层的负担,实现国民生活

---

① 经济计划院:《公正交易百科全书》,1984年。
② 《东亚日报》1971年9月4日。
③ 经济计划院:《公正交易百科全书》,1984年。
④ [韩]Sin yeongsu:《垄断规制法30年——垄断规制法的变迁与发展》,法文社2010年版。

的稳定上。政府决定将成本上升可能性较大的产品价格予以现实化且对物价结构予以重组,同时指定生活必需品中的水泥等58种产品为事前批准品目,从而决定其价格。① 朴正熙总统将重建经济稳定基石视为首要任务,并将未来2年称为中间调整期,同时指出为了应对进口原材料价格的变动应当重改物价体系。②

另一方面,因第一次石油冲击引发的世界性通货膨胀现象自进入1975年开始逐渐回到稳定状态,但韩国的物价仍然在持续增长。这是20世纪60年代之后韩国遭受的最为严重的危机。持续性的物价上涨一方面可以归因于1974年末的汇率上涨,但更重要的原因是早前的政策仅以个别商品价格为直接控制对象,因此期间没能得到缓解的成本压力最终变为现实。③

因此,物价局参考当时正在实行的韩国《物价稳定法》与20世纪60年代初期就开始讨论且持续了10年仍没能通过的韩国《垄断规制法案》,拟迅速制定新的法案。由政府当局制定的与物价稳定及公平交易有关的法律案立案于10月中旬暂告以完结。之后,政府、执政党政策会议对该法案进行审议,并收集经济界、学界、媒体界等对该法案的意见后,于1975年11月20日将其提交到了国会。移交到国会的该法案于12月初在经济科学委员会开展了审议工作,稍加修订后于12月18日通过了国会会议并于1976年3月15日开始实施。④

3. 韩国《物价稳定法》的主要内容

韩国《物价稳定法》全文共有32条与附则4条。其内容大体上可分为三大部分:(1)与直接价格规制有关的规定;(2)与公平交易有关的规定;(3)与运营机构及程序有关的规制。条款大体上分为与物价稳定有关的条款和与公平交易有关的条款,其中第2条、第3条、第6条是与物价有关的规定,而第5条、第7条、第8条第1款是与公平交易有关的规定。

韩国《物价稳定法》的立法目的在于稳定物价、确立公平自由的竞争秩序,从而保护消费者的权益、进一步实现国民经济的稳定与发展(第1条)。为此,该法律规定了对主要商品的价格控制手段及对限制竞争或不公平交易行为的规制标准等。然而,该法因具有控制物价和促进竞争的完全相反的目标,因此从其实体规定层面来看,该法律在没有原因规制的情况下仅在弊端规制的立场上将重点放

① 《东亚日报》1974年12月7日。

② 经济计划院:《公正交易百科全书》,1984年。

③ [韩]Sin yeongsu:《垄断规制法30年——垄断规制法的变迁与发展》,法文社2010年版。

④ 经济计划院:《公正交易百科全书》,1984年。

在了价格规制中,于是就导致了其后一系列的副作用。政府重点对物价进行规制是为了稳定国民的生活与国民经济。归根结底,价格不稳定是垄断经营者造成的,因此对垄断经营者价格滥用、公平交易行为予以禁止,对限制竞争的行为予以禁止的法律是这个时代所必要的。

该法第5条第1款规定,能够支配一定的产业领域从而实质性地限制竞争的个别或少数经营者(以下简称垄断经营者)决定其物品的价格或劳务的对价(以下简称垄断价格)时,应当在总统令所规定的期限内向主管长官进行申报。这是通过规定垄断经营者的定义,旨在禁止垄断经营者支配价格从而肆意上调或者下调价格。与此相关联的该法施行令第2条还对垄断经营者的市场占有率进行了严格规定,这一点可以视为政府对垄断经营者特权的压制。虽然该法对具有市场支配的经营者或具有市场支配地位的经营者滥用其地位没有做出任何规定,但综合考虑这个时代的经济发展与实际现象,我们无法不推测有关滥用市场支配地位的规定即将出台。

4.《物价稳定法》的实行情况

根据韩国《物价稳定法》的规定,韩国于1976年3月将136个品目中的212个经营者指定为垄断经营者。此后对垄断经营者的指定大体上每年都会举行一次,且基于每个时期的物价情况和经济条件经常出现一些变化。①

垄断品目及指定经营者的变动趋势表

类别	1976年	1977年	1978年	1979年		
				2月6日	4月16日	12月20日
品目数量	148	157	148	74	46	35
经营者人数	247	272	257	124	81	58

资料来源:经济企划院

虽然该规定的初始目标在于遏制垄断经营者滥用垄断特权导致价格上升,但因当时物价不稳定,因此在实际运用当中其以控制价格的手段被加以运用。所以与法规规定不同的是,垄断经营者的价格操纵通过物价局的许可变为可能,但最终物价局对品目的价格管理显现出了局限性。因此随着时间的推移,政府逐渐认识到了其对广泛的价格规制的力不从心,并于1979年通过第三次调整大大减少了市场支配经营者即品目数量。

① 公正交易委员会:《公正交易10年——竞争政策运营成果与课题》,1991年。

虽然不能将所有的垄断经营者认定为具有市场支配地位的经营者,但垄断经营者在支配市场的能力及其地位方面,有较大的支配及滥用地位之虞。

另一方面与不公平交易行为规制有关的事例自 1976 年到 1979 年 4 月期间大约有 100 件,且其中绝大部分是以物价稳定之手段被加以使用的。但《物价稳定法》中也有其限制。

(三)韩国《与垄断交易及公平交易有关的法律》的制定

1. 韩国《物价稳定及垄断规制法》的限制

虽然在 20 世纪 60 年代正式开始的经济开发取得了成功,但从 20 世纪 70 年代开始韩国经济也面临各种副作用和限制。1976 年开始实施的《与物价稳定及垄断规制有关的法律》将稳定物价与确立公平交易秩序视为两大目标。因该法律直接援引了韩国《与物价稳定有关的法律》中的部分内容,因此其具有物价稳定加上部分公平交易制度的规制方法。但是因其没有对物价上升的结构因素予以规制,而是选择了短期且直接的规制方法,因此在遭受石油冲击等事件的期间,该法没能实现本质性的效果。

该法的问题即局限有以下两点。第一,物价稳定一般是指存在供求不均衡或有此征兆时由政府直接介入来调整价格或数量,但公平交易为了确保价格的自动调节职能应当提供有效竞争所需的条件并制定市场行为准则,同时对其进行监视。于是将性质完全相反的内容规定在同一个法案中,其性格必然会变得模糊。第二,比起公平交易,制定法律的宗旨更加侧重于物价稳定。因此其并非是对垄断行为等垄断形成之根源的规制,而是旨在规制垄断弊端,从而站在了弊端规制的立场上,且该法中有关公平交易的条款也没能有效运作。①

考虑到上述局限性,经济企划院以自身为中心开展了为确立竞争体制所需的韩国《与垄断规制及公平交易有关的发案率》。

2. 垄断规制法的立法过程

政府的立法促进于 1979 年 9 月通过韩国《公平交易制度改善方案》的制定而重新开启。此后,直至 1980 年 7 月对公平交易制度的必要性和立法方向进行了有关内部方针设定问题的争论,并在 7 月 17 日制定了对上述法案的试案,直至 1980 年 9 月份最终确立立法原则。②

此后经过相关部门之间的协商,于 1980 年 11 月 5 日就上述法案展开了听证

---

① 公正交易委员会:《公正交易 10 年——竞争政策运营成果与课题》,1991 年。

② [韩]Sin yeongsu:《垄断规制法 30 年——垄断规制法的变迁与发展》,法文社 2010 年版。

会,对在此提起的意见予以补充后,于1980年12月9日将最终方案提交到国务会议进行审议。1980年12月11日国家保卫立法会议对此法案做出了决议,并最终在1980年12月31日以法律的形式予以颁布。

四、韩国《垄断规制法》及滥用市场支配地位制度的时代变迁过程

韩国《垄断规制法》的制定是从1964年至1980年,经过16年的时间最终得以完成的。韩国《与垄断规制及公平交易有关的法律》全文共有14章,且由60个条文和8个附则组成。其规定的内容包括禁止滥用市场支配地位,限制经营者集中,禁止不正当的共同行为,禁止不公平交易行为,执行法律的附则机构及程序等。

接下来对本论文的主题即禁止滥用市场支配地位的规定变迁进行详细论述。

(一)法律制度变迁过程中对市场支配经营者的定义

1. 1980年的韩国《垄断规制法》中对市场支配经营者的定义

韩国《与垄断规制及公平交易有关的法律》是于1980年12月31日以法律第3320号完成制定的。最初的韩国《垄断规制法》在第2条第5款中对市场支配经营者的定义部分以列举实际要件的方式进行了规定:"本法所称的'市场支配经营者'是指在同种或类似产品或劳务供给领域中符合下列各项之一的规定,且符合总统令规定的标准的经营者。

(1)不存在竞争经营者,或者实际竞争无法实现的情形;

(2)与竞争经营者的关系中就该产业领域具有压倒性地位的情形;

(3)两个以上的经营者中其少数经营者以其团体在该产业领域具有压倒性地位的情形。"

然而,韩国《垄断规制法》最初的施行令第5条并没有对市场支配经营者的定义进行具体的规定,而是在施行令第3条第1款及第4条中规定,对市场支配经营者予以制定及告示(1981年4月1日总统令第10267号制定)。

2. 1990年对市场支配经营者的定义进行修改

1990年法律以第4198号文对韩国《垄断规制法》进行了修改。法律制定之后一直对市场支配经营者的定义予以保留,直至1990年通过法律修订对市场支配经营者定义做出了修改,即删除了上述标准,以第2条第7款的规定予以替代。《垄断规制法》第2条第7款规定:"'市场支配经营者'是指,同种或类似产品或劳务供给领域中,其市场占有率符合下列各项之一,且符合总统令规定的条件的经营者。甲、一个经营者的市场占有率为50%以上。乙、三个以上的经营者的

市场占有率合计为75%以上。但其中市场占有率不足10%的经营者除外。"

韩国《垄断规制法施行令》并没有对"市场支配经营者"的定义做出修改,而是一贯性地对指定、告示制度予以认可。其理由为,对于市场支配经营者认定要件中的市场占有率,仍然需要以施行令的方式加以规定,以确保其更加严格的规制。

3. 1999年对市场支配经营者定义的修改

1999年2月25日法律又以第5813号文件的形式对韩国《垄断规制法》予以修订。此次修订对"市场支配经营者"做出了修改,即废止了一贯实行的事前指定制度,并将此前市场支配经营者的标准换成了推定标准。

根据《垄断规制法》第2条第7款[定义]的规定"'市场支配经营者'是指作为某个交易领域中的供给者或需求者,可以单独或与其他经营者一起决定、维持或者变更产品或劳务的价格、数量、品质及其他交易条件,且具有相应市场地位的经营者。判断市场支配经营者时,应当综合考虑市场占有率、进入壁垒及其程度、竞争经营者相对规模等。但在某个交易领域中其年均销售额或购买额不足10亿韩元的经营者除外。"

此外,将以盈利为目的而执行业务的所有经营者扩大为市场支配经营者之对象,从而将从事于制造业、服务业的经营者、金融保险业者都包括在了市场支配经营者的范围之内。①

本次法律修改的目的在于,迎接无限竞争时代之际使《垄断规制法》能够在扶持市场经济方面充分发挥其作用,并使竞争秩序扩散到所有的经济活动中。此外,为了有效减少不正当支援行为引进了"金融交易信息要求权"等,且为强化此种制度的执行性,规定对是否产生实质性的市场支配进行判断、对市场支配经营者予以规制。

4. 2007年对市场支配经营者定义的修改

2007年8月3日以法律第8631号的形式对部分条款进行了修改。市场支配经营者定义(第2条第7款)中删除了"在某个交易领域中其年均销售额或购买额不足10亿韩元的经营者除外"的但书部分。此外,在其第4条市场支配经营者的推定条款中规定,在某个交易领域中其年均销售额或购买额不足40亿韩元的经营者排除于市场支配经营者的推定之外。

---

① [韩]Kim senghun:《垄断规制法30年——对垄断规制》,法文社2010年版。

《垄断规制法》第4条[市场支配经营者的推定]

在某个交易领域中其市场占有率符合下列各项之一的经营者(在某个交易领域中其年均销售额或购买额不足40亿韩元的经营者排除于市场支配经营者除外)被推定为是第2条(定义)第7款市场支配经营者。

(1)一个经营者的市场占有率为50%以上;

(2)3个以下的经营者的市场占有率合计为75%以上,但其中市场占有率不足10%的经营者除外。

5.小结

从对经营者定义的变迁过程中可以看出,1980年制定的韩国《垄断规制法》第2条第5款中的定义与1990年制定的韩国《垄断规制法》第2条第7款中的定义之间有很大的差异。这表明法律制定后经过长达10年之久,最终对经营者的定义做出了完整的修改。

期间虽然试图对市场支配经营者做出定义,但并没有规定有关市场支配经营者的具体标准。因此,政府在没有明确标准的情况下,每年在与市场支配经营者有关的问题上适用了推定、告示制度。然而在告示中被提及的经营者误认为是对自己的褒奖,而对市场支配经营者的称号沾沾自喜。换句话说,他们并没有认识到市场支配经营者的问题。此外,就算被予以告示,当时也不存在从何时开始应予以规制的明确规定。因此通过对第2条第5款对修改将其予以具体化,到了2007年直接将但书内容删除,并在韩国《垄断规制法》第4条中规定了市场支配地位经营者的推定条款。

(二)法律制度变迁过程中对禁止滥用市场支配地位的规定

1.1980年对滥用市场支配地位行为的规制

1980年最初的韩国《垄断规制法》就禁止滥用市场支配地位问题在第3条中做出了规定,即上述有关禁止市场支配经营者在关联市场滥用市场支配地位的规定(1980年12月31日,法律第3320号)。

禁止滥用市场支配地位规定目的在于促进公平自由的竞争,从而实现均衡的发展。为了实现自由公平的竞争,应当保障参加及退出市场的自由,且禁止滥用既有的支配力不正当地或者不公平地进行竞争。该规定的主体是具有影响力的市场支配经营者,因此该等经营者不得滥用该地位妨害消费者的权利。

《垄断规制法》第3条[禁止滥用市场支配地位]

市场支配经营者不得做出符合下列各项之一的行为(以下简称滥用行为)。但第1项规定的禁止滥用行为以市场支配经营者当中由总统令指定的标准为准。

(1)不正当地决定、维持或者变更产品的价格或劳务对价(以下简称价格);

(2)对产品的销售或劳务的提供进行不正当调整的行为;

(3)不正当地妨害其他经营者业务活动的行为;

(4)妨害新的竞争经营者的参与,或者为了在某个交易领域中排除竞争经营者而新设或增设设施的行为;

(5)有实际限制其他竞争或显著阻碍消费者利益之嫌疑的行为。

此后,于1986年12月31日对禁止滥用市场支配行为做出了部分规定(1986年12月31日,法律第3875号),且删除了原第3条规定中的但书内容。

2. 垄断市场结构改善政策的树立及促进

1996年12月,政府通过修改韩国《垄断规制法》使垄断市场结构变得更具竞争力,将有关垄断市场结构改善政策的树立、促进根据规定在了1996年韩国《与垄断规制及公平交易有关的法律》第3条中,从而正式推进对垄断市场的改善。虽然之前也有垄断规制政策,但市场集中现象没有得到有效改善,[①]甚至有些产业的垄断结构变得更加严重。而此次垄断市场结构改善政策正是对此产生了问题意识,并且判断出以往的垄断规制政策侧重于市场支配经营者违反法律的个案,对于垄断市场结构的体系性分析尚不够完善,且对从根本上改善垄断现象的努力也尚且不够,因此才有了此次政策变动。

此次对垄断市场结构的改善政策比起以往的垄断规制政策具有以下几点特征。第一,之前对滥用垄断地位之行为的规制主要以申报为主,但此次垄断市场结构改善政策使公平交易委员会能动性地挖掘问题市场并进行深入调查,且将积极解决问题作为其目标。第二,先对以往的垄断政策所形成的垄断结构予以认可,再试图对垄断市场结构进行全面改善,而不是对有问题的企业形态做出修正。第三,此次垄断市场结构改善政策针对问题较大的产业,从原材料搜集阶段到最终消费阶段,对所有问题进行详细分析以进行改善,从而将垄断市场中具有的潜在竞争力提升到竞争市场的水平,并将在最大限度内发挥市场成效定为最终目标。[②]

在这种背景下,将之前第3条所规定的禁止滥用市场支配地位改为对垄断市场结构的改善。自1996年12月30日修订之日起到现在,总共经过了3次修改。

---

① 在1996年12月30日指定、告示市场支配经营者时被指定为市场支配品目的166个当中,被长期指定5年以上的品目为79个,达到将近47.6%。

② 公正交易委员会:《公正交易委员会30年史》,2010年。

3. 1996年对滥用市场支配地位行为规制的修订(1996年12月30日 法律第5235号)

《垄断规制法》第3条中对禁止滥用市场支配地位行为的规制于1996年12月30日经过新的修订,现变为第3条之2。第3条之2以之前对滥用市场支配地位行为的规制为基础,新设了"滥用行为的类型及标准由公平交易委员会制定并予以告示"的规定。

第3条之2[禁止滥用市场支配地位](1996年12月30日法律第5235号)

市场支配经营者不得做出符合下列各项之一的行为(以下简称滥用行为)。

(2)滥用行为的类型及标准由公平交易委员会制定并予以告示。〈新设〉

……

①不正当地决定、维持或者变更商品价格或劳务对价(以下简称价格)的行为;

②不正当地调整商品销售或劳务提供的行为;

③不正当地妨碍其他经营者营业活动的行为;

④妨碍新的竞争经营者,或者为了在某个交易领域排挤竞争经营者新设或增设设施的行为;

⑤实际限制其他竞争,或者有显著降低消费者利益之嫌疑的行为。

1996年之后共通过3次修订,对"禁止滥用市场支配地位"予以了修改。现在的法律施行令在其第5条对禁止滥用市场支配地位行为做出了规定。1981年最初的施行令将其规定在了第6条,但当时的规定并不是针对滥用市场支配地位的行为,而是对不正当价格的判断标准做出了规定。后来于1990年对施行令的全部内容进行了修改,并将对不正当价格的判断标准作出规定的第6条改为了第5条。经过1993年2月20日和1997年3月31日两次修订,最终于1999年3月31日将原条款第5条改为了现在的第5条[滥用行为的类型或标准]。此后就该第5条又做出了两次部分修订,而之后就一直有效存续至今。

4. 禁止滥用市场支配地位的其他条款

至此笔者对垄断规制法及滥用市场支配地位行为的规制按照时代变迁的顺序做出了梳理,且主要对"市场支配经营者"的定义与变迁过程以及"禁止滥用市场支配地位"规定的变化过程加以论述。此外虽然还有第4条所规定的"对市场支配经营者的推定"、第5条中的"市场操纵"规定以及第6条对"罚金"的规定,但本文中予以省略。

五、结论

对滥用市场支配地位行为的规制目的不仅建立在历史、经济理论之上,而且还要在现行宪法秩序的关联性基础上寻找答案。对滥用市场支配地位行为的规制不仅在韩国,在美国及欧洲的经济法上也具有深远的意义,且发挥着中枢性的作用。然而此前垄断规制法对市场支配经营者的规制不仅没能以其竞争政策发挥效用,也没有以法律的形式做出贡献。究其原因,虽然也有妨碍积极的法律执行的各种立法阻碍,但其法律执行方面也存在诸多问题。

对此公平交易委员会对滥用市场支配地位施加执法压力,也试图改善相关法律,从而对滥用市场支配地位行为规制体系做出全方位的提升。实际上公平交易委员会自 2006 年以后就微软事件和 SK Telecom 事件等做出了对市场支配经营者的规制,尤其在 POSCO 股份公司事件中就垄断规制法中禁止滥用市场支配地位及禁止不公平交易行为方面提出了重要的问题。

如今韩国《垄断规制法》的实行也已有了 33 个年头。其中,《垄断规制法》中对滥用市场支配地位的规制,在其执法方面也一直在持续加以活性化。对此,笔者认为这对韩国竞争法及政策的发展将具有重要的意义。

在日韩国·朝鲜人有组织犯罪问题研究

李正日*

一、日本有组织犯罪概述

(一)日本有组织犯罪概念

在日本,大多数法学者认为"暴力团犯罪"、"有组织犯罪"、"雅库扎犯罪"是同义语,但也有持不同看法的学者。①

1. 日本暴力团概念

日本《警察厅组织令》第10条第3款规定,暴力团就是"经常从事非法暴力活动的某些集团和危险组织"。1991年5月15日公布的《暴力团对策法》第2条第2款规定:"暴力团是指助长其成员(其团体的构成员)经常进行集团性的不法行为的组织。"同条第6款规定:"暴力团成员是指暴力团的组成人员。"《暴力团对策法》第一次在法律条文上引用了"暴力团"、"暴力团成员"等词汇。之前"暴力团"一词主要出现在日本《警察白书》上,长期已

---

* 浙江工业大学法学院讲师,日本中央大学法学博士。研究方向:刑法、刑事政策(主要研究课题为有组织犯罪)。

① 比如,加藤久雄教授认为,"雅库扎集团"中存在"仁侠道"、"刺青爱好会"等追求日本古老习俗和文化的团体,不能简单地将"雅库扎"同"有组织犯罪"、"暴力团"等相提并论。详见[日]加藤久雄:《组织犯罪研究》,成文堂1992年版,第105页。

属于警察用语。①

对“暴力团”一词《警察白书》解释为“暴力团是指赌徒、的屋（指在露天以行商、卖艺为名进行行骗的组织，以下同）②等依靠组织或集团的力量，经常进行集团性的不法行为的组织”。还认为“暴力团具有很高的犯罪性，具有独特的组织原理和势力范围意识，用暴力达到经济目的等特征”。③

原日本警察厅暴力团对策部长林则清对日本暴力团做了如下的定义：“暴力团是指具有××组或××会等名称，以头目（親分）和成员（子分）等上下级身份关系组成的，直接或间接（以组织的威力为后盾）地利用暴力手段，追求金钱利益的职业犯罪者团体或集团”。④

日本犯罪学家菊田幸一认为：“所谓的有组织犯罪，通常都具有以下列举的许多特点：(1)多数犯罪人在持续从事犯罪活动时，都有一个永久性或半永久性的组织，它的指挥系统是按照阶级组成的；(2)该组织的成员不仅本身从事犯罪活动，还要暗中掩护商店、艺人及其他特定职业者的犯罪活动；(3)如果组织内部的领导发生变动时，不存在移交领导权的问题，有超过几代掌握组织权力的；(4)由该组织操纵一定地区的所有犯罪活动，或者至少操纵其中全部特定的犯罪活动，而且这种操纵权仅仅掌握在某个首领一人之手；(5)犯罪和犯罪行为，几乎都是以每个组织成员的权限为标准而采取的；(6)为了顺利达到犯罪目的，对各种犯罪活动都制定了周密的计划”。⑤

2. 日本暴力团由来

日本的暴力团是雅库扎（YAKUZA）、的屋（露天行骗商集团）、愚连队（不良青少年集团）等组织演变而来的。

(1)雅库扎：雅库扎的原意是“八九三”，是赌博（三张纸牌）当中点数最次的数字，后来专门指那些游手好闲、以赌博为生的人。⑥ 在日本对雅库扎一词有好几种解释，但赞成上述解释的占多数。赌徒一般以在一定的区域内进行非法赌博

---

① 日本《暴力団員による不当な行為の防止等に関する法律》，1991年5月15日法律第77号，1992年3月1日施行；参考［日］加藤久雄：《组织犯罪研究》，成文堂1992年版，第107页。

② ［日］林则清：《组织暴力的横断面》，立花书房1995年版，第6页。

③ 日本《警察白书》［平成元年(1989年)版］，大藏省印刷局，第26页；《警察厅组织令》第10条第2款也有同样的定义。

④ ［日］林则清：《组织暴力的横断面》，立花书房1995年版，第82页。

⑤ ［日］菊田幸一：《犯罪学》，海沫等译，群众出版社1987年版，第90~92页。

⑥ ［日］加藤久雄：《组织犯罪研究》，成文堂1992年版，第105页；［日］岩井弘融：《病理集团的构造》，诚信书房刊1963年版，第48页。

活动或提供赌博场所为生。雅库扎一词原来指的是以赌博为生的赌徒,但现在把赌徒和的屋、愚连队(不良青少年集团)统称为雅库扎。雅库扎一词已被当作英语的外来语来使用,连美国总统委员会报告书也运用了这一词。因此在日本以外的国家出版的书大多数用的是雅库扎一词,用"暴力团"(bo-ryo-ku-dan)一词的占少数。

(2)的屋(露天行骗商集团):的屋是指在露天卖小商品或卖艺的露天商集团,具有合法的一面。到20世纪40年代为止,在日本社会中,赌徒和的屋之间存在明显的差异。因为赌徒明显具有非合法的一面,明治维新之前赌徒就是权力机关监视和打击的对象,明治维新以后更是成了政府打击的对象,但因为的屋有合法的一面没有受到政府的打击。从这种角度看,如果认定赌徒和的屋都是雅库扎应该有些不妥。但是日本战败之后,赌徒和的屋之间的这种明显的差异开始模糊,大多数露天商逐渐演变成类似于暴力团的组织。①

(3)愚连队②(不良青少年集团):第二次世界大战结束后(1945年),日本的各大城市的商业区出现了叫愚连队的新兴暴力集团,警察当局称他们为"不良青少年集团"。日本投降之后,因为旧政府体系垮台,新政府体系还没有形成,靠力量薄弱的警察机构无法有效地控制治安,所以当时日本社会处于极度混乱的状态。无业的复员军人、具有暴力倾向的学生(多为体育专业的大学生或专门学校生)和在日外国人(包括在日韩国·朝鲜人、华侨)为了控制城市的繁华地带,与原来的旧势力展开争夺战,逐渐形成具有一定影响力的暴力犯罪组织。起初,愚连队以暴力控制地盘,从事收取保护费、敲诈勒索、盗窃财物等犯罪活动,之后开始涉足赌博、色情等行业,同旧势力矛盾不断。

"愚连队没有像赌徒和的屋集团那样稳固的组织机构,大多是临时组成的,内部的关系也类似于结拜兄弟。也没有像赌徒和的屋那样有自己的看家本领,主要依靠恐吓、盗窃等违法犯罪行为来维持其组织",③因此同其他暴力组织相比存续时间比较短。

20世纪50年代,日本各地的愚连队中,势力最强大的是以甲山五郎(本名:姜昌興)为首的明友会。明友会成立于1950年,其势力范围在大阪府南区,其成员多数是在日韩国·朝鲜人,成员人数最多时达到了600人。1960年,明友会在

① 日本:《警察白书》[平成元年(1989年)版],大藏省印刷局,第30页。

② [日]飯干晃一:《柳川組の戦闘》,角川書店1990年版。

③ [日]林则清:《组织暴力的一个断面》,立花书房1996年版,第6页。

同山口组的抗争中失利，甲山五郎被迫隐退，其地盘和组织成员由山口组接管。从此，日本各地的愚连队逐渐走向衰退，多数被其他暴力团组织接管或者吞并。

（二）日本暴力团现状

1963年，暴力团成员总数达到了18万4900人，达到了空前的规模。但之后暴力团成员总数开始减少，到了日本颁布《暴力团对策法》的1991年，总数减少到9万1000人。

1991年之后，暴力团人数继续下降，到了2001年减少到了8万4400人（也就是1991年到2001年的10年间减少了6600人）。①

2013年，总数减少到58,600人（比前年度减少4600人），其中成员人数为25,600人（比前年度减少3200人），准成员人数为33,000人（比前年度减少1400人）。其中，山口组的成员人数占据整个暴力团人数的45.3%。②

总之，暴力团是日本法学界对有组织犯罪集团的统称，目前日本共有21个指定暴力团③组织（即有组织犯罪集团）。其中山口组、稻川会、住吉会（又叫"指定3团体"）等占暴力团总数的72.2%（2013年12月），此外还有亲和会、双爱会、极东会、松叶会、国粹会等小规模的组织。

每个暴力团组织也并不都是统一的组织，有的暴力团是由许多大小组织组成的联合体，如日本最大的暴力团组织——山口组是由多个组织组成的联合体。例如，1979年的山口组的团体数为543个，1989年为801个。每个组织的成员数为几百人或几十人不等，有的不到10人。2012年2月为止，日本政府共指定21个团体为"指定暴力团"，但其中8个组织的成员人数不到200名，其中"二代目亲和会"的成员人数还不到60名。④

二、日本暴力团的产生和发展过程

（一）日本最初的有组织犯罪集团

明治维新是日本历史上的一次政治革命，是具有资本主义性质的全面西化与现代化改革运动。明治维新的主要领导人是一些青年武士，他们以"富国强兵"

---

① ［日］伊藤隆行："暴力团对策法施行10年"，载《警察学论集》2002年第55卷第5号，第39页。

② 2013年暴力团成员总数统计数据，参考2014年3月6日日本警视厅公布的信息。

③ 视该暴力团的规模、犯罪经历的暴力团员所占比率、对社会的危害程度等，符合《暴力团对策法》第3条之必要条件的团体。

④ 上述统计数字载至日本警察厅组织犯罪对策部暴力团对策课《2011年2月24日统计资料》，第27页。

为口号,企图建立一个能同西方并驾齐驱的国家。1871年废藩置县,摧毁了所有的封建政权,同年成立新的常备军。1873年实行全国义务兵制和改革农业税,另外还统一了货币。在19世纪70年代中期,这些改革遭到两方面力量的反对:一方面是下级武士,他们纠集一些对农业政策不满的农民多次进行了叛乱;另一方面是受西方自由主义思想影响的民权论者,他们要求实行立宪、召开议会、万事决于公论。

明治政府在各方面的压力下,1885年实行内阁制,1889年正式颁布宪法,1890年召开第一届国会。在政治改革的同时,也进行经济和社会改革。明治政府的主要目标是实现工业化。军事工业以及交通运输都得到很大发展,1872年建成第一条铁路,1882年成立新式银行。为了满足现代化的需要,开始大量介绍西方的科学技术。到20世纪初,明治维新的目标基本上已经完成,日本开始走上现代工业国的道路。

但是明治维新后,在不断的社会政治、经济动荡中,有一部分利益受损的人认识到用合法手段达不到自己的目的,开始另谋他策。其中下级武士、破产农民、地痞流氓等开始组织带有暴力色彩的利益集团,这些集团可以说是近代日本黑帮。

1."浪人集团":失业武士中,有些人改行另谋生计,有的流落街头,变成四海为家的浪人。其中一些人以武力垄断一些行业,逐渐演变为黑帮组织。

2."侠民组织":明治维新后的社会政治、经济动荡,出现了大批破产农民。他们涌进城市同卖艺的相扑手、下层平民联手组成帮派。这些组织多数带有"劫富济贫、替天行道"的色彩,因此日本称这些人为"侠民"。

3."露天商贩集团(的屋)"和"赌徒帮":这是从"侠民"中分离出来的组织,"露天商贩集团(的屋)"主要指在露天做生意的人,"赌徒帮"则指以赌博为业的人。这些组织有严格的帮规,给人的印象是"盗亦有道"。

4."玄洋社"与"黑龙社":是由武士组建起来的日本早期黑帮组织(头山满为首的"玄洋社",内田良平为头领的以中国黑龙江命名"黑龙社"),后来投靠日本军部,从事间谍活动。中国和俄罗斯政府曾向日本政府就"玄洋社"的间谍活动提出过抗议,并宣布"玄洋社"的人为"不受欢迎的"。①

但是证明这个时期的"浪人集团"、"侠民组织"、"露天商贩集团(的屋)"和"赌徒帮"为有组织犯罪的资料甚少,只能推断为由下级武士、破产农民、地痞流

① [日]松尾正人:《历史学事典12 王与国家》,弘文堂2005年版;三月章:《司法评论三》,有斐阁2005年版,第11~22页。

氓组成的犯罪团伙。

“玄洋社”与“黑龙社”等组织虽然带有明显的政治色彩，但实施了诸多杀人、走私毒品和文物等犯罪活动，更倾向于暴力集团。第二次世界大战结束后，“黑龙社”等组织被认定为极端右翼组织，1945 年 9 月 13 日被同盟国占领当局(GHQ)所取缔。

（二）日本新型的有组织犯罪集团的出现

1. 第二次世界大战期间的日本暴力组织动向(1931～1945 年)

这个时期的日本的有组织犯罪集团，大多数是港口码头的装卸工、渔民、赌徒、青少年不良分子、煤矿工人等组成的团体，主要依靠打工为生，偶尔使用暴力行为，其中最典型的是山口组。

山口组：是日本规模最大的指定暴力团，1915 年由山口春吉成立，本部在兵库县神户市。1925 年山口春吉的长子山口登继承山口组，成为第二代山口组组长。到第二代山口组组长山口登为止，其组织有比较稳定的正当业务，除了跟对方发生利害冲突之外很少动用暴力。1946 年成为山口组组长的第三代组长田冈一雄是典型的武斗派人物，为了扩张山口组的势力，采取了暴力掠夺方式，山口组由此慢慢转变为以暴力取得经济利益的暴力团组织。山口组的上层由 1 名组长(親分)、7 名舍弟(弟分)、79 名若中(子分)组成(共计 87 人)。舍弟和若中被称直参(直系組長)，各自率领几十名至数千名的成员。目前成员人数为 13,100 人，准成员人数为 14,600 人，合计 27,700 人，占日本暴力团总数的 43.8%。[①]

2. 日本战败初期的暴力团动向

1945 年日本战败后，日本国内出现混乱局面，开始出现赌博集团和不务正业的流氓团伙。这些不法组织开始控制黑市和赌博、色情服务等行业，并公然进行敲诈勒索和抢劫。为了组织的利益，这些不法组织展开了激烈的对抗。特别是战后壮大起来的、以繁华街为活动范围的愚连队(不良青少年团体)与原来的旧势力展开了激烈的势力范围争夺战。

这个时期的特点是，各暴力团组织很零散，露天商贩集团、不良青少年团体、煤矿暴力团伙等在各自的势力范围内进行活动，规模和人数等都很有限。这个时期各个暴力团体的主要收入来源是面向个人进行的非法活动所得，其方法多数是消极的。资金流向是至上而下也就是从头领处流向成员。这个时期因为暴力团组织的头领也参加违法活动，所以比较容易检举头领。还有检举组织的头领也意

① 日本《平成 24 年の暴力団情勢》(警察庁)，2013 年 3 月。

味着彻底取缔了其组织。[①]

(三)战后的日本暴力团发展动向

日本的工业化革命完成得比较早,其有组织犯罪的形成、发展也比我国要早、要发达。例如,日本暴力团自20世纪20年代中叶蜕变为犯罪组织后,初期主要集中在港口和码头从中获取大量利润、积累财富;后来逐渐把注意力转移到城市,主要进行赌博业、敲诈勒索、抢劫、走私、贩卖毒品、从事卖淫业等犯罪活动,攫取巨额资金。

1945年日本战败后,日本国内出现了混乱局面,这对赌博集团和不务正业的流氓团伙来讲成了施展拳脚的大好机会。这些不法组织开始控制黑市和赌博、色情服务、娱乐、建筑等行业,并公然进行敲诈勒索和抢劫,操纵金融业,通过政界的代理人获得垄断某一行业的特许等捞取好处。这也从侧面反映了经济利益在有组织犯罪发展过程中的重要作用。日本1989年版《犯罪白书》把第二次世界大战后的日本暴力团的发展动向划分为以下五个时期。

第一时期 战后的混乱期(20世纪40年代中期)

1945年日本战败后,日本政府机构一度出现瘫痪状态,国内出现了混乱局面,开始出现大量赌博集团和不务正业的流氓团伙。这些不法组织开始控制黑市和赌博、色情服务等行业,并公然进行敲诈勒索和抢劫。为了本组织的利益,这些不法组织展开了激烈的对抗。特别是战后壮大起来的、以繁华街为活动范围的愚连队(也叫"不良青少年团体")与原来的旧势力展开了激烈的势力范围争夺战。

这个时期的特点是,各暴力团组织很零散,露天商贩集团、愚连队、煤矿暴力团等在各自的势力范围内进行活动,规模和人数等都很有限。比如,1915年山口春吉成立山口组时,主要成员为50人,其主要业务为港口的搬运工作。1925年山口登继承父业上任第二代组长时,山口组的主要成员只有34人,活动范围以兵库县和大阪为主,主要依靠垄断神户市早市的鲜鱼、干货等零售业和操纵演艺界等来维持组织开销。田冈一雄就任山口组的第三任组长(1946年)时,山口组的主要成员也只不过33人。

第二次世界大战期间,日本不仅从朝鲜半岛、中国(包括台湾地区)和东南亚等地区掠夺财物,还强行抓捕大量无辜百姓到日本从事奴役劳动。1945年8月,在日本的在日韩国·朝鲜人人数已经超过200万人。

比如,日本《朝日新闻》报道:"1939年日本国内有100万人左右的在日韩

① [日]藤本哲也:《刑事政策概论》(全订第2版),青林书院1998年版,第413页。

国·朝鲜人,到1945年8月为止,在日韩国·朝鲜人人数达到了200万人。后增加的100万人中,70万人为了生活从朝鲜半岛到了日本(或者这个期间出生的人)。其余30万人中,多数为日本的工矿业、土木事业招募而来的。战争期间,日本用国民征用令征用的劳务者人数为245人。到1959年,登录在册的在日韩国·朝鲜人总数为约61万人”。[①]

日本宣布无条件投降之后,多数在日韩国·朝鲜人趁机回到了母国(多数在1945年8月至1946年3月期间归国),但一些无处可去的(约70万人)在日韩国·朝鲜人聚集在一起组成了互助组形式的组织(1945年10月成立在日本朝鲜人连盟(朝连),1946年10月3日成立在日本朝鲜居留民团(民团),保护自己的利益。其中一些人为了泄愤,对日本人进行了报复性的袭击行动,有的还扬言袭击警察局。为了避免同在日外国人的直接冲突,警察当局一度雇用当地的极右派团体维持治安(包括警察局周围的警卫)。这些极右派团体中的暴力组织趁此机会以维护治安为名,袭击在日外国人组织(包括在日韩国·朝鲜人、华侨、“部落人(同和)”组织),企图扩张自己的地盘。为了保护自身的利益,一些在日外国人和“部落人(同和)”组织联合山口组等对抗这些极右派暴力组织。这是暴力团组织内部有大量在日外国人(在日韩国·朝鲜人)和“部落人”的主要原因之一,也是山口组能迅速崛起的理由之一。

2006年10月19日,在东京举行的外国特派员协会讲座上,原日本公安调查厅菅沼光弘提道:“暴力团成员中60%是部落人(注:又称“同和”,指处于日本社会最下层的土著人),30%是在日韩国·朝鲜人,10%左右为日本人。”菅沼光弘解释说,此信息是山口组的第二号人物高山清司透露的。

曾经担任过山口组法律顾问的山之内幸夫律师在《山口组顾问律师手记》中指出:“暴力团成员当中多数为在日朝鲜人和同和·部落出身者,约65万在日朝鲜人中一半左右集中在兵库、大阪、京都地区,山口组的迅速崛起离不开在日朝鲜人的参与。可以说,谈论山口组离不开部落差别、在日朝鲜人差别问题。”

1947年5月2日,为了管理这些外国人(特别是在日韩国·朝鲜人),日本颁布了《外国人登录令》(勅令不等于法律,属于命令。这个令是日本天皇在旧宪法体制之下下达的最后命令),1952年4月《旧金山条约》生效之后,被更名为《外国人登录法》。由此,在日外国人(包括在日韩国·朝鲜人)获得了在日居住许可,但这种许可是属于暂住许可,需要每年进行更新续签,很不稳定,引起在日外国人

① 日本《朝日新闻》,1959年7月13日。

的不满。

第二时期 对立抗争期(20世纪50年代初到60年代初)

这个时期,由于在日本国内大量生产美军的战争特需品(主要是朝鲜战争军需品)等,社会经济有所好转,大城市和新兴工业城市开始出现娱乐场所。围绕扒金库①场所、卖淫场所、毒品销售等的控制权,新兴的愚连队和原有的旧势力之间不断出现冲突案件。新旧暴力团组织之间的对立给当地民众的人身安全和财产带来了很大的威胁。② 新旧暴力团组织为了扩大自己的势力,一方面极力排斥对方,另一方面模仿对方的看家本领最大限度地收刮财物,逐渐从其犯罪行为上分辨不出愚连队和原有的旧势力(赌徒集团、露天商贩集团、流氓无赖)之间的差异,从这个时期开始日本社会对愚连队、赌徒集团、露天商贩集团、流氓无赖统称为"雅库扎"(暴力团)。③

这个时期,暴力团之间时而发生对立时而进行合作,并对能成为自己组织的经济利益的、不管是不是其组织的长项都要着手。也就是用暴力手段取得经济收益成了各暴力团实施犯罪的共同特点。1946年田冈一雄上任山口组的第三任组长之后,虽然山口组的主要成员只有33人,但田冈一雄采取各种手段开始大力扩张势力范围,不到30年的时间内把不起眼的山口组发展成拥有1万名成员的、暴力团中最有影响力的组织。

这个时期,暴力团内部成员之间的关系发生了变化。从以前的单纯的头目和一般成员的关系,发展成三重、四重或更多重关系。资金的流向也发生了变化,即从以前的至上而下变成至下而上。一般成员从利用头领的名义或暴力团组织的影响力而获得的资金当中分出一部分,以名义使用费(日本语叫"上纳金")的形式上缴给头领。结果暴力团组织的头领和高级干部用不着像以前那样从事犯罪活动,而是让成员使用组织的名义或代纹,从中收取使用费。暴力团组织越大头领和高级干部收取的资金(上纳金)就越多,也意味着头领和高级干部违法犯罪

---

① 日文叫"パチンコ",赌博的一种,20世纪20年代开始在日本流行。1946年左右开始,在日朝鲜人加入扒金库行业,现在成为在日朝鲜人的主干产业之一。2011年6月7日,日本《朝日新聞》朝刊15面报道:1990年中期营业额为30兆日圆·店舖数1万8000店、2010年营业额为20兆日圆·店舖数1万2000店。2011年扒金库店経営者的国籍:韩国人占50%、日本人占30%、中国台湾人占10%、朝鲜人占10%。

② [日]饭柴政次:《组织犯罪对策解释》,有斐阁1990年版,第65页。

③ 日本暴力团对策研究会编:《暴力团对策法的解说》(民事法研究会),1992年版,第393页;[日]加藤久雄:《组织犯罪研究》,成文堂1992年版,第108页;[日]饭柴政次:《组织犯罪对策解释》,有斐阁1990年版,第65页。

触犯刑法的可能性越来越少。警察逮捕了利用这种方式的暴力团的成员,也只能处理成员个人,暴力团本身不受影响。这种制度不仅对暴力团的上层人物有好处,而且对一般成员来说也有好处。也就是一般成员可以利用组织的头领的名义进行活动,可以获得更多的经济利益。

第三时期 顶上作战期(20世纪60年代初到60年代后期)

这个时期,日本的经济复苏、社会稳定,娱乐界出现空前的盛况。有的暴力团利用资金优势投资娱乐业,注册公司培养演艺人员或成立了影视公司。有的通过经营酒吧和咖啡店或设立土木建筑公司等形式逐渐走向企业化的道路。这个时期,确保稳定的资金源的暴力团逐渐在对立和抗争当中占主动地位,开始吸收弱小的暴力团组织,扩大了自己的地盘。

20世纪50年代中期,由于暴力团犯罪的增多,日本政府开始对暴力团进行打击。暴力团人数急剧上升也是日本当局采取强硬手段取缔暴力团的主要原因之一。

据统计到1963年(昭和38年)日本国内的暴力团数达到了5216个,暴力团总人数达到了184,091人。1964年日本警察实施"第一次顶上作战(打黑行动)",一举抓获并起诉了大量暴力团头目和干部,致使不少暴力团解散。①

第四时期 广域化发展和重组时代(20世纪70年代初期到80年代初期)

到20世纪70年代初,服役中的暴力团头目和干部陆续出狱,其中有些人企图重整旧部、恢复暴力团组织。对此日本警察当局采取强硬措施打击了赌博、卖淫、毒品买卖等犯罪,杜绝了暴力团的资金来源。通过上述措施,以非法盈利为主要资金来源的中小暴力团受到了毁灭性的打击。但是,把资金来源渗透到合法经营领域的暴力团组织并没有受到打击,这些组织趁机接收被取缔的中小暴力团组织的残部,迅速扩大了势力范围。②

第五时期 世代更替和变动的时代(20世纪80年代中期到现在)

在这个时期,日本暴力团进行了大规模的世代更替,特别是在1981年和1982年,日本最大的暴力团山口组的组长和新头领(若頭)相继死亡,日本全国的暴力团面临重组的动荡时期。③ 一部分暴力团为了生存,开始向海外发展,走向了国际化的道路。

---

① [日]饭柴政次:《组织犯罪对策解释》,有斐阁1990年版,第66页。

② 同上。

③ [日]深山健男:"暴力团犯罪",石原一彦、佐佐木史郎、西原春夫、松尾浩也编《现代刑罚法大系(4)社会生活和刑罚》,日本评论社1982年版,第201页。

这个时期,对暴力团来说是走向经济犯罪集团(成立公司)的时期。他们为了逃避警察的视线,成立公司掩盖自己身份,或以暴力团成员以外的人的名义注册公司,并让其本人进行经营管理(后来称这伙人为"企业舍弟")。暴力团组织的活动范围也越来越广,渗透到了日本经济的各个领域。例如,1985年暴力团趁日本政府采取经济缓和政策的机会,在土地开发和证券交易等行业进行投机性投资,获得了巨额的财富。现在,暴力团介入的行业由建筑业、风俗产业发展到金融、证券行业。照此发展下去暴力团登上日本政治舞台的日子不会太远。藤本哲也教授在《刑事政策概论》一书中对暴力团的发展过程总结如下:"日本暴力团的历史是日趋向巧妙化发展的暴力团和将取缔暴力团的警察当局的斗智斗勇的历史。……最初(指第一期),明显具有暴力团性质的组织巧妙地逃脱警察当局的打击,寻求新的活动空间在全国范围内活动。最后生存下来的就是已经变为'经济集团'的暴力团。"①

三、日本为什么不能取缔暴力团

(一)《日本国宪法》的规定

《日本国宪法》第14条第1项规定:"全国民在法律面前人人平等,不管人种、信仰、性别、社会身份及门第,在政治上、经济上、社会关系上不得区别对待。"第19条规定:"每个人的思想及良心(自由)不受侵犯。"第21条第1项规定:"保护集会、结社以及言论、出版及其他一切表达的自由。"

(二)日本裁判所的《判例》

《判例》认为:"《宪法》第19条规定,每个人的思想及良心(自由)不受侵犯,作为人的集合体的团体、结社是属于这种思想的外在体现。既然《宪法》第21条规定保护结社自由,就像个人的思想不受侵害一样,不得侵害(保障)团体、结社的自由。《宪法》第14条以尊重个人的尊严的角度,规定了不得进行差别对待的内容。……暴力团也属于个人的集合体,宪法上的人权保障规定,理所当然地对每个构成人员发生效力。禁止其结社和行动,是属于违反宪法的人权保障的基本精神,会引起压制个人思想和良心的恶果。……在一般情况下,自觉地加入暴力团的行为,不能认定为犯罪行为。"②

近日,日本警方先是抓了"山口组"的第二号人物高山清司,继而又突击搜查

---

① [日]藤本哲也:《刑事政策概论》,青林书院1998年版,第413~414页。

② 日本《福冈地判平成7·3·28判タ894号》,第92页。

了“山口组”总部,让人觉得日本警方要取缔“山口组”。事实上,20 世纪 60 年代日本警方曾经有过一次大力整顿有组织犯罪的部署(第一次顶上作战),当时要求“山口组”组长田冈一雄主动解散“山口组”。在那个时期,日本有些“暴力团”组织的确解散了。但是,田冈一雄拒绝解散组织,理由是宪法规定结社自由。在田冈一雄的坚持下,“山口组”没有解散,虽然发生了一些分化组合的事情,但它依然是日本最大的暴力团。

(三)日本财政界与暴力团的关系

《暴力团对策法》在日本国会通过的同时,有关日本财政界的有名人士与暴力团组织之间的丑闻也暴露于世。其中,最引人注目的是“佐川急便”丑闻事件、“日本皇民党”事件、“伊藤万”事件等。

日本战败之后的一段时间里(20 世纪 50 年代到 60 年代),日本的政治家与黑社会的大头目之间的交流几乎成了公开的秘密。但到了 20 世纪 70 年代,政治家们开始认识到,与黑社会的大头目之间的公开交流不利于选举,于是开始回避公开交流。据调查,到 1979 年,跟暴力团有密切的关系的日本财政界的有名人士,大多数选择比较隐蔽的场所与对方进行接触。并且与暴力团有密切的关系的日本财政界的有名人士,大多数是属于欠款过多处于财政危机状态或没有足够的经济来源的政治家。但“佐川急便”丑闻事件、“日本皇民党”事件、“伊藤万”事件成了 20 世纪 80 年代末在日本具有影响力和财力的资产家、政治家直接利用暴力团的铁证。

(四)历史问题

《美国新闻与世界报道》记者大卫·卡普兰在其力作《暴力团——日本地下犯罪组织》中指出:“在山口组 2.5 万名成员中,部落人约占 70%、韩国人等外国人占 10%,而一般日本人的比例不足 10%。”①

到 1945 年 8 月为止,在日韩国·朝鲜人人数达到 200 万人,其中绝大部分人生活在社会的最低层,各种基本权利(身份、财产、生命安全、选举、教育等)得不到保障。在特殊的环境之下,为了维护自身的权利,联合起来抵御是很自然的现象。日本战败后,日本社会处于极端混乱状态,在日韩国·朝鲜人组成朝鲜进驻军维护自身利益。

战败后的日本,警方力量有限,美国占领军也没兴趣、也没能力管这些麻烦

① 原著作名“Yakuza:The Explosive Account of Japan's Criminal Underworld”,1986 年版。日文版删除了此内容,加藤久雄在其论文中引用了这一段内容。

事。日本警方主动与“山口组”接洽,寻求“山口组”的帮助,尤其是对付朝鲜进驻军的挑衅。当时有传言说朝鲜进驻军要攻打警察局,警察人手不够,便调来“山口组”,还发给他们枪支弹药。后来朝鲜进驻军不想硬拼,这场血战没有出现。但是变相地获得执法权的“山口组”与朝鲜进驻军多次发生冲突,最终双方进行和解。这也是“山口组”与日本警方配合行动的开始。稲川会(首领清田次郎,本名:辛炳圭)、七代目合田一家(首领金教煥)、極東会(首领曹圭化)、松葉会(首领李春星)、酒梅組(首领金在鶴)、九州誠道会(首领朴政浩)、福博会(首领金寅純)、双愛会(前会长申明雨)等组织都是在这种环境下成立并发展壮大起来的。①

第二次世界大战初期,确实出现一些在日韩国·朝鲜人为了报仇,采取人身攻击或者抢夺财产的现象,引发了各种社会矛盾(包括触犯法律的行为),但多数团体的目的是以保护本群体利益为主的。这是日本认定暴力团为犯罪组织,但迟迟未取缔这些组织的主要原因,也是日本裁判所没有完全否定山口组的理由之一。

日本政府为了尽快撇清不光彩的历史问题,没有给在日外国人(包括在日韩国·朝鲜人)合法的法律地位(称“第三国人”),使这些战争受害者再次陷入困境。为了解决这些人员的去留问题,1965年日本曾经同韩国签订了《日韩基本条约》(以下简称《条约》),认可在日韩国·朝鲜人的“协定永住权”,同意这些人享受与日本人同等的国民健康保险待遇。但《条约》回避“第三代是否可以享受协定永住权的问题”,②也回避在日韩国·朝鲜人的参政权、国民年金(退休金)、教育、就职等问题。从本质上讲,这个《条约》对保护在日韩国·朝鲜人的法律地位和生活方面没有起到实质性的作用。1977年,日本大韩民国民团发起“取消差别·拥护权益运动”,主张在日韩国人的参政权益。外加当时一些暴力组织(比如,山口组、稲川会、住吉会等)的力量急剧膨胀,不仅在日本国内而且在国外也引起非议。日本趁此机会公布《暴力团对策法》(1991年5月),将那些“具有不稳定因素的团体”指定为暴力团组织,这是日本指定暴力团中在日韩国·朝鲜人居多

---

① [日]大下英治:《首领昭和闇の支配者三卷》,大和書房2006年版;第二章一節一項 指定暴力团の指定の状况(平成21年5月1日現在) 平成21年 警察白書 警察庁;平成21年の暴力団情勢 図表3-1 指定暴力团の指定の状况——警察庁 組織犯罪対策2010年4月;“稲川会の代表に清田会長都公安委が指定”,《産経新聞》,2010年7月20日。

② “第二代为止享受协定永住权,对于第三代的是否可以享受的问题,25年后再协商决定”。参考金敬得,“第2章 在日コリアンにとって、国籍と地方参政権とは”,《日·韓‘共生社会’の展望——韓国で実現した外国人地方参政権》,田中宏、金敬得编,新幹社,2006年,第25~36页。

的主要理由。

1991年11月1日,日本颁布《出入国管理特例法》(《日本国との平和条約に基づき日本の国籍を離脱した者等の出入国管理に関する特例法》),认可在日韩国·朝鲜人(包括台湾人)的特别永住者身份(即"永住权"),并同意在日韩国·朝鲜人享受跟日本人同等的国民健康保险、国民年金(退休金)待遇,但否决了在日韩国·朝鲜人的参政请求。

日本独立行政法人统计中心统计数据表明,到2013年12月为止,居住在日本的在日韩国·朝鲜人总人数为526,575人。其中,特别永住者为373,689人,一般永住者为63,704人,定住者为7734人,日本人配偶为16,251人,永住者配偶为2404人,留学生为17,874人,家族滞在者为14,587人。[①] 从上述统计数据可以看到,在日韩国·朝鲜人虽然获得永住权,但基本权利得不到保障,无法融入日本社会。

(五)社会文化因素

暴力团成员自称"雅库扎"或者"侠客",对此日本社会表示一定的认同。日本书店出售描写雅库扎的书籍,电影院放映反映雅库扎生活的电影。

1995年日本阪神大地震时,山口组成员第一时间到重灾区实施救援并开放山口组总部大楼,接纳了灾民,树立了行侠仗义的形象。值得注意的是,虽名为"暴力团",但真正诉诸暴力来解决的案例并不多,多数场合"以暴力为背景"而非"以暴力为手段",暴力团和附近居民直接冲突更是少见(神户市的社会治安非常好)。山口组在其总部门口处明确地写着"不用童工、不贩毒、不乱扔烟头"即"三不原则",这是其内部行规。暴力团成员多选择纹身,但各组织基本上都要求成员不得在大街上随意露出,以免惊吓到平民。

日本科学警察研究所调查表明,日本青少年加入雅库扎(暴力团)的理由是:(1)衣着、发型等很帅、可以享乐生活;(2)重义气;(3)接受像自己这样没有本事的人;(4)没有什么特别的理由。雅库扎(暴力团)成员继续留在组织里的理由是:(1)可以享乐生活;(2)已经习惯这种生活,不习惯作体力活;(3)留在组织(雅库扎)做事情方便;(4)不愿意离开同伙;(5)没有什么特别的理由。[②] 也就是说,在一些日本年轻人眼里,雅库扎是有一定吸引力的。

---

① 《国籍·地域別在留資格(在留目的)別 在留外国人》,独立行政法人統計センター,2013年12月末公布。

② [日]林则清:《组织暴力的一个断面》,立花书房1996年版,第14~16页。

四、结语

通过对在日韩国·朝鲜人有组织犯罪问题的研究,可以得出以下几个方面的结论。第一,日本的指定暴力团主要是由“部落人”(同和)和在日外国人组成的团体,其成员绝大多数是日本社会最低层的人员。第二,日本的指定暴力团中,部分团体从事赌博、敲诈勒索、诈骗、性风俗(卖淫)等犯罪活动,但多数团体具有合法的业务。第三,在日韩国·朝鲜人有组织犯罪问题是由特殊的历史和社会原因造成的,应该通过相关国家的外交、司法途径来解决,不能单凭一个国家的刑法来处理。

经调查,在日韩国·朝鲜人所属的团体中,确实存在暴力倾向很浓的组织,把这些组织认定为暴力团是无可非议的事情。但是为了掩盖历史遗留问题,对那些主张权利的团体也进行制裁,是违背法律原则的、不可取的。

韩国学者论文

应对统一时代的宪法与统一法课题*

成乐寅　著**　朴大宪***　译

一、序论

研究统一问题，应从研究该国分裂的过程开始。因此，在历史进程中有过分裂经历的国家便成为了研究对象，尤其是这些国家的过去、现在、将来将成为珍贵的研究对象。然而，精确地阐述分裂国家的定义并非易事。从历史上的同一国家成为分裂的国家，这种情形通常被称为分裂国家。从分裂国家走向同一国家的“道路”，称为统一。在历史上的多数分裂国家中，我们所主要研究的对象是自1945年第二次世界大战落下帷幕后即在东西冷战过程中分裂的国家。但也并不局限于上述情况，如在分裂已成为现实的国家中所发生的诸多情形也可以成为重要的研究对象。

研究论述韩半岛的统一问题，应当从过去的分裂原因与分裂的出发点着手，应当面对由于分裂所产生的现实，并分析将来由何人、何时、如何成就统一的议题。在上述过程中，最好是以作为国家基本法的宪法为中心来

---

* 本文原载世界宪法学会韩国学会：《世界宪法研究》2014年第20卷第2号，第1～19页。

** 韩国首尔大学校法学专门大学院教授、韩国首尔大学校长，韩国法学教授协会之名誉会长。韩国首尔大学法学博士、法国巴黎第二大学法学博士。研究方向：宪法统一法。

*** 韩国首尔大学法学院在读博士，中国律师。研究方向：宪法统一法。

解答这些问题。同时,在统一过程与统一以后有可能出现的一系列法律争议将成为统一法的核心研究对象。本文论述有关统一的传统法律议题,反映近期关于统一法的研究成果,从而试图开展更加实际的关于统一法的讨论。

二、分裂的类型与韩半岛的分裂

(一)分裂的类型

在韩国论述有关分裂国家,通常是以德国、越南、也门为中心。① 如果说越南的情况是所谓"赤化"统一的例子,那么也门虽然在统一之后经历了内战,但也可以说是协议统一的代表性事例。

由于德国统一是走向自由民主主义的吸收统一方式,因此给予了我们很大的启示。大韩民国的分裂,既是东西角逐的产物,也是受当时强大国家支配的典型产物。基于这一特点,与大韩民国最为类似的分裂国家之一便是德国,因此长期以来一直将德国视为主要研究与观察的对象。但是,事实证明德国的分裂原因、分裂现象以及统一的完成都与大韩民国的情况存在许多差异。重要的一点,德国是挑起战争的战败国,因此在某种层面上讲,战胜国对其进行的分割是当然且应当承受的惩处。

然而,我们是受日本殖民支配的国家,且日本才是挑起战争的国家。因此,日本的战败应当导致我们的独立。但是不仅未能实现独立,反倒成为了美国与苏联的角逐场,南北各由美国与苏联所支配,最终导致了成立各自独立国家的境地。作为战败国的日本,则由作为战胜国的美国接管,在经历麦克阿瑟司令部的短暂支配之后,组建了单一的独立国家。这与我们的情况构成了鲜明对比。如同德国的分裂、统一不同于我们,我们的分裂、统一也有可能不同于德国。然而在现实中最值得我们参考的例子当属德国。②

(二)韩半岛的情况

不得不承认1948年5月10日是在5000年的历史中出现奇迹的日子。被称

---

① [韩]张明奎:《分断国家的统一宪法研究:德国与也门的统一事例与宪法资料》,国民大学出版社1998年版。

② 在韩国国内也有很多与德国统一相关的文献。可以参考:[韩]金哲洙:《德国统一的政治与宪法》,博英社2004年版;[韩]許誉编著:《德国统一的法律照明》,博英社1994年版;[韩]金昇大:《统一宪法理论——东西德与南北韩统一的比较法论》,法文社1996年版;[韩]申宇澈:《体制转换与国家:德国统一与中国改革比较宪法论》,岭南大学出版社2003年版;[韩]金英胤等2人编:《德国,从统一到统合——通过问答了解德国统一》,统一部2009年版;[德]Uwe Müller, Supergau Deutsche Einheit,《大灾难统一:从德国统一吸取教训》,李奉基译,文学世界社2006年版。

为民主主义之母的英国于1928年才得以实施普通、平等、直接、秘密选举，而韩国在分裂前夕、左派与右派冲突加剧的混乱局面中，仅在英国实施普选20年后，也实施了普通、平等、直接、秘密、自由选举。不得不承认这是历史的奇迹。通过此次选举，组建了制宪国会，由制宪国会制定构成大韩民国（The Republic of Korea）法律基础的宪法，选举李承晚为第一届总统。

与此同时，在北方实施了最高人民会议的选举并制定了宪法，于1948年9月9日宣布朝鲜民主主义人民共和国（The Democratic People's Republic of Korea）成立。金日成当选为国家元首，成为实际的统治者。

在南北各自建立独立国家的过程中，南北的冲突越发激烈，1950年的6·25战争导致了民族之间最大的同族相残悲剧。就6·25战争而言，由于共产主义人士不断主张所谓的北侵说，①因此这一说法一度成为了南方内部冲突的要素之一。所幸，相关的一系列历史文献特别是苏联的文献，近期澄清了这段历史。

这一战争足以完全割裂南方与北方。战争于1953年7月3日通过停战协议得以终了。② 与德国的情况不同，南北之间的这场战争给分裂局面带来了更大的绊脚石。自休战以来，虽经历了60多年的时光，南北分裂的局面却仍然面临着持续僵化。

三、南北统一过程中的宪法焦点

（一）吸收统一与协议统一

探讨统一，很难设定某种前提或者假设。其代表性的问题就是以何种方式进行统一，是吸收统一还是协议统一。关于这一问题，首先很难想象由北方进行的吸收统一，在国民所得相差十倍之多的情况下，这是不可能发生的，即使发生也会成为韩民族与大韩民国的灾难。当然，如果从“统一就是民族的至上课题”这一观点来看待问题，那么不论是由何方主导，统一优先于一切的主张也是有可能存

---

① 在韩国的民主化过程中，部分具有进步意识的人士，提起过“6·25北侵说”。关于此，身为芝加哥大学教授的Bruce Comings，分别于1981年与1990年出版了《韩国战争纪元》(1、2册)，此书以修正主义的观点论述了韩国战争。认为三八线之确定、单独设立政府，以致南北分断的责任，根本就在于美国，并进一步认为，解放以后随即冷战开始，美国在韩半岛极力阻碍阶级革命，并设立了亲美政权，从而构建了反共的堡垒。大韩民国在20世纪80年代步入了民主化运动的进程，当时统一运动与反美运动不断扩散，也就在此时，根据上述书的内容，“北侵说”风靡一时。

② 1953年7月27日，由美国、朝鲜、中国之间签署的韩国战争停战协定的正式名称是《朝鲜人民军最高司令官及中国人民志愿军司令员一方与联合国军总司令另一方关于朝鲜军事停战的协定》。

在的。实践中,南北越南的统一就是由北越进行的吸收统一,并且维持了社会主义国家体制。然而,统一后的越南也实质性地引进了市场经济,这一点说明了市场经济作为人类社会时代潮流是不容忽视的。与此相反,经历长期内战后建立社会主义国家的柬埔寨却发生了悲剧,这一悲剧反证了忽视时代潮流的后果。实际上,就越南与柬埔寨的情况而言,任何人都不能否认市场经济体制,这是不争的现实。2013年9月,朴槿惠总统访问越南,为再次确认越南的市场经济、扩大韩越政治经济交流提供了契机。

我们期待德国式的吸收统一能成为我们的典范,这是因为德国是以西德式的社会市场经济国家吸收统一东德。德国的统一,的确给予了我们很多的教训与启示。但是当时德国的吸收统一,并非是事前已经预测好的,事前也没有进行充分的准备。这一事实是在近期韩德统一咨询会议中,通过充分讨论得知的,也是德方人士所强调的一点。① 德国进行统一之时,已经在莱比锡等地区发生了持续性的民主化运动,这与现实中处于封闭状态的北方有着很大的差异。仅从这一点看,可知当时的东德在政治上比现在的朝鲜更加开放。况且在经济层面上,东德虽然不及西德,但也具备了相当的水准,因此可以说统一带给德国的冲击可能要小于我们。加之,东西德之间没有经历像南北韩之间的战争,这一因素也有很大的影响。

在适用吸收统一的情况下,应当清楚地认识到,除了由南方发起的吸收统一之外别无他选,同时也应当为此倾注努力。在以吸收统一的方式实现统一之后,还应当考虑如何处理统一之后的事情,这也是有争论的论题。有学者认为,即使是吸收统一,也有必要维持准休战线的状态,从而隔离朝鲜住民。这种主张是出于"在理想状态下,有必要缓解冲击"的观点。但是统一有可能在某一瞬间突然到来,况且在现实中不可能实现上述分离应对的方式,因此,会带来很大的冲击。实际上,朝鲜住民向韩国大量脱离的问题有可能导致深刻的社会矛盾。

协议统一即南北韩在相互协议下达成统一。这种方式虽然非常值得鼓励,但

---

① 韩德统一咨询会议是我方统一部与德国内务部之间讨论有关统一议题的平台。第一届会议于2011年11月16~18日,在首尔举行。第二届会议于2012年5月3~6日在柏林举行。第三届会议于2013年6月26~28日在首尔举行。第一届会议,主要围绕与统一相关的一般性问题进行了讨论。第二届会议,主要是对社会经济与军事安保问题进行了讨论。第三届会议,主要对民营化问题进行了讨论。参加会议的德国方面的人士中,有德国统一时任最后一届总理的德梅基耶,以及东德前国防部长艾博曼等,由此得以倾听到当时的实况与说明。参见统一部:《韩德统一咨询会议资料集》,第1~3卷。

不具有现实性。南北也门的统一就是协议统一的例子,但是在统一后,却经历了长期的阵痛,可知协议统一并非易事。在协议统一的情况下,如何协调互异的体制问题将会成为最大的问题,即北方的人民民主主义体制与南方的自由民主主义体制是否可以共存,虽然在理论上也许可行,但在现实中这是一个不可能实现的命题。

如今,我们在论述统一时,虽然还很难公开说是"吸收统一",但至少在内心深处认为只能是"吸收统一",可以说这一想法已成为共识。但是若公开主张"吸收统一",可能会不利于统一进程的延续。因此,在设计适用"吸收统一"即以自由民主主义体制的优越性为前提开展论述时,应当尽最大努力节制其论述的手段与方式。

(二)宪法的效力:是修改,还是制定

应如何看待伴随统一的宪法的效力?就此可能涉及如下问题:对于既存的两个宪法即在朝鲜民主主义人民共和国宪法与大韩民国宪法中,是否应当停止或废止其一或者两个宪法的效力。这一问题同时也是与统一方式直接相关的事项。如果是在协议统一的情况下,当然应当制定新的统一宪法;但如果是在吸收统一的情况下,是否还有必要制定新宪法?对这一问题,目前仍有争议。

就德国而言,起初西德预定,若能够达成统一则应当制定"统一宪法",因此当时西德的宪法文本中并没有使用"宪法"一词,而是使用了"基本法"一词。① 然而,真正达成统一的那一刻,则将西德基本法的效力扩大适用于东德地区,并没有制定"统一宪法",仅是修改了西德基本法并将其视为"统一宪法"。涉及上述内容的《西德基本法》第23条后段中规定:"就德国的其他部分而言,根据加入而发生效力。"由此可知,《西德基本法》的条文中,本身就已经包含了开放性义务的内容。

就韩国宪法中有关统一的内容而言,制宪宪法没有论及统一问题,但1972年的第四共和国宪法(维新宪法)首次提到了"和平统一"的内容。此外,从未提及有关宪法效力的问题。然而,《韩国宪法》第3条中规定"大韩民国的领土是韩半岛及其附属岛屿",因此至少可以说现行宪法是一部包括了统一的宪法。② 基于这一观点,"宪法第3条妥当,但无实效性"的命题也可以视为有效的。

---

① 西德《基本法》第146条规定:"本基本法,在德意志民族根据自由决断所通过的宪法开始生效之日起,丧失其效力。"

② [韩]成乐寅:《宪法学》(第14版),法文社2014年版,第300~303页。

四、统一宪法

(一)统一宪法的确定

伴随着统一,是应当制定一部新宪法还是应当修订既存宪法,这一问题已经在前面做了形式上的阐述,接下来应当从伴随统一的现实性问题乃至国家所应当具备的面貌来加以考量。①

可以提出如下问题:统一以后,是维持与现在相同的单一制国家形态还是引进诸如联邦国家体制的新国家形态?由于德国本来就是联邦制国家,因此统一后东德的各州被并入了西德联邦。然而我们的南方与北方都是单一制国家,基于这一点,如果发生变更国家形态等情况,那么就有必要制定新的宪法。这一问题只能与统一宪法一并论及。

(二)统一宪法的基本原理

其一,应当在统一宪法中明确有关国家正体性(national identity)的规定。如果说统一宪法不能采取君主立宪制只能采取共和国的国家形态,那么应当明确该共和国是民主的、社会的、地方分权式的共和国。在宪法中,不仅要规定领土与国民,还应当明示国是、国语、国旗、国歌、首都等事项。

其二,就统一宪法的基本原理而言,其理念与法律的基础应当是立足于国民主权主义的自由民主主义原理。就立足于立宪主义的国民主权主义而言,不论其在实质上是否得到有效的适用,在南方与北方的现行宪法中都采用了国民主权主义原理,因此将来不会产生太大的分歧。

其三,其政治的基本原理应当立足于自由民主主义。当今以欧洲为中心的国家,一般采用自由民主主义作为其政治的基本原理。虽然北方采用了人民民主主义原理,但是在苏联解体之后,采用人民民主主义原理的国家逐渐减少;因此,从趋势来看,在统一宪法中采用人民民主主义原理的做法还是有些欠妥。在自由民主主义中,虽说可以包容社会民主主义,但是否也可以包容人民民主主义?对这一点还是有争议的部分。由于南方与北方处于对立状态,因此大韩民国的自由民主主义是排斥人民民主主义的自由民主主义的。然而立足于自由民主主义的其他多数国家,允许立足于人民民主主义的共产党的存在,因此在统一以后,很有可能也会允许共产党的存在。

---

① [韩]成乐寅:"统一宪法的基本原理小考",载《首尔大学法学》2012年第53卷第1号,第415~446页。

其四,在经济、社会、文化方面应当采用社会福祉国家原理。在经济上,应当以市场经济为基础,从而立足于"社会市场经济"秩序,因此诸如市场经济、私有财产保障、经济民主化等现行宪法之基本秩序应当得以保留。在此有必要确认如下关系,即作为政治基本原理的自由民主主义与作为经济基本原理的"社会市场经济"形成了相互不可分的联系,也就是说有必要确认政治宪法与经济宪法的相互联系性。[①][②] 为了体现社会福祉国家原理。应当比现在更加强化在南方实施的"社会市场经济"社会福祉的作用。因为在统一以后,针对北方住民的经济、社会层面的辅助将会增多。同时还需要强化文化国家原理,由于经历了半世纪以上不同的文化生活,因此有必要加快民族融合的工作。

其五,在国际层面上应当采用国际和平主义原理。就这一观点而言,南方与北方都不会有异议。

其六,南北统一的出发点是基于韩民族的统一,这一隐性命题早已根深蒂固于南方与北方。在大韩民国宪法的前言与总纲中,也显示出了较浓的"民族性民主主义"的色彩。然而,随着南方社会步入"多文化社会"(即多民族的社会),单一民族、韩民族国家的概念将不可避免地面临根本性的变化。因此在统一宪法中,不得不放弃民族性民主主义。

(三)统一宪法中的政治制度与国家形态

1. 单一制国家与联邦制国家

就国家形式而言,南方与北方都采用了单一制的国家形式。在韩半岛,很难找到采用联邦国家形式的历史。因此,在统一以后应当继续采用单一国家形式的主张也是具有说服力的。然而由于分裂期间过长,在政治、经济、社会、文化等诸多领域都产生了极大的间隙,因此为了合理地克服上述问题,有关联邦制的统一方案正在被小心地提及。[③]

就大韩民国的统一方案而言,"韩民族共同体"统一方案应当视为仍然有效的方案。在这一统一方案中,没有特别提及有关国家形式的事项,因此可以认为

---

① [韩]郑永和:《和平统一与经济宪法》,法元社 1999 年版。

② 与此相关的问题,则有货币统一。德国在进行统一时,西德与东德的货币是以 1:1 的比例进行的兑换,由此引发很多负面问题,后来出现了很多批判性的意见。大体而言,当时的评价认为 1:3 才是符合现实的比例。

③ [韩]崔楊根:"阶段性联邦统一宪法研究",载《韩民族的未来与挑战》,善人出版社 2011 年版。

该统一方案意欲保持既存的单一国家形式。[①]

虽然北方曾经主张在统一以后实施联邦制,但北方所主张的联邦制更接近于南北联合,即具有浓厚的国家联合之性质。尤其是在金大中总统与金正日国防委员长之间举行的首次南北高峰会谈中,就已经对“低层次的联邦制”进行过合议。虽然对“低层次”的意义存在争议,但主语仍然是联邦制,因此可以说“曾经有过对联邦制的合议”。加之,在前总统金大中当选为总统之前曾经主张过联邦制,为此还受到过“奉承北方”的批判,由此可知,至少在论及有关联邦制的事项上,双方首脑都会很轻松地达成共识。

2. 政权组织形式

在确立统一宪法中的政权组织形式时,既要使得统一后的国家高效率地运转,又要朝着克服南北之间异质性的方向去确立政权组织形式。仅仅根据上述抽象的、讲学上的论述,是很难解答“何种政权组织形式才最为合理”。[②]

首先,有必要参见德国式议会内阁制。通常情况下,由议会内阁制产生弱政府的可能性较高,因此无法期待对政局的稳定性,无法产生强政府的逻辑占据了支配性的地位。然而西德的例子却完全不同。西德虽然导入了建设性不信任投票制度,这一制度是第二次世界大战以后,根据当时在欧洲享誉支配性地位的议会内阁制的合理化原理而设立的制度,但西德基本上还是维持了议会内阁制的构架。战后,西德通过掀起所谓的“莱茵河奇迹”,实现了经济大国的成就,并以此为基础,自勃兰特首相以后加速实施东方政策,最终实现了吸收统一。达成统一大业的科尔首相,通过长达十多年的长期执政,合理地应对了统一的过程。虽然当时的保守政权是联合政府,但仍然保持了政治稳定。当然,我国的政治环境不同于德国,因此很难直接援用议会内阁制,但仅仅以议会内阁制的特征为由去批判“议会内阁制不应该是统一宪法的理想政权组织形式”是不适当的。

通常情况下,由于总统制能够发挥较强的领导力,因此总统制是统一宪法中所应该适用的理想政权组织形式的见解处于支配地位。在总统制的政权组织形式下,政府是以总统为首的一元化结构,因此具有组建高效率政府的优点。而且最近主张修改宪法的人增多,即将现行总统——国务总理体系改为美国式的正副总统制。这一主张貌似有“如果在南方选出总统,那么就由北方出任副总统”的

① [韩]沈之渊:“南北韩统一方案的展开与汇总(1948~2001)”,载《从自主化、国际化的观点看统一方案之研究与资料》,石枕头出版社2001年版。

② [韩]成乐寅:“关于统一宪法上权力构造的研究”,载《公法研究》(韩国公法学会)2007年第36集第1号,第453~490页。

思量。然而在美国，副总统的地位与权限也是有争议的，实质上将副总统视为国务卿的说法更为确切。

因此，采用二元政府制（半总统制）的见解也是具有说服力的。采用二元政府制，从而使权力得以分配（power sharing），再通过总统与国务总理的角色分担，使得南北之间得以分配权限。对此也有批判的意见，即如何设定总统与国务总理的权限分配？若设定不当，很可能引发执行府内部的冲突。根据上述观点，可以援用法国的留保领域（domaine reservé）理论，原则上由总统分管外交、国防、统一问题，以首相为中心的内阁分管国内问题。

其实，我们在过去60多年中，以总统——国务总理的体系设计了宪法上行政府的权力结构。北方也是在以主席或者国防委员长为最高指导者的情况下，设立了国务总理制度。从这一点可以知道，北方制度与我们的制度具有一脉相承的一面。综上可知，就设计执行府的构造而言，保留总统与国务总理并设计恰当的角色分担，在这种情况下，不论是采取总统制还是采取二元政府制都是合理的。因为制度的急剧变化，有可能使得国家成为实验新政治制度的实验室。

3. 议会

就议会而言，在第一共和国时期，通过1952年的第一次宪法修改在宪法中导入了两院制，但在实践中未能组建上院。第二共和国宪法虽然导入两院制并得以实施，但适用的期间过于短暂。因此可以说，历史上议会采用了单院制。

但是由于南北之间人口差距已达两倍，并且考虑到当通过议会来克服南北之间的异质性等问题，因此统一宪法中的议会应该是两院制的结构。下院通过普通、平等、直接、秘密、自由选举来组织；上院应考虑地区代表性的方式来组织。

4. 司法

一直以来，司法府是以大法院为最高法院的一元化组织体系。宪法裁判机关除了第三共和国时期以外，一般都倾向于单独设立宪法裁判机关。特别是在民主化以后，经过剧变时期的磨砺，第六共和国时期的宪法裁判所发挥着越来越重要的作用，这一点给予我们很大的启发。

在统一以后，各种宪法问题需要通过司法途径来解决。对一般的争讼，可以由以大法院为最高法院的一般法院负责。与此同时，要扩大宪法裁判所的角色与作用。一旦统一得以实现，南北之间既有的政治社会问题有可能大批量地冒出来，因此，解决这些问题的宪法裁判所的角色与作用也应得以扩大。

（四）统一宪法中的基本权

就有关统一宪法的基本权而言，应当保留人权与基本权所具有的一般价值与原理,这意味着应当保留自20世纪以来发展至今的基本权所具有的价值原理。当今的基本权在国际上往往倾向于立足人类普遍价值。[①] 这一现象,自1948年的联合国人权宣言、经世界人权宣言再到各大陆的人权宣言,一直延续至今。特别是自20世纪后期开始,比起基于传统人权的自由与平等更加强调尊重共同体价值的相互依存权利。将这一系列的趋势集大成的人权宪章就是《欧盟人权宪章》。[②] 因此,在设计统一宪法中的基本权时,如果能够延续欧盟人权宪章的精神,就不会产生太大的分歧。

五、统一以后的课题:为了构建新秩序的分课题

(一)首都

现在大韩民国的首都是首尔,北方的首都是平壤。然而大韩民国的首都其实

---

① [韩]全種杙:"统一宪法的基本权体系",载《法曹》(法曹协会)2012年第61卷第2号,通卷第665号,第152~184页。

② 前言

第1章 尊严性:第1条 人的尊严性;第2条 生命权;第3条 身体不被损毁的权利;第4条 禁止酷刑、禁止不人道的或贬低人格的处罚或对待;第5条 禁止奴隶制度与强制劳动。

第2章 自由:第6条 自由与安全的权利;第7条 私生活与家庭生活受尊重的权利;第8条 个人情报的保护;第9条 婚姻与建立家庭之权利;第10条 思想、良心、宗教之自由;第11条 表现与情报的自由;第12条 集会与结社的自由;第13条 艺术与学术的自由;第14条 受教育权的权利;第15条 职业自由选择的自由与工作权;第16条 企业的自由;第17条 财产权;第18条 难民权;第19条 对隔离遣返、遣送、引渡的保护。

第3章 平等:第20条 法律面前人人平等;第21条 禁止歧视;第22条 文化、宗教、语言的多样性;第23条 男女平等;第24条 儿童的权利;第25条 老人的权利;第26条 残疾人士的融入社会。

第4章 团结:第27条 受雇企业劳动者的咨询与听证的权利;第28条 集体交涉和集体行动的权利;第29条 免费职业介绍所的使用权;第30条 对不当解雇的保护;第31条 良好工作条件的权利;第32条 禁止童工与受雇青少年的保护;第33条 家庭和职业生活的兼顾;第34条 社会保障与社会扶助;第35条 保健;第36条 使用市民生存所需的经济财产;第37条 环境保护;第38条 消费者保护。

第5章 市民权:第39条 欧洲议会选举权与被选举权;第40条 各国地方自治选举中的选举权与被选举权;第41条 要求良好行政的权利;第42条 取得文件的自由;第43条 监督权;第44条 请愿权;第45条 迁徙与居住的自由;第46条 外交与领事的保护。

第6章 裁判:第47条 得到有效救济与公平法院之权利;第48条 无罪推定与辩护权;第49条 罪刑法定原则以及犯罪行为与刑法之间的比例原则;第50条 同一行为不受两次追诉,不受两次处罚的权利。

第7章 一般规定:第51条 适用范围;第52条 受保障权利之范围;第53条 保护的水准;第54条 禁止权利滥用。

已经处于被分割的状态,国务总理和副总理以及涉及社会经济的主要部、处已经迁至忠清南道世宗市。同时,以法务部为首的相当数量的部、处则位于首尔圈内的京畿道果川市。除了大检察厅、警察厅、国税厅以外其他外厅都设在大田广域市。

由此可知,南方首都的功能实际上处于被分割的状态,在统一以后北方的平壤也要不可避免地被赋予部分首都的功能,因此分割首都功能的后遗症还会持续。可以预知,首都问题将会是统一以后的核心争论点之一。

不论是世界史还是人类史,虽说有迁都的例子,但很难找到分割首都功能的例子。就德国而言,虽然西德将波恩定为临时首都,但统一以后,柏林还是恢复了实质上的首都功能。虽然部分的部、处仍然位于波恩,但实际上对诸多不便的诉苦是不言而喻的,预计德国最终还是会把政府部、处统一到柏林。

(二)行政组织与地方自治

不论是采用单一国家体制还是采用联邦国家体制,地方自治必须比现在更加活跃。若通过联邦制来最大限度地赋予北方以自治权,那么北方则可以保持并发展自身的特征。

(三)司法官

统一以后,如何对待北方法律家成为问题。北方法律家并非立足于自由民主主义的权力分立,因此,是否应当认可北方法律家的资格?若给予认可,那么应当认可到何种程度,这是一个问题。对于这一情况,针对北方法律家实施再教育是不可避免的。

就德国而言,统一以后,通过对东德法官的再教育,在近十分之一的水准上赋予了法律家资格。这一点具有很大的参考价值。

(四)统一费用

统一以后,最为担心的事项就是经济问题。如何解决统一费用从而促进经济则是核心课题。[①] 部分学者认为,考虑到天文数字般的统一费用应当对统一持消极态度或者不可以提前进行统一,这是不可取的。无论统一费用如何,只要有可能,就应当先走向统一。

就有关统一费用而言,虽然各界对这一费用的评价各异,但抛开其褒贬,对于需要花费天文数字般的费用并无异议。在李明博政府时期,曾经设立了由统一部实质主导、民间形式主导的“统一坛子”,试图筹备统一费用,但在政府换届之后

---

① [韩]金九倫等5人:《构建统一成本效益的分析模型》,统一研究院2011年版。

处在了停滞不前的状态。

(五)私有化与民营化

在统一以后,如何将处于国公有状态的北方经济财产进行民营化甚至进行私有化成为问题。

就德国而言,通过设立信托管理厅,从而实施民营化,在原则上是以恢复原所有权的方式进行的。其实德国的情况同北方有着很大的差异。东德到了1972年才实现完全的国公有化;而北方自建国初期就通过没收土地进行了土地的国公有化,因此几乎不可能找到原所有权人,因而原则上寻找原所有权人的德国式方案不具有可行性。

总之,处于北方与休战线地区的国公有土地,在没有特殊的情况下,一概认可原所有权是不可行的。此外,居住于北方的个人对部分土地行使实质上的支配权时,可以根据个案进行区别对待,但是有必要保障个人住宅与其附属宅基地的私有权利。

(六)不法清算

在东西德统一的时候,也碰到了不法清算的问题。由于南北之间经历过战争,此后随着北方特有的体制,该不法清算可能会超出德国的强度,并极有可能成为统一后的冲突因子。不管是在何种情况下,不法清算的问题都不能被合理化,因此这一问题具有极大的严峻性。①

(七)警察、军队、教育

原则上,既存的警察、军队、教育等制度不得不面临解体。这一过程可以参照法院或检察院制度的改革,并以类似的水准与方向进行改变。特别是关于民主市民教育的需求会剧增。

六、结语

(一)针对瞬间突然实现的统一做出准备对策的必要性

统一会在某一瞬间突然实现。这在德国的例子中也已应验。在韩德统一咨询会议上,韩方的多数代表向德方咨询有关西德筹备统一的问题,然而德方却表现出了一副惊讶的表情。就从德国的例子来看,这也许是因为德国的统一是在意想不到的情况下突然进行的,可以预见我们的情况也会与此类似。如果某种决定性的动因开始起作用,那么统一的波纹很有可能会在瞬息间绽开。因此,可以说

---

① [韩]金夏中:“关于体制不法清算方案的宪法研究”,高丽大学2008年博士学位论文。

针对统一的准备工作做得再多也不为过。在各个领域的各界各层,都应当掀起议论统一的热潮。

在统一的过程中,首先应当进行扎根于现实的研究,即有必要进行基于南北韩特殊分裂国家关系的研究。[①] 这种研究应当根植于现实中的南北关系、比照正在进行的南北交流,从而发掘南北交流的实际连接点,并对连接点进行有实践可能性的处理。从此种意义上讲,一系列有关南北交流协力的判例研究更具有现实意义。[②] 当然,在进行统一之前就已经发生的民事问题也是不容忽视的。例如,在朝鲜组建家庭之后,只身一人南下,此人在韩国去世后,留在韩国的亲属主张继承权的案子已有发生。曾经有过根据《关于南北住民之间家族关系与继承等的特别法》认定该朝鲜住民具有继承权的判例。

《关于南北交流协力的法律》(第12条第2款)与《关于南北发展的法律》(第3条)规定:"南北关系,并非是国家之间的关系,而是在指向统一的过程中,临时形成的特殊关系。南北之间的交易,并非是国家之间的交易,而是民族内部的交易。"此外还规定了关于签署、批准南北合议书的事项,从而确立了有关南北合议书法律效力的根据。特别是国会,就涉及重大财政负担或立法事项的南北合议书享有签署、批准同意权(第21条)。南北合议书仅适用于南方与北方之间,基于南北关系的特性,在满足特定要件时总统可以停止全部或部分合议书的效力,需要停止经国会同意的南北合议书的效力应当再经国会的同意(第23条)。

(二)有必要扩大统一法制研究的外延

就探讨统一问题而言,其最终归宿必然是通过宪法与法律来具体体现的,因此法律家会起到更加重要的作用。然而在大韩民国,论述有关统一的议题时往往将政治、经济性的论题视为重点,法制性的论题滞后于此。[③] 好在朝鲜法研究会早已成立,并一直进行着活动,在国民大学就设有朝鲜法研究所。通过宪法与法

---

① [韩]李孝元:《南北交流协力的规范体系》,景仁文化社2006年版;"为了管理南北韩统合过程的特别法律制度模型研究",载《统一部政策课题报告书》,首尔大学宪法统一法中心,2012年。

② [韩]李孝元:《从判例透视南北韩关系》,首尔大学出版社2012年版;法务部《有关南北交流协力的判例集》2003年。

③ 1972年以后,对统一的研究开始兴起,各大学纷纷设立统一研究所,部分大学还开设了朝鲜学科。然而,当时研究的领域主要是以政治经济类为主。到目前为止,还是缺乏对朝鲜学的正确、体系的认识。

律来正确理解朝鲜实况是非常必要的。① 但是基于朝鲜法研究,更重要的一点是要进一步去研究统一法。2010年首尔大学设立了"宪法统一法中心"进行统一法研究,"宪法统一法中心"创办了名为《宪法与统一法》的期刊,为培养后续人才发挥着该期刊的角色与作用。② 全国法学专门大学院的统一法研究会以及研究生院法学专业的学生所写的论文,为将来承担统一大任的后续人才提供了宝贵的学术素材。

法务部、统一部、法制处也在加强统一法的研究。法务部把"特殊法令科"改编为"统一法务科",并创办了名为《统一与法律》的期刊,同时与学界保持着积极的研究共助体系。

(三)有必要在可能的范围内进行渐进式靠拢

历经朴正熙、全斗焕、卢泰愚、金泳三政府,虽然时而发生类似翁山的事件,但在度过困难时期后还是得到了持续的发展。特别是在金大中政府时期实施的阳光政策,迎来了南北关系的重要变曲点。在金大中——卢武铉政府时期,举行了两次南北高峰会谈,并且通过金刚山观光、离散家族相逢、开城工业园等措施,交流得以活跃;但是到李明博政府时期则遇到了危机。进入朴槿惠政府时期以来,就连开城工业园也到了停工的境界,南北关系一度步入了不畅的局面。但新的南北关系正在被确立,通过朴槿惠政府的韩半岛信赖项目,新的南北关系应当会朝着更为发展的方向前进。

就南北交流而言,诸如离散家族相逢、金刚山观光等课题是非常重要且必要的。然而从可持续发展的角度来看,更具有重要意义的是开城工业园。因为如果能够更好地激活开城工业园、能够在北方新设第二、第三个开城工业团体,那么就可以将市场经济、企业经济的"水花"移植于北方。③ 此外,和平利用非武装地带(DMZ)的南北共助将有可能成为迈开应对统一时代的第一步。④

---

① 朝鲜是一个封闭的共和国,特别是法令关系,很难破解其制定与修改进程。然而,不惧艰难险阻将朝鲜法令集大成的资料有:[韩]张明奉编:《2011革新朝鲜法令集》,朝鲜法研究会,2011年;国家情报院:《朝鲜法令集》,2012年。

② 在宪法统一法中心,每年都会举办的学术会议,由统一部、法务部、法制处进行支援,每年都有学问后续人才发表论文,并由法律学者、法官、检察官、律师、公务员点评上述论文。

③ "制定开城工业地区支援法5周年与法律制度的整备",载《学术大会资料集》(首尔大学宪法统一法中心)2012年。

④ "非武装地带的和平利用、树立综合战略计划以及法制化方案的研究",载《2010统一部项目报告书》,首尔大学宪法统一法中心。

成乐寅教授简介

学历

首尔大学法学院法学学士学位、法学硕士学位，首尔大学博士课程结业后，赴法国巴黎第二大学深造，获法学博士学位（宪法学）（docteur en droit）。

经历

1980年至1999年，岭南大学法学院教授。2002年至今，首尔大学法学院教授。2004年至2006年，首尔大学法学院院长。2005年至2007年，韩国公法学会会长。历任司法考试，行政、立法、外务考试以及军队法务官考试委员。1996年至1998年，总统咨询教育改革委员会委员。1997年至2003年，国务总理行政复议委员会委员（政务公开专属委员长）。2004年至2007年，宪法法院咨询委员。自2008年，宪法法院宪法审判制度改善委员会委员长、国会宪法研究咨询委员会副委员长。自2011年，国会公职者伦理委员会委员长。历任大法官之候补推荐委员会委员、大法官之法官人事委员会委员、法务部司法考试管理委员会委员、言论仲裁委员会委员、政府信息公开委员会委员长、法务部法律教育委员会委员长、大检察厅真相调查委员会委员长、统一部政策咨询委员会委员长、教育部评价委员会委员长、警察委员会委员长。现任首尔大学校长，首尔大学法学院教授，韩国法学教授协会名誉会长。

代表性学术作品

著作

《宪法学》（第14版），法文社2014年版；《宪法学入门》（第4版），法文社2014年版；《判例宪法》（第4版），法文社2014年版；《宪法诉讼论》（共著），法文社2012年版；《大韩民国宪法史》，法文社2012年版；《法国宪法学》，法文社1995年版；《宪法练习》，法文社2000年版；《韩国宪法练习》，考试界，1997～1998年版；《漫画判例宪法1（宪法与政治制度）》，法律期刊出版社2012年版；《漫画判例宪法2（宪法与基本权）》，法律期刊出版社2013年版；《阅读我们的宪法》，法律期刊出版社2014年版；《为了国民的司法改革与法学教育》，法律期刊出版社2014年版；《言论情报法》，罗南出版社2007年版；《选举法论》，法文社1998年版；《世界言论判例总览》(共著)(韩国言论研究院),2007年版;《防止洗钱的法制论》,景仁文化社 2007 年版;Les ministres de la Ve République française (Paris, L. G. D. J., 1988)。

论文

《韩国宪法与二元政府制(半总统制)》、《情报公开与私生活保护等多数》。

韩中司法协助实践现状及其改善方案*

石光现** 著 崔龙哲*** 译

一、前言

国家之间的司法协助也叫国际司法协助(international judicial assistance 又叫 international judicial cooperation),广义上是指具有国际性的所有司法协助;狭义上是指司法文书的送达和调查取证相关的国际司法协助。① 《韩国国际民事司法协助法》(第2条第1项)规定的是狭义上的司法协助。② 中国的司法协助是包括"一般司法协助"即普通司法协助和"特殊司法协助"即法院判决的承认和执行的概念,由此可以看出中国是在广义上使用"司

---

* 此文为笔者于2014年10月11日在中国延吉所在的延边大学举行的第7届图们江座谈会关于法律部分发表材料的修补。感谢延边大学法学院和首尔大学法学研究所提供了参与图们江论坛的机会,此文韩文版已于2014年12月末在韩国国际交易法学会《国际交易法研究》第23集第2号,第317~352页刊发。

** 韩国首尔大学法学专门大学院教授,韩国首尔法学博士。研究方向:国际贸易法、国际私法、国际民事诉讼法。

*** 延边大学法学院讲师、韩国高丽大学法学博士。研究方向:海商法、国际经济法。

① [韩]陈成奎:"在民事诉讼法的国际司法协助",载《涉外案件的诸问题裁判资料》(下),1986年第34集,第449页;[韩]李泰熙:"关于国际司法协助的研究",载《柳基天博士古稀纪念:法律学的诸问题》,1988年,第751页。

② 第2条第1款规定的"司法协助",是指为了审判材料的送达或者调查取证有关的国内程序在外国的执行或者外国程序在国内的执行,而由法院和其他公务所等提供的协助。

法协助"的概念。[①] 司法协助包括民事司法协助、刑事司法协助及行政案件中的司法协助。[②] 本文重点论述民事司法协助,[③]本文中的民事司法协助,是指包括民事案件中的文书的送达、调查取证、法律信息的提供、外国判决的承认和执行的广义的司法协助。[④]

过去,韩国并没有关注民事司法协助,但从1979年开始意识到司法协助的重要性。此后,1979年8月,韩国成为海牙国际私法会议的会员国,2000年缔结了"Convention on the Service Abroad of Judicial and Extrajudicial Documents in Civil or Commercial Matters"(送达公约);[⑤]1999年9月17日,韩国与澳大利亚签订了《大韩民国和澳大利亚之间的民事司法协助条约》(韩澳条约);[⑥][⑦]2003年7月7日,与中国签订了《大韩民国和中华人民共和国之间的民事及商事司法协助条约》,并于2005年4月27日起生效。[⑧] 韩澳条约和韩中条约规定的内容包括文书

---

① [韩]全大圭:《中国民事诉讼法》,博英社2008年版,第645页。

② 《韩国关于独占规定和公平交易的法律》(第36条第2项)规定了和外国间的协助。欧洲国家之间也就行政案件的文件送达缔结了条约。关于行政案件,欧洲国家之间有1977年11月24日的公约约定送达有关事项,关于提供信息和提供证据协助有1978年3月15日的公约。此外租税法领域也需要国际协助,我国批准了Convention on Mutual Administrative Assistance in Tax Matters。本条约在2012年7月1日起生效。参照http://www.oecd.org/tax/exchange-of-tax-information/Status_of_convention.pdf。介绍,[韩]林治龙:"关于国际破产案件实务上的问题",载BFL2012年第53号。

③ 韩国为了民事司法协助,1991年3月8日制定了法律第4342号国际民事司法协助法,为刑事司法协助制定了法律第4343号国际刑事司法协助法。国际民事司法协助法是在民事案件,对于从外国的司法协助程序和司法委托执行程序的规定为目的(本法第1条)。

《国际刑事司法协助法》是关于刑事案件的搜查或裁判,确定根据外国请求进行协助及向外国请求协助的范围及程序等,以此达到增进抑制及预防犯罪的国际合作为目的。(本法第1条)

④ 虽然可以包括韩中条约规制的承认和执行外国仲裁裁定的情形,但是对此有其他的多边条约(1958年纽约公约),因此不在此赘述。

⑤ 送达公约是2000年8月1日起在韩国生效。

⑥ 2000年1月16日起生效。关于韩澳条约参照[韩]柳永日:"关于司法协助的首尔宣言",载《首尔国际法研究》1999年第6卷第2号,第66页。

⑦ 韩国是在1999年9月在首尔召开的第8次亚洲-太平洋大法院长会议时,关于亚洲—太平洋区域关于司法协助,通过首尔宣言起到了主导作用。

⑧ 关于韩中条约参照[韩]裴亨元:"韩·中民事司法协助条约",载《国际司法研究》,2004年第10号;[韩]裴亨元等:《多边公约及双边条约的研究》,司法发展财团2010年版,第265页;[韩]黄进、曾涛:"中国和韩国间司法协助的现况及未来",载《国际私法研究》2009年第15号,第21页(翻译文)。关于民事司法协助的我国最新文献参照[韩]金友振:"在开放化国际化时代东北亚民事司法协助:业务的接近",载《韩国法学家大会论文集》2004年。香港是中国的一部分,因此适用韩中条约,香港也依照送达公约的规定,快速地进行司法,目前为止仍在使用此公约。参见[韩]裴亨元等:《多边公约及双边条约的研究》,司法发展财团2010年版,第264页。

送达、调查取证和提供法律信息协助等相关内容。虽然两个条约都没有包含外国判决的承认与执行,但韩中条约中包含了仲裁裁决的承认和执行。[①] 由此,韩国在短期内实现了国际民事司法协助法制上的国际化。此外,韩国与蒙古签订了《大韩民国和蒙古之间的民事以及商事司法协助条约》(2010 年 5 月 8 日起生效),[②]与乌兹别克斯坦签订了《大韩民国和乌兹别克斯坦之间的民事及商事司法协助条约》(2013 年 8 月 11 日起生效),但蒙古和乌兹别克斯坦不是送达公约和 Convention on the Taking of Evidence Abroad in Civil or Commercial Matters(证据公约)的缔约国。[③] 2009 年 12 月韩国缔约了证据公约,[④]为国际民事司法协助即送达和调查取证相关的协议提供了法律基础。[⑤] 但是,韩日之间还没有达成关于民事司法协助的双边条约。

如今,中国是韩国最大的贸易国,韩国是中国的第三大贸易国。[⑥] 此外,中韩之间人力和物资交往规模巨大,[⑦]而且两国之间的交往也呈现持续增长趋势。[⑧] 在此背景下,本文将讨论中韩之间的民事司法协助(以下简称韩中司法协助)的实践现状及其改善方案。

---

① 《大韩民国和中华人民共和国之间的民事及商事司法协助条约》(第 25 条)在“仲裁判决的承认·执行”的题目下规定:“各方当事国根据纽约公约承认、执行在对方当事国境内取得的仲裁裁决。韩中条约的规定如果与纽约公约发生冲突,则不适用于承认、执行仲裁裁决。”因此没有太大的实益。

② 有关韩蒙条约的解说与韩文版请参见[韩]裴亨元等:《多边公约及双边条约的研究》,司法发展财团 2010 年版,第 306 页、第 476 页。

③ 前者参照 http://www.hcch.net/index_en.php?act=conventions.status&cid=17;后者参照 http://www.hcch.net/index_en.php?act=conventions.status&cid=82。蒙古和乌兹别克斯坦到 2014 年 8 月 1 日也不是海牙国际私法会议的会员国。

④ 证据公约,2010 年 2 月 12 日在韩国生效。关于证据公约事先参照[韩]石光现:《关于调查取证国际民事司法协助的研究》,博英社 2007 年版;概观参照[韩]石光现:《国际民事诉讼法:国际私法》(程序篇),博英社 2012 年版,第 258 页。

⑤ 韩国是到 2014 年 11 月 15 日为止加入了送达公约、调查取证条约、外国公文认证要件废止公约和诱拐儿童公约,并签下了海牙领养公约。

⑥ 后者参照 http://www.worldstopexports.com/chinas-top-import-partners/723。

⑦ 按照 2005~2013 年的统计,跟韩国男性结婚的外国女性的国籍有:中国(33.1%)、越南(31.5%)、菲律宾(9.2%)。跟韩国女性结婚的外国男性的国籍有:美国(22.9%)、中国(22.6%)、日本(17.8%)。2013 年跟外国人结婚的总件数是 25,963 件,比起 2012 年减少了 2362 件,这是总婚姻(322,807 件)的 8.0%。其中韩国男性跟外国女性结婚的有 18,307 件(其中跟中国女性有 6058 件),韩国女性跟外国男性结婚的有 7656 件(其中跟中国男性有 1727 件)。载 http://www.index.go.kr/potal/main/EachDtlPageDetail.do?idx_cd=2430。

⑧ 但现在韩中两国间的国际婚姻渐渐减少。

二、韩中司法协助的法律基础

韩中司法协助的法律基础主要是两国间签订的韩中条约。由于韩中两国都是多边条约(送达公约和证据公约)的缔约国,因此公约也可以作为韩中司法协助的法律基础。韩中司法协助法律基础①包括:(1)韩中两国的双边条约;(2)国际多边条约(送达公约和证据公约);(3)韩国国际民事司法协助法;(4)韩国民事诉讼法。② 此外还包括"国际民事法律协助规则"③和"关于国际民事司法协助等律例"④。

韩中条约签订的意义在于,在判决文件送达和提供法律信息等程序上,把委托书接收和发送职责指定给了一个中央机关,由其担任委托书的接收机关(receiving authority)和发送机关(forwarding authority)。换句话说,根据送达公约,中央当局并不是接收机关,只是发送机关,而双边条约却解决了此种问题。如果没有双边条约,即使韩国缔约了送达公约,作为接收机关的法院行政处长也不能向外国法院直接发送法律文书,必须经过国际民事司法协助法规定的外交路径。具体来讲,委托送达的机关即委托主体是受诉法院的审判长,但是根据国际民事司法协助法,必须经过外交部而不能由法官或法院的行政处长直接向外国中央当局发送法律文书。国际民事司法协助法中,向外国中央当局直接发送委托书的机关是外交部长官(严格来说,这并不是"发送机关"的问题,而是"发送路径"的问题)。证据公约也是如此规定的。此类规定对当事人带来了很多不便,应该修改国际民事司法协助法,对于送达公约和证据公约的缔结国允许不经过外交部直接由法院行政处发送邀请书、委托书等。但是比较遗憾的是,⑤法院并没有推进国

---

① 有关中国法的基本观点请参照[韩]黄进、曾涛:"中国和韩国间司法协助的现况及未来",载《国际私法研究》2009年第15号,第23页。

② 依据韩国《宪法》(第6条第1项)的规定,"根据宪法签订·颁布的条约和一般承认的国际法规具有与国内法相同的效力"。《国际民事司法协助法》(第3条)还规定,关于司法协助程序,条约及其他类似的国际法优先于本法。因此,送达公约和证据公约是在韩国具有与国内法相同的效力,是民事诉讼法及国际民事司法协助法的特别法,优先于民事诉讼法和国际民事司法协助法。

③ 2002年6月28日修订规则第1770号。

④ 这是过去的(在日2003-15)审判律例第1045号,但2014年2月13日改正为审判律例第1463号。改正的裁判例规区分了多边条约和双边条约,分别规定了关于对外国的送达委托和调查取证委托、外国请求的送达委托和调查取证委托。

⑤ 这一点已被指出。[韩]石光现:"关于加入海牙送达公约的几个问题",载《国际私法和国际诉讼》2001年第2卷,第312页;[韩]石光现:《国际民事诉讼法:国际私法》(程序篇),博英社2012年版,第252页。至今在实务中也这样操作,但并无法律根据。

际民事司法协助法修订,2014年2月13日仅仅对关于国际民事司法协助例规等进行了修改。《关于送达委托的国际民事司法协助等律例》(第4条第1项)明确规定:“根据海牙送达公约及双边条约规定的送达委托是通过受诉法院→法院长→韩国中央机关(法院行政处)→被委托国的中央机关(法务部、外交部、大法院,按各个国家的规定会多样化)→被委托国的当事法院这一路径。”笔者认为,上述第三阶段有悖于国际民事司法协助法的规定,因为《国际民事司法协助法》(第6条)对“委托的路径”明确规定为受诉法院→法院院长→韩国法院行政处长→外交官。①

下文分别探讨送达、调查取证、提供法律信息和外国判决的承认和执行。

(一)送达

韩中两国都是多边条约(送达公约)缔约国,所以此公约成为韩中司法协助的法律基础。此外,韩中条约也包含了文书送达的条文,从这一点来看韩中具有稳固的法律基础。审判文书以外的文书②的送达仅适用送达公约,而不能适用韩中条约;而对于审判文书的送达,韩中条约和送达公约都是可以适用的。这里的审判文书不仅是指诉讼案件文书,还包括非诉讼案件的文书。③

起初签订韩中条约时,韩中两国都缔约了送达公约,并且约定使用送达公约附件规定的模板。但是比起初期的模板,使用改进后的模板更具有合理性,因此两国将委托书、证明书等模板也添加到条约当中。在中央机关作为委托主体这一点上,与以前存在差异,但是其他的具体记载事项并无太大差异。

---

① 委托调查取证的途径与委托送达并无不同,但国际民事司法协助有关的律例中对此没有明示,这一点实在是令人难以理解。

② 非裁判文书与诉讼无直接关联性,在这一点上与裁判文书是不同的。另外,需要当局或司法公务员介入,所以跟私人文书也有不同。列举非裁判文书的例子可以是当局或司法公务员制作的支付请求书、解除租赁合同的通知、票据拒绝证书、需要具备一定方式的婚姻提出异议和领养同意等。Hague Conference on Private International Law, Practical Handbook on the Operation of the Hague Convention of 15 November 1965 on the Service abroad of judicial and extrajudicial documents in civil or commercial matters, Third edition (2006), para. 66;[韩]裴亨元等:《多边公约及双边条约的研究》,司法发展财团2010年版,第276页。下面将前者引用为“Handbook”。

③ [韩]裴亨元等:《多边公约及双边条约的研究》,司法发展财团2010年版,第276页。

韩中两国关于送达都是采取职权送达主义。[①] 韩中两国在缔结送达公约时，对第8条(外交官或领事对本国民以外的人的直接送达)和第10条(简易送达方式)都提出了异议,因此,韩中两国之间是不能采用简易送达方式的。[②]《送达公约》第10条规定的简易送达方式有:邮寄送达;委托国和目的地国的司法公务员直接简易送达;利害关系人通过目的地国司法公务员等进行的直接送达。[③]

韩中条约和送达公约的关系上有一定的争议。送达公约(第25条)规定"……本公约不损及缔约国已经或将要成为当事国并含有本公约所规定事项的条款的其他公约。"《韩中条约》(第29条)规定:"本条约不影响缔约双方之间根据其他条约或安排等存在的义务,也不妨碍缔约双方根据其他条约或安排等相互提供或继续提供协助。"这是设置了互不影响的冲突规定(conflict clause)。也有人认为韩中条约应优先于送达公约。[④] 但一般来讲,应详细分析两个条约(公约)间的冲突规定。如果发生的冲突可以具体适用相关规定的话,应该具体适用其规定;如果冲突规定不是很明显,应当依照1969年《关于条约法的维也纳公约》(Vienna Convention on the Law of Treaties)(第30条)解决。依据第30条第4项和第3项,前条约的规定只有在与后条约相兼容的范围内适用。笔者认为,两者可以在兼容(compatible)的范围内将其看作是互补的条款,可以选择适用更为友好的条款。[⑤] 综上,两者的关系问题可以归结为条约解释的问题。下面将论述两者关系的几种观点。

第一,送达公约规定了司法文书以外文书的送达,而韩中条约并没有此类内

---

① 我国民事诉讼法第174条。关于中国参照[韩]裴亨元等:《多边公约及双边条约的研究》,司法发展财团2010年版,第279页;[韩]全大圭:《中国民事诉讼法》,博英社2008年版,第458页。《中国民事诉讼法》(第77~84条),采取直接送达原则,是通过法院的司法警察或法院书记员直接送达当事人。此外认可有留置送达、委托送达(委托当事人所在地法院)、邮寄送达、机关送达(委托当事人所在地机关,如军人、被监禁人)和公示送达。[韩]裴亨元等:《多边公约及双边条约的研究》,司法发展财团2010年版,第279页。

② 载http://www.hcch.net/index_en.php? act = status.comment&csid = 408&disp = resdn, http://www.hcch.net/index_en.php? act = status.comment&csid = 393disp = resdn。

③ 依照韩国法院行政处:《国际贸易审判实务手册》(2006年修正版),2006年版,第39页。领事送达方式是2~3个月、通过中央机关的间接送达是3~4个月。通过外交径路的间接送达方式是6个月及超过1年。各个国家送达时间参照上述实务手册第41页。

④ 按照黄进、曾涛:"中国和韩国间司法协助的现况及未来",载《国际私法研究》2009年第15号,第23页,中国的最高人民法院司法解释《最高人民法院关于涉外民事或商事案件司法文书送达问题若干规定》有这样宗旨的规定(第6条第2项),大多数中国学者也支持这一观点。也可以认为我国的实务是依据这一见解。

⑤ [韩]石光现:《国际民事诉讼法:国际私法》(程序篇),博英社2012年版,第293页。

容,但这并不意味着不允许司法文书以外文书送达。因此,依据送达公约的规定,司法文书以外的文书仍可以送达。即使认为应优先适用韩中条约,也和这一点不冲突。

第二,《送达公约》第15条和第16条能否适用于依据韩中条约进行送达的情况?此问题值得商榷。《送达公约》第15条规定:即使在被告不出庭、委托国没有收到送达证明书的情况下,满足一定要件,法院即可审判。另外,第16条为了保护受到缺席判决的被告,允许其上诉期间届满以后提起上诉,[①]而韩中条约却没有此类规定。依据韩中条约进行送达时,反对适用前述条文的观点则认为,不能进行送达时,可以适用民事诉讼法上的公示送达,并依据民事诉讼法的相关规定来判断追补抗诉(subsequent completion appeal)是否符合法律规定。[②] 但是,笔者此观点也值得商榷,上述情况下仍然可以适用《送达公约》第15条和第16条。因为从理论上,在兼容的范围内两者是互补关系。中韩在制定条约时主要是为了避免重复相同的内容,而不是为了排除相关规定。也就是说,根据《送达公约》(第15条)的规定,在一定的情况下,即使没有进行公示送达也是可以审判的。双边条约虽然没有明示此规定,但是并不意味着封锁了这一途径。[③] 即使双边条约优先结果也是一样的,这只是双边条约优先适用的意思,并不是要排除存在于多边条约中但双边条约中没有的规定。查看前述部分的裁判文书以外文书的送达部分即可知晓。

(二)调查取证

韩中条约规定了调查取证事项,它是关于调查取证的重要的法律基础。由于韩中两国都是多边条约(证据公约)的缔约国,此条约也可以作为韩中司法协助的法律基础。因为证据公约没有规定韩国民事诉讼法规定的公务所等委托调查(又叫事实调查)[④]等条文,所以是不能适用证据公约来进行事实调查的;但韩中

---

① 但中国声明第16条第3项的救济申请期间为1年,我国对此没有进行声明。因此,在我国即使审判之日起已超过1年,依然可以按照《民事诉讼法》(第173条),自知道判决之日起30日(在外国的情况下)内可以上诉或提起再审,以补充完成诉讼行为。参照[韩]石光现:"关于加入海牙送达公约的几个问题",载《国际私法和国际诉讼》,2001年第2卷,第307页;[韩]石光现:《国际民事诉讼法:国际私法》(程序篇),博英社2012年版,第243页。

② 参照[韩]裴亨元等:《多边公约及双边条约的研究》,司法发展财团2010年版,第284页。

③ 当然,是否承认按照上述方式送达的情况下作出的判决应当另当别论,因为很难认为这种方式保障了败诉被告的防御权。

④ 依照我国《民事诉讼法》(第294条)的规定,法院可以委托公共机关、学校及其他团体、个人或外国的公共机关,就其业务范围内事项进行必要的调查或送达其保管中的文书的誊本、副本。

条约(第16条第1项、第17条第3项RA号)明确规定了可以委托公务所进行事实调查,因此是可以使用的。

韩中条约缔结当时,韩国还不是证据公约的当事国;但在2010年2月12日,韩国正式签订证据公约,韩中两国都成为该公约的缔结国。《证据公约》第1章规定了依委托书(letter of request)的形式进行的调查取证(第1~14条);第2章规定了由外交官、领事官员及特派员(commissioner)进行的调查取证(第15~22条)。具体来说,《证据条约》第15条规定了外交官或领事官员对本国国民(派遣国)的调查取证;第16条规定了外交官或领事官员对接受国或第三国国民的调查取证;第17条规定了由特派员进行的调查取证。韩国在加入证据公约时声明,韩国排除适用第2章中第16条和第17条的内容,因此禁止外交官以驻在国、第三国国民为对象进行调查取证或由特派员进行调查取证。① 外国的外交官在韩国仅能对派遣国国民进行调查取证,而不能对韩国国民或第三国国民进行调查取证,并且也不能委托特派员进行调查取证。关于公约的适用,中国声明第2章中除第15条外其他条文款都不予适用。因此,韩中两国都能适用第15条,并且都禁止特派员的调查取证。② 除此之外,韩国还声明对于期日前以书面材料开示为目的而制作的委托书不予以执行。为了进一步表明自己的立场,韩国做出了英国式的、限制性拒绝声明,这一点与中国类似。③

尽管在双边条约(韩中条约)和多边公约(证据公约)的关系问题上存在争议,但在兼容的范围内两者具有互补性,应当适用对司法协助更为友好的条款。

---

① 但是《韩澳条约》(第25条)中允许特派员进行证据调查。特派员进行的证据调查是引入了英美制度中的证据调查方式,由受诉法院通过特别调查人、宣誓特派员在外国进行证据调查,并没有考虑法官。但是韩国的民事诉讼法上,法院可以指定"受任法官",在法院外进行调查取证(第297条)。[韩]石光现:《关于调查取证国际民事司法协助的研究》,博英社2007年版,第37页。但是按照规定在外国进行调查取证活动的《民事诉讼法》第296条的规定,民事诉讼法上的受任法官的活动应限于国内。因此有观点认为,如欲将特派员所做的证据调查结果作为证据材料使用,需要经过辩论。[韩]裴亨元等:《多边公约及双边条约的研究》,司法发展财团2010年版,第253页。但是韩澳条约明示了韩国法院可以将法官指定为特派员,可以在澳洲进行调查取证,因此不需要拘泥于第296条。

② 适用第15条的话,第18条、第19条、第20条和第21条也应该适用,而且也没有必要排除第22条。在这个意义上,中国声明排除第18~22条适用的做法多少有点令人难以理解。不管怎样,《韩中条约》第20条明示了关于调查证据的强制措施,因此受托国应该采取适当的强制措施。

③ 载http://www.hcch.net/index_en.php?act=status.comment&csid=1057&disp=resdn,http://www.hcch.net/index_en.php?act=status.comment&csid=493&disp=resdn。

这一点与送达公约是相同的。[①] 对于两者关系的几个争议点如下：

第一，针对证据公约规定的特派员进行的调查取证，韩中两国都提出了异议，因此现在还不能适用。但是将来如果撤销此异议，那么即使韩中条约对此没有规定，特派员也可以依据公约进行调查取证。

第二，按照证据公约的规定，当事人依照委托国法律或受托国法律有拒绝提交证据的特权或义务时，可以拒绝提出证据（第 11 条第 1 项）。《韩中条约》（第 21 条）也有类似的规定。证据公约规定，委托国法律可以给予保护的情况限于以下两种：(1) 委托国法律上的特权或义务在委托书上明示的；(2) 根据受托当局的提议，委托当局以其他方法确认特权或义务的。[②] 这一方面是赋予委托国的法律上的保护，充分保障证人的拒绝作证权；另一方面则是为了避免证人向执行人员主张外国法上的特权而阻止行使司法协助的情况。但问题是韩中条约对此并未进行限制，所以按照韩中条约委托调查去取证时，该限制规定是否可以适用呢？对此，有人坚持主张适用该限制。[③] 但笔者认为，韩中条约没有相关规定，而且在双边条约的框架下应该知晓对方国家的法律，因此不能直接适用多边条约。

（三）法律信息的提供

韩中条约包括提供法律信息或诉讼记录等司法协助（第 3 条）。《韩中条约》第 26 条规定了法律信息的协助，[④]据此规定，韩国的中央机关（法院行政处）向中国的中央机关（司法部）提出请求时，中国的中央机关应向韩国的中央机关提供与韩国的诉讼程序相关的中国法规及司法实务信息。[⑤] 但韩中条约并没有明示具体的程序，因此缺乏可操作性。作为参考，在提供外国法信息方面的欧洲委员会（Council of Europe）条约即 1968 年 6 月 7 日“关于外国法信息的欧洲公约”（European Convention on Information on Foreign Law）（“伦敦公约”），由 21 个条

---

① 《韩中条约》（第 29 条）前面已经涉及。证据条约（第 32 条）规定：“……本公约的缔结国为当事国，或即将成为当事国的协议中，包括了本协议的规范事项的相关规定的话，本协议并不废除那些协议。”

② ［韩］石光现：《关于调查取证国际民事司法协助的研究》，博英社 2007 年版，第 50 ~ 51 页。

③ ［韩］裴亨元：“韩 · 中民事司法协助条约”，载《国际司法研究》2004 年第 10 号，第 293 页。

④ 本条款原来是亚洲 · 非洲法律咨询委员会起草的模范条约中规定的，后来将其纳入到韩澳条约，在韩中条约中也纳入了该条款。［韩］柳永日：“关于司法协助的首尔宣言”，载《首尔国际法研究》1999 年第 6 卷第 2 号，第 73 页；参照 Handbook, p. 103。

⑤ 第 26 条规定给了法律信息或诉讼记录的提供。具体如下：“一、被请求方的中央机关应当根据请求，向请求方中央机关提供与请求方诉讼有关的法律、法规及司法实践资料。二、被请求方的中央机关应当根据请求，向请求方中央机关提供其可公开获得的，与请求方国民有关的诉讼的司法记录摘要。”

文构成,韩中条约与此相比条文的设置上过于简单。①

(四)外国判决的承认与执行

韩中条约协商过程中,中方向韩方提出的草案中包含了外国判决的承认及执行。但是,韩方认为如果司法协助的内容包括外国判决的承认与执行,可能会与当时正在进行的海牙国际私法会议关于民商事国际审判管辖和判决的承认与执行的多边条约缔约内容相违背,而且韩国当时对中国审判公正性和法官的独立性并不信任,因此没有接受中方提议。② 同时韩方指出,韩国的国际民事司法协助法和韩澳条约也没有包括判决的承认与执行这一项,建议中方删除外国判决的承认与执行,中方接受此建议删除了该内容。③ 假如当时承认了中国判决 的首尔地方法院[1999年判决,下文三(四)里介绍]的判决是由韩国大法院做出的话,韩国有可能会接受中国的提议。但是由于做出判决的是下级法院,因此韩国没有接受中国的提议。此后,两国之间的外国判决的承认与执行由各自的国内法来规定。现状在下文三(四)中详述。

三、韩中司法协助的实践现状

为了了解韩中司法协助的实际情况,对送达和调查取证做了如下统计。④

(一)送达

表1 按委托区分接收件数表(韩国→中国)

单位:件

年度	领事送达	管辖法院	海牙送达	双边条约	总计
2004	10	4	270		284
2005	15	8	465	189	677
2006	40	4	1	1090	1135

---

① 伦敦公约主要内容和几个问题点,参照[韩]苏晓凌:《外国法的适用:外国法的调查和证明为中心》,韩国首尔大学校大学院2014年法学博士学位论文。公约原文载 http://conventions. coe. int/Treaty/Commun/QueVoulezVous. asp? NT = 062&CM = 1&CL = ENG。

② 参照[韩]裴亨元:"韩·中民事司法协助条约",载《国际司法研究》2004年第10号,第304页。

③ [韩]裴亨元:"韩·中民事司法协助条约",载《国际司法研究》2004年第10号,第304页。

④ 以下统计中2004~2007年的送达统计参照了[韩]裴亨元:"韩·中民事司法协助条约",载《国际司法研究》2004年第10号,第264~265页的内容。但是,此外的统计和关于调查证据的统计是非官方的数据,因此可能不够准确。即使如此,在理解整体趋势上应该有所帮助。

续表

年度	领事送达	管辖法院	海牙送达	双边条约	总计
2007	63	7	0	1186	1256
2008	57	12	0	928	997
2009	51	0	0	1023	1074
2010	63	0	2	781	846
2011	37	0	2	529	568
2012	34	0	0	351	385
2013	28	0	1	206	235
2014. 8.	19	0	0	146	165

表 2　按委托区分接收件数表(中国→韩国)

单位:件

年度	管辖法院	海牙送达	双边条约	总计
2004		56		56
2005		76		76
2006		99		99
2007		72		72
2008	1	115		116
2009	0	141	0	141
2010	0	103	0	103
2011	0	110	0	110
2012	0	129	0	129
2013	1	112	0	113
2014. 8.	0	31	23	54

从表 1、表 2 可以看出,关于送达协助,韩国是依据双边条约(韩中条约)提出

邀请;相反,中国是依据多边条约(送达公约)提出邀请的,①而且2014年才开始适用双边条约。韩国在2006~2009年间向中国送达邀请比较多,这是因为与中国朝鲜族缔结婚姻的很多韩国人向韩国法院提出了离婚诉讼。② 同时还可以发现,韩国通过驻中国韩国领事馆送达的次数比较多,而中国并不通过驻韩国的中国领事进行送达。

(二)调查取证

表3 按委托分类接收件数表(韩国→中国)

单位:件

年度	领事	管辖法院	海牙证据	双边条约	总计
2004	0	0	0	0	0
2005	0	0	0	0	0
2006	1	0	0	4	5
2007	2	0	0	1	3
2008	2	0	0	4	6
2009	1	0	0	5	6
2010	0	1	0	6	7
2011	3	3	0	2	8
2012	5	0	0	9	14
2013	7	0	0	3	10
2014. 8.	3	1	0	0	4

① 如上所述,根据韩中条约优先于送达公约的见解,这是一个自然导出的结论。韩国在韩中条约生效后,立即适用了双边条约,而中国却在改变实务上耽误了一些时间。

② [韩]裴亨元:"韩·中民事司法协助条约",载《国际司法研究》2004年第10号,第319页。

表4 按委托分类接收件数(中国→韩国)

单位:件

年度	管辖法院	海牙证据	双边条约	总计
2004	0	0	0	0
2005	0	0	0	0
2006	0	0	0	0
2007	0	0	0	0
2008	0	0	0	0
2009	0	0	0	0
2010	0	0	0	0
2011	0	0	0	0
2012	0	0	1	1
2013	0	0	0	0
2014. 8.	0	0	0	0

从表3、表4中看出,韩中两国在调查取证方面的司法协助并不活跃。韩国依据韩中条约向中国邀请的调查取证协助事例甚微。近期,中国接受了韩国委托的证据调查,这些事例值得我们关注。① 另外,韩国通过韩国领事馆对中国境内的韩国人进行调查取证,而中国不通过领事馆进行调查取证。

(三)提供法律信息

《韩中条约》第26条规定了法律信息司法协助的内容,根据此条款,韩国的中央机关(法院行政处)请求时,中国中央机关(司法部)应该提供与韩国诉讼程序相关的中国的法规及司法实务信息。但是,上述条款却没有得到真正的运用。对

① 依照法律新闻第4258号(2014年9月29日)事实原委如下:绘画出售人宣称某中国著名画家的赝品为真品,拒绝损害赔偿。韩国法院通过民事司法协助,从中国法院得到关键证据,判决该出售人败诉。首尔高等法院民事19部审理的案件是:A画廊的代表以其他画廊代表为被告提起损害赔偿请求上诉(2014NA1449),法院判决原告胜诉。焦点问题在于中国画家曾梵志作品是否为赝品。一审法院根据韩中条约向中国法院请求鉴定美术品的真伪,北京市高级人民法院的法官直接到艺术家的工作室进行询问,让画家当场对韩国法院发送的美术品进行直接鉴定,画家确认后作出该绘画为赝品的结论。收到委托鉴定结果的上诉审裁判部,依据委托鉴定结果,认定该绘画为赝品,并认可了原告的损害赔偿请求。韩国偶尔也做调查相关的委托,但是中国法院积极响应协助的要求进行证人询问的做法是少见的。

于法律信息提供的协助没有统计数据,原因可能是当事人和法院都没有重视韩中条约中关于提供法律信息的内容。①

(四)外国判决的承认与执行

任何国家法院的审判都是行使审判权即行使主权的结果,因此其可以在本国内产生法律效力,而在其他国家当然没有法律效力。然而坚持这些原则会危害到涉外法律关系的稳定,影响国际民事纠纷解决的效率。为了解决上述问题,当今许多国家在外国判决具备一定要件时,承认其法律效力并予以执行。

本文将按以下顺序探讨与外国判决的承认、执行相关的韩国法律和中国法律(下文1和2),对两者进行比较(下文3);并介绍第一次承认中国人民法院判决的首尔地方法院判决和否认韩国法院判决的广东省深圳市中级人民法院的判决(下文4),并对此进行分析(下文5);最后提出改善方案(四)。

1. 关于外国判决承认与执行的韩国法概况②

在韩国,外国判决的承认与执行的依据是民事诉讼法和民事执行法。过去,民事诉讼法包含了承认与执行,但2002年7月1日民事诉讼法分为民事诉讼法和民事执行法后,两者分入不同的法律。起初,《民事诉讼法》第217条的承认要件受到了德国民事诉讼法(ZPO)的影响,此后2001年修改时又受到了"民事和商事案件的关于审判管辖和审判执行的EC公约"(以下简称《布鲁塞尔公约》)③的影响。在审查过程中,韩国法院不能审查外国判决的对错(禁止实质审查(*révision au fond*)原则),但可以审查是否具备承认要件,并且可以在必要的范围内进行实质再审查,还可以调查相关事实关系。④

---

① [韩]苏晓凌:《外国法的适用:外国法的调查和证明为中心》,首尔大学大学院2014年法学博士。

② 详细参照[韩]石光现:"民事与商事事件的外国判决的承认与执行",载《国际私法和国际诉讼》2001年第1卷,第259页;[韩]石光现:"外国判决的承认与执行:2001年以后的判决为中心",载《国际私法和国际诉讼》2012年第5卷,第767页;关于2014年5月修正的《民事诉讼法》第217条和《民事执行法》第26条及第27条的介绍是参照[韩]石光现:"国际审判管辖和外国判决的承认与执行—立法和案例",载《国际私法研究》2014年第20卷第1号,第3页。

③ 关于国际审判管辖,参考了当时的欧洲共同体的布鲁塞尔公约和卢加诺公约及海牙国际私法会议的1999年预备草案。布鲁塞尔公约的介绍和国文翻译参照[韩]石光现:"关于民事与商事事件的审判管辖和判决的执行的欧洲共同体公约"(布鲁塞尔公约),载《国际私法和国际诉讼》2001年第2卷,第321页。

④ 关于外国仲裁裁定的承认与执行,大法院1988.2.9. 宣告84DAKA 1003判决也明确宣布了该宗旨。

(1)外国判决的承认——既判力的自动延伸

如果具备承认要件,则无须其他程序,包括既判力(*res judicata*)在内的外国审判的效力自动延伸到韩国本土("自动承认的原则")。[①]《民事诉讼法》第217条规定了承认外国审判的要件即确定判决要件、国际裁判管辖要件、送达要件、公序要件和相互保证要件。条文内容如下:

第217条(外国裁判的承认)

①外国法院的确定判决,或可以认定为具有相同效力的裁判(以下简称为确定裁判等),具备以下各项要件时才可进行承认。

1. 依照大韩民国的法令或条约的国际裁判管辖原则,可以认定该外国法院的国际裁判管辖权。

2. 败诉的被告,按照合法的方式,预留充分的抗诉时间而收到诉状或与此相当的书面材料、日期通知书及命令(公示送达或与此类似的送达除外),或虽未收到送达但应诉的。

3. 根据确定判决内容及诉讼程序,对确定判决等的承认,不违反韩国的善良风俗及其他社会秩序。

4. 有相互保证,或韩国和该外国法院所属国家的确定裁判等的承认要件并没有明显的差异,而且在重要的问题上没有实质上的差异。

②关于是否满足第①项的要件,法院依职权进行调查。

第217条之2(关于损害赔偿的确定裁判等的承认)

关于损害赔偿的确定裁判等,明显违背大韩民国的法律或大韩民国缔结的条约的基本秩序时,法院不得承认该判决的全部或部分。

③法院在审理第①项要件时,应该考虑,外国法院认定的损害赔偿范围中是否包括了律师报酬在内的诉讼相关费用或经费以及其范围。

①确定的裁判

虽然条文中没有明确规定,但本文当中的外国裁判是指终局裁判。因此,不是终局裁判的扣押及假处分(einstweilige verfugung)不是承认的对象。在2014年5月民事诉讼法和民事执行法修订前,大法院2010. 4. 29. 2009KA68910判决中提

---

① 当然这以外国判决在外国法上具备既判力为前提。

出,[①]"所谓'外国法院的判决',是指有裁判管辖权的外国司法机关,基于其权限,在保障了司法上法律关系的对立双方当事人之间的询问程序的基础上做出的终局裁判,它具有能够具体给付的履行的内容即可,与裁决的名称及形式无关"。这里的终局裁判就是学理上的终局裁判。[②]

修订前的《民事诉讼法》第217条虽然形式上只认可确定判决,但是学说则对其进行扩大理解,认为是终局裁判。[③] 修订后的《民事诉讼法》第217条则规定为外国法院的确定判决或与其具有同等效力的裁判,由此明确了其主旨。但是,这里的同等效力的含义并不明确。有学说一方面将其理解为既判力,另一方面认为修订表述的目的在于防止承认对象延伸于非诉裁判,试图将其效力限缩在确定判决和与其具有同等效力的裁判。[④] 在诉讼案件当中,其承认对象一般是具有既判力的外国判决,但是作为承认的要件,外国判决是否一定要具有既判力呢?对此问题值得商榷。尤其在非诉讼案件中,以没有既判力为由将其从承认对象中排除出去的做法也是值得商榷的。[⑤] 民事诉讼法中的确定裁判只是要求具备形式上的确定力,[⑥]而不要求实质上的确定力(既判力)。韩国民事诉讼法和德国民事诉讼法都认为具备形式上的确定力才能具备实质上的确定力。但是在美国,各审级

---

① 原审判决,首尔高等法院2009.8.6. 宣告2007NA 117476判决认为:美国法院的承认判决相当于《民事执行法》第26条第1项的"外国法院的判决",并做出了承认强制执行合法的执行判决。对于以上判决的评析,请参考[韩]具知显:"执行判决对象的外国法院判决的意义",载《大法院案例解说》2010年上半期总第83号,第318页。

② 但是,大法院2010.3.25. 自2009MA 1600决定是,根据《民事诉讼法》第217条的规定,承认了美国对重整计划的认可决定,因此并没有以终局判决为前提,这与上面的判决相冲突。笔者指出了这一点。参考[韩]石光现:"关于大法院判决冲突的承认对象外国判决概念",载《国际私法和国际诉讼》2012年第5卷,第490页。

③ [韩]石光现:"民事与商事事件的外国判决的承认与执行",载《国际私法和国际诉讼》2001第1卷,第265页。在我国民事诉讼法上,解决最终实体关系的决定和命令是具有既判力的,如关于诉讼费用的决定和为间接执行为目的的赔偿金支付决定。[韩]李时润:《民事诉讼法》(第6补充版),2012年版,第592页。

④ [韩]李圭镐:"关于修订民事诉讼法·民事执行法的外国判决承认平价",载《法律新闻》2014年第4252号。

⑤ 在德国,具有形成力的法院所做的认可也可成为"家事·非诉案件程序法"(FamFG)第108条规定的承认对象。Prütting · Helms, FamFG 3. Auflage (2014), § 108 Rn. 21。

⑥ 美国法与我国法不同,不要求外国判决的形式上的确定。例如,Uniform Foreign Money - Judgments Recognition Act 第2条(This Act applies to any foreign judgment that is final and conclusive and enforceable where rendered even though an appeal therefrom is pending or it is subject to appeal.) final and conclusive。外国判决可以在美国承认,因为从做出判决的法院的立场来看,它是最终的。因此即使对一审判决提起上诉,该判决也应该看作 final and conclusive,可以被承认。

终止,法官已经不能再采取其他措施时,即使还没有形式上的确定性也可以具有既判力。[①] 这意味着实质上确定力并不要求形式上的确定。如果我们依据韩国的民事诉讼法要求外国判决具备既判力的话,那么在例如收养特例法的情况下,没有既判力的(外国)收养许可在韩国是得不到承认的。同样,韩国法院的收养许可也得不到其他国家的承认。[②] 而且布鲁塞尔公约和布鲁塞尔Ⅰ已经允许了保全措施的承认及执行,[③]如果考虑到外国仲裁裁决也是在广义上进行仲裁裁决的承认与执行的话,笔者认为没有必要一定要求承认对象要有既判力。[④]

②国际裁判管辖

外国法院,按照韩国的规定,应当具有国际裁判管辖权。由此产生了"间接管辖"或"承认管辖"的问题。一直以来间接管辖和直接管辖的基本关系是一个问题,通说认为对两者应按照相同的原则进行判断,这也是主流判例的立场。[⑤] 复数国家之间,可以适用同一国际裁判管辖规则,这称为"镜像原则"(spiegelbild-prinzip)。《民事诉讼法》第217条第1项第1号规定的"依照大韩民国的法令或条约中的国际裁判管辖原则,认可该外国法院的国际裁判管辖权"明示了该宗旨。

③送达要件

向外国判决中败诉的被告送达诉状等时,应具备合法性和及时性。在外国诉讼中,往韩国进行送达时应通过外交途径,如果该外国是送达公约[⑥]的缔约国,则

---

① American Law Institute, Restatement (Second) of Judgments (1982) §13; Jack H. Friedenthal/Mary Kay Kane/Arthur R. Miller, Civil Procedure, 4th ed. (2005), p. 685; Kazuhiro Koshiyama, Rechtskraftwirkungen und Urteilsanerkennung nach amerikanischem, deutschem und japanischem Recht (1996), SS. 7 – 8; Ulrike Böhm, Amerikanisches Zivilprozessrecht (2005), Rn. 759; Haimo Schack, Einführung in das US – amerikanische Zivilprozeßrecht, 2. Auflage (1995), S. 72。

② 这是批准我国已签署的1993年海牙国际收养公约即可解决的。若收养国的具有相关权限的当局能够证明该收养是根据该公约而进行的,则该收养在法律上可以得到其他缔约国的承认(本公约第23条)。判决收养和合同收养都可以适用。[韩]石光现:"1993年海牙国际收养公约(关于国际收养的儿童保护和关于协力的海牙公约)",载《国际私法研究》2009年第15号,第445~446页。

③ [韩]石光现:"关于民事与商事事件的判决管辖和判决执行的欧盟法规(布鲁塞尔规定):以与布鲁塞尔公约的差异为中心",载《国际私法和国际诉讼》2004年第3卷,第391页。

④ 笔者曾经主张,在我国民事诉讼法上,即使没有既判力的外国判决也可以被承认、执行。石光现:《国际民事诉讼法:国际私法》(程序篇),博英社2012年版,第350页;[韩]孙京汉:"外国判决及仲裁判决的承认和执行:案例为中心",载《国际私法研究》(创刊号)1995年,89页中没有提到既判力,但即使是中间判决,如果有可执行内容也可以成为承认、执行的对象。

⑤ 如大法院1995.11.21. 宣告.93DA 39607判决。

⑥ 关于送达公约请参照[韩]石光现:"关于加入海牙送达公约的几个问题",载《国际私法和国际诉讼》2001年第2卷,第287页。

送达时要通过韩国的中央机关(法院行政处)。因此,外国法院或当事人以信件或以UPS、DHL等快递送达是不合法的,其判决不得予以承认。

④不得违反公序

该规定是为了保护国家(及执行国家)的基本道德信念和社会秩序而存在的。公序包括程序公序和实体公序。实体公序中的问题是对美国法院的判决中确定的因侵权而支付过高赔偿时是否予以承认。目前还没有正面触碰该问题的韩国判例,但是如果美国法院的判决中所确定的惩罚性赔偿额过高的话,韩国法院应认定违背韩国的公序。①

因性暴力行为支付50万美元损害赔偿的美国明尼苏达州法院判决的执行案件中,首尔地方法院东部支院的1996.2.10. 宣告93KA合19069判决认定,②韩国法院依据韩国损害赔偿法认为过高的赔偿是违背韩国的公序良俗的,因此只承认执行美国法院判决确定的损害赔偿额的50%。③ 上述结论也被广泛接受,此案例成为违背实体公序的依据。此后在2014年5月,《民事诉讼法》增加了第217条之2,具备了明确的法律依据。

外国诉讼程序违反韩国法律在程序上的基本原则时,④外国判决的承认是违背程序公序的,对此不予承认。此外,以欺诈(欺骗)手段获得的外国判决的承认

① 确定侵权行为准据法的《韩国国际私法》(第32条第4项)做出如下规定,因此作为侵权行为准据法的外国法规定了惩罚性赔偿的支付的,韩国法院可以排除其适用。"依照第1项乃至第3项规定,适用外国法时,因侵权行为的损害赔偿请求权性质,明显不是为了适当补偿受害人,或其赔偿范围本质上来说超出了赔偿的必要程度时,可以对此不予认可。"

② 法院行政处:《下级审判集》1995-1,第368页。此判决是依照大法院1997.9.9. 宣告96DA47517判决而确定的。

③ 此外,以被告韩国公司侵犯原告美国公司设计的版权为由,判决支付$442,300.19的美国纽约州南区法院的判决,在韩国执行中,首尔地方法院南部支院2000.10.20. 宣告99KA合14496判决运用了相同的原理,只认可赔偿额50%的执行。下级判决参照[韩]石光现:"外国判决的承认与执行:2001年以后的判决为中心",载《国际私法和国际诉讼》2012年第5卷,第471页。水源地方法院2013.11.28. 宣告2013KA合14630判决也是类似的。这是要求承认执行因专利权侵害而发生的损害赔偿相关裁判的案件。本案适用了作为宪法上法治国家之派生原则的比例原则,认为如果允许外国裁判的直接承认,将违背韩国的一般社会理念及法情感;不利于民事执行法上禁止实质审查原则的适用,防止国家之间不稳定法律关系的发生,促进法律的稳定性;不利于坚持尊重外国判决的承认制度的本质。综合考虑这些因素,该案中的外国法院所认定的损害赔偿额过高,过分保护原告,过分加大了被告的负担。而且该案件具有较强的内国关联性,因此只承认执行赔偿金额的70%,超过部分因违背公序良俗而不予执行。

④ 这是法制国家的基本原则,包括法院独立和公正的原则、保障法律审问的原则(rechtliches Gehör或right to be heard)、当事人平等原则和公平审判原则等。

也可能违背程序公序。在英美法系中欺诈并不属于公序问题,而是把它作为独立的拒绝承认或执行的事由,①因此在韩国法的立场上它是违背程序公序的,即欺诈是以提出虚假的证据或陈述或者刻意隐瞒重要证据等方式进行的行为。欺诈可分为:在外国判决后知晓的"外在欺诈"(extraneous fraud)及在判决过程中已知,曾主张但没有被接受的"内部欺诈"(intrinsic fraud)。但是,依照实际禁止再审原则,违背公序的欺诈应仅限为外在欺诈。②

⑤第217条之2:有关损害赔偿裁判的承认限制

2014年5月新增加的第217条之2第1项规定:损害赔偿的终审判决会招致明显违背韩国法律或条约规定的基本秩序的结果时,对其全部或部分可以不予承认。这可以将命令给予属于非填补赔偿的惩罚性赔偿或通缉赔偿的外国判决限制在合理的范围内。如上所述,这个问题可以通过公序要件解决,但从主旨来看,是为了提高法律的稳定性。但是,这项修正案的目的尚不明确,特别是上述条文和公序条款的关系模糊不清。新设第217条之2的目的是不是为了明确,当外国判决的承认不违反公序。但违反韩国法的基本秩序或条约时,也应当拒绝承认?另外,当外国法院做出按照我们的标准来说有些过度的填补性赔偿时,我们要限制承认的话,应适用哪个条文也是不够明确的。③如果认为该条文是为了限制外国判决的承认及执行的话,笔者是不予支持的,而且在解释论上也应该阻止。

⑥相互保证的存在

在韩国,中国判决是否承认及执行的最为关键的问题是相互保证的存在与否。相互保证意味着相互主义(reciprocity)的保证,为了认定相互主义的存在,只要审判国在不违背《民事诉讼法》第217条和第217条之2规定前提下,承认韩国判决即可。大法院2004.10.28. 宣告2002DA74213判决写道,"韩国和外国间对同类判决的承认要件没有失去明显的均衡,外国规定的要件没有过分重于韩国法的规定,而且实质上没有太大的差异,即可视为具备相互保证要件",此后2014年

① Restatement of the Law(Third):The Foreign Relations Law of the United States (1987) §482 Comment e。英国是参照 James Fawcett/Janeen CarruthersPeter North, Cheshire, North & Fawcett: Private International Law, 14th edition (2008), p. 551。1999年预备草案也是把欺诈列举为个别的拒绝承认事由。

② 大法院2004.10.28. 宣告2002DA74213判决认为,通过欺诈方式获得外国判决原则上并不是承认及执行的拒绝事由,但是被告在判决国法庭上不能主张欺诈事由时,可以成为承认或执行的拒绝事由。

③ 其他批判请参考[韩]石光现:"国际审判管辖和外国判决的承认与执行—立法和案例",载《国际司法私研究》2014年第20卷第1号,第61页。

5月修订的《民事诉讼法》第217条第1款第4项明示了这一点。但前述大法院2004.10.28. 宣告2002DA74213判决事实上变更了判例,因此上述修订是没有必要的。特别是第4项展开解释了相互保证的概念,却留有“有相互保证”的表述,这一点是错误的。因为修订的第4项的意思为“有相互保证或将有相互保证”。“将会有相互保证”的明示文句,在大法院1971.10.22. 宣告71DA1393判决中已经表明了相同的宗旨,即判决国在与《民事诉讼法》第217条相同的条件或更为宽松的条件下承认韩国判决时就可以认定为存在相互保证。旧观点已经通过大法院的判决得到修正,没有理由再回头捡起旧观点来适用。

由于大法院2004.10.28宣告2002DA74213判决指出:[①]相互保证的要件,应在韩国和外国之间通过对同类判决的承认要件进行比较后认定。因此,在判断中韩之间是否存在相互主义时,首先应该区分财产法上的案件和家庭案件。[②] 在韩国,离婚案件等家庭案件以及家庭非诉案件是否需要相互保证要件还存在意见分歧。但判例采取了需要相互保证要件的观点,例如,大法院2009.6.25. 宣告2009DA22952判决认为韩国和加拿大安大略州之间存在相互保证制度。

(2)外国判决的执行

在韩国执行外国判决时,需要获得韩国法院的执行判决(exequatur)。[③] 审理执行判决请求过程当中,应符合禁止实质再审原则。民事执行法的条文如下:

第26条(外国裁判的强制执行)

①基于外国法院的确定判决或与此具有同等效力的裁判(以下简称为确定裁判等)的强制执行,需要获得大韩民国法院的执行判决,其允许强制执行时,才可以实施。

②执行判决之诉,由债务人普通裁判籍管辖地的地方法院管辖,没有普通裁判籍时,应依据民事诉讼法第11条的规定由管辖债务人之诉的法院管辖。

第27条(执行判决)

①执行判决,不得审查裁判的对错。

②请求执行判决之诉,符合以下任何一项时应予以驳回。

1. 对外国法院的确定判决等,不能证明已经确定。

2. 对外国法院的确定判决等,不具备民事诉讼法第217条的要件。

---

① 对此问题的评析,请参考[韩]石光现:“根据欺诈的外国判决的承认中公序良俗的违反与相互保证”,载《国际私法和国际诉讼》2007年第4卷,第263页以下。

② 根据具体情况应再具体细分财产法上的案件和家事案件。

③ 它并不要求一定是判决,因此又可以称为“可执行宣言”。

要求做出执行判决是大陆法系的方式,英美法系则一般依照登记实施。执行判决制度,正如大法院 2010.4.29 宣告 2009DA68910 判决所明确的内容一样,在有管辖权的外国法院的判决已确认当事人权利的情形下,如要在韩国强制实现该权利,则不需重新或重复提起诉讼,只需要以该外国判决为基础审查在韩国是否允许强制执行该判决即可。因此,此制度权衡了迅速实现当事人的权利的要求与国家的独占的排他的强制执行权。

2. 关于外国判决承认和执行的中国法制概况[①]

《中华人民共和国民事诉讼法》规定,当事者可以直接申请或由外国法院委托承认和执行(第 281 条);[②]依照中国缔结或参加的国际条约或者按照互惠原则进行审查后,认为不违背中国法律的基本原则或者国家主权、安全、社会公共利益的情形下,法院裁定承认其效力,发出执行命令,并依照中国民事诉讼法有关规定执行(第 282 条)。[③] 根据条文所述,外国审判要在中国被承认和执行,要具备以下三点。[④] 中国法制的特色之一是可以由外国法院直接递交申请。

(1)外国判决在法律上已生效;(2)外国和中国之间已签署条约或者存在互惠关系;(3)外国裁判不违反中国法律的基本原则或国家主权、安全、社会公共利益。

中韩之间不存在与外国判决承认相关的条约,因此上述(2)中的"互惠关系"是否意味着相互主义还是值得商榷的。假如没有互惠关系的话,在与中国既没有条约也没有互惠关系的情况下,当事人诉讼到人民法院,可以适用规定起诉和执行的 1992 年最高人民法院《关于适用〈中华人民共和国民事诉讼法〉若干问题的意见》的第 318 条。[⑤] 此时,向人民法院起诉是否意味着提起一个新诉并要求裁判?另外,如果互惠关系意味着相互主义的存在的话,此时的要件和韩国民事诉

---

① 这部分是对[韩]石光现:"提出韩国法院的中国法争端:合同法、侵权责任法、婚姻法和外国法的承认·执行为中心",载《国际私法和国际诉讼》2012 年第 5 卷,第 771 页的内容进行稍加修改、补充而成的。

② 以下提到的首尔地方法院判决时是第 267 条,但现在是第 281 条。

③ 以下提到的首尔地方法院判决时是第 268 条,但现在是第 282 条。

④ 赵相林主编:《国际私法》,中央广播电视大学出版社 2002 年版,第 392 页;[韩]全大圭:《中国民事诉讼法》,博英社 2008 年版,第 650 页。当事者申请有直接管辖权的中级人民法院的要见下进行说明。

⑤ [日]渡辺惺之:"香港高等法院でなされた第3当事者訴訟を含む一連の訴訟にかかる訴訟費用の負擔命令について執行裁判を認めた事例",载《判例時報》1999 年第 1670 号,第 205 页。关于中国国际民事诉讼法的日本文献参考黄軔霆:"中國國際民事訴訟法とハーグ「裁判管轄と裁判條約準備草案」",载《阪大法學》2001 年第 51 卷第 2 号通卷第 212 号,第 497 页。

讼法的规则没有太大差异。在中国,如果条约上的互惠存在的话,则在实际操纵中是不存在问题的。但是,如没有相关条约,中国民事诉讼法对互惠的概念是指“实际互惠”还是“法律互惠”是存在争议的。① 而在韩国,相互保证是不需要规定在条约中的,只要根据该国的法令、判例或者实际惯例等方面得到认可就足矣。在没有具体先例的情况下,则通过对法令的考察,认为存在承认、执行的事实上的可能性即可。但是,即使存在关于外国裁判承认和执行的法规但事实上没有承认和执行的可能性时,那么是不存在相互保证的。在此意义上可以说,在韩国经先例确认的事实上的相互主义是优先于法律上的相互主义的,只有在没有先例时,法律上的相互主义才会具有它的实际意义。②

中国对承认和执行有着不同的解释和见解,下面来介绍其中的几点。首先,对承认的要件有以下几点。③

(1)外国法院存在管辖权;(2)诉讼程序的公正性;(3)外国判决具有确定性,同时也具有实效性;(4)外国判决和其他相关法院的判决不相冲突;(5)遵循互惠原则;(6)外国判决的承认和执行,不违背中国的公共秩序。

其次,对承认的要件有如下不同的见解。④

(1)据中国法而间接管辖;(2)合法传唤和防御机会的保障;(3)非不当获得外国判决;(4)外国判决确定可执行;(5)不违背中国的法令、公共政策和社会主义道德;(6)不违背国家、社会等公共利益;(7)相互保证的存在。

---

① [韩]金现雅:“中国法上关于国际性团体损害的国际司法争端”,载2014年10月7日韩国国际司法、ILA韩国总部共同举办的学术论坛材料,第114页;[韩]郑太赫:《对于外国法院判决和外国仲裁判决的承认与执行的中国法院案例研究》,首尔大学法学专门大学院2014年法学专门硕士学位论文。

② 然而,日本奥田安弘教授认为,先例并不重要,应该对法规进行比较。如果外国的法规没有比日本明显严格的话,就可以认定为认可了相互保证。基于这样的理由,他对因中国法院否认日本判决的承认继而拒绝承认的日本大阪高等法院的2003年4月9日判决提出疑问。Yasuhiro Okuda, “Recognition and Enforcement of Foreign Judgments in Japan”, Yearbook of Privatte International Law, Vol. XV 2013/2014 (2014), p. 417.

③ [韩]沈涓:“中国国际私法的概观”,载《国际私法研究》2003年第9号,第165页。虽然也有些诧异,但是[韩]金现雅:“中国法上关于国际性团体损害的国际司法争端”,载2014年10月7日韩国国际司法、ILA韩国总部共同举办的学术论坛材料,第110页以下,也大致相同。认为这是分析中国民事诉讼法和中国缔结的多样的双边条约而得出的结果。

④ 歐雲龙:“中國における涉外民事手續法”,载《法學·政治學の動向》,北海學園記念論文集,第53页([日]渡辺惺之:“香港高等法院でなされた第3當事者訴訟を含む一連の訴訟にかかる訴訟費用の負擔命令について執行裁判を認めた事例”,载《判例時報》1999年第1670号,第209页)。

另外，有些观点认为承认要件如下。① 根据中国既存的司法实践，外国法院的审判和裁定要得到中国法院的承认和执行，应当符合一个前提要件和七个实际性要件。首先，前提要件是：做出判决和裁定的司法机关所在的国家和中国之间，有关于法院的判决和裁定的相互承认及执行的相关的条约或存在相互互惠关系。其次，七个实质条件如下。

(1)外国司法机关行使对本案件的管辖权时，没有违背中国专属管辖权的规定；(2)外国判决是发生效力的最终判决；(3)根据宣告外国判决的司法机关所在的诉讼规则，使被申请人获得了在诉讼过程中充分进行陈述和辩护的机会；(4)外国判决不是通过欺骗性的诉讼程序而获得的；(5)外国判决与中国法院已经下达的关联判决不存在矛盾；(6)同一纠纷当事人向中国法院起诉时，外国法院可以优先受理；(7)不得违背中国的社会公共秩序。

在中国，对外国离婚判决的承认是不要求具有互惠关系的，②其依据是1991年8月13日实行的《最高人民法院关于中国公民申请承认外国法院离婚判决程序问题的规定》。此司法解释第1条规定，“与中国没有订立司法协助条约的外国法院作出的离婚判决，中国当事人根据相关规定，可以向人民法院申请外国判决的承认”，并没有提及“互惠原则”。规定外国法院作出的离婚判决的不承认事由的该司法解释第12条也没有提及互惠原则的缺乏。③ 因此，与韩国法律不同的是，中国法对离婚判决是不要求相互主义的。在韩国，也有学说认为：在离婚判决、解除收养关系判决等涉及身份的家庭案件中，并不需要相互主义。④ 但是，韩国法院对此并没有重视。通过中国最高人民法院的司法解释迅速完善民事诉讼法等法律中的不完备之处，这种现象也可以看做是中国式的以实用主义方式“依法治国”的事例。

---

① 广东省高级人民法院编：《中国涉外商事审判实务》，法律出版社2004年版，第32页(王洪鹏：“韩国判决与仲裁裁决在中国的承认和执行”，载《国际私法研究》2007年第13号，卢光、姜英花的翻译文，第172页，再引用)。

② 齐湘泉、刘畅：“韩国法院判决在中国获得承认及执行的路径——以互惠原则为切入点”(在中国接受承认与执行韩国法院判决的方法——互惠原则的观点下)，国际民事诉讼管辖权问题研究，载《中韩国际司法研讨会论文集》2012年，第192页(感谢协助本论文解读的裴相桂法务官)；[韩]郑太赫：《对于外国法院判决和外国仲裁判决的承认与执行的中国法院案例研究》，首尔大学法学专门大学院2014年法学专门硕士学位论文。

③ 除离婚判决以外，解除收养判决等的处理不明确，也许是关于离婚判决司法解释的法理适用在解除收养关系的判决里或类推适用。

④ 参照[韩]石光现：《国际民事诉讼法：国际私法》(程序篇)，博英社2012年版，第425页。

3. 关于外国判决承认与执行的中韩法制比较

从上述讨论中可以看出,韩国对外国判决的承认、执行的要件明确规定在韩国民事诉讼法和民事执行法当中;而中国没有详细的明文规定,对外国判决承认要件也有不同的见解。① 然而,不论采用何种观点,对于财产法相关的案件,两国之间应具有互惠关系或相互保证。从上述条文来看,可以认为两国之间存在相互主义。但问题是,在中国法院的司法实践中是否遵守关于外国判决承认执行的要件,这一点是值得商榷的。因此,假如中国法院的司法实践也遵守上述要件,则可以认定韩中之间存在相互保证。

"承认"是否需要经过裁判是程序上的问题,并不影响相互主义的存在与否。② 因此,中国法院承认外国判决时,没有像韩国的民事诉讼法所规定的一样采用自动承认制,而是另外需要法院的某种措施,如承认裁定等,③这种做法也并不是否认相互主义。④ 重要的并不是程序上需不需要做出与承认相关的裁判,而是被告在诉讼程序内能否提出与外国判决的承认相关的,类似于韩国法上的那些抗辩和外国裁判的辩论终结后发生的抗辩。⑤

4. 韩中法院判决:承认中国判决的首尔地方法院的判决和拒绝承认韩国判决的广东省深圳市中级人民法院判决

笔者所知的与财产法相关的案件中,承认中国判决的韩国判决有两个,否认韩国法院判决的中国法院的判决有一个,下面对此进行介绍。

---

① 另一种观点请参考 Wenliang Zhang, Recognition of Foreign Judgments in China: The Essentials and Strategies, Yearbook of Private International Law, Vol. XV 2013/2014 (2014), p. 331。这里提出外国判决为终局判决,要求相互保证和国际审判管辖的存在,而且败诉被告可以提出抗辩,列举了中国法基本原则的违反、中国的国家安全或公益的违反等。

② Dieter Martiny, Handbuch des Internationalen Zivilverfahrensrecht: Band III/1 Kap. I (1984), Rn. 1235, Rn. 1260f.

③ [韩]金现雅:"中国法上关于国际性团体损害的国际司法争端",载2014年10月7日韩国国际司法、ILA韩国总部共同举办的学术论坛材料,第117页;[韩]郑太赫:《对于外国法院判决和外国仲裁判决的承认与执行的中国法院案例研究》,首尔大学法学专门大学院2014年法学专门硕士学位论文。

④ Dieter Martiny, Handbuch des Internationalen Zivilverfahrensrecht: Band III/1 Kap. I (1984), Rn. 1260.

⑤ Dieter Martiny, Handbuch des Internationalen Zivilverfahrensrecht: Band III/1 Kap. I (1984), Rn. 1261.

(1)承认中国判决的首尔地方法院判决

首尔地方法院[1] 1999. 11. 5. 宣告 99KA 合 26523 判决承认了相关财产法上的中国山东省潍坊市中级人民法的判决。[2]

原告韩国输出保险公司,以开设信用证银行的中国工商银行为被告,以保险人代理或债权转让取得信用证预付款债权为依据,向上述中级人民法院提起诉讼,请求支付信用证预付款。败诉之后,又向韩国法院提起对中国工商银行的信用证预付款等支付请求。首尔地方法院以中国人民法院的判决具有既判力为由,[3]驳回了韩国输出保险公司的请求。[4] 本案中,在外国败诉的原告在韩国重新提起诉讼,只涉及中国判决的承认即既判力的扩张问题,并没有提出执行方面的问题。

首尔地方法院在比较分析了关于外国裁判的承认与执行的韩国和中国(当时《中华人民共和国民事诉讼法》第 267 条和第 268 条)的法制以后,认为两者只是表现形式上有差异,实质上并无不同,从而承认了中国的判决。

原告认为,中国的司法权和法官独立并不明确,对案件的公正合理的理念提出了异议,主张承认中国判决就违反了韩国的程序公序。然而,首尔地方法院依照《中华人民共和国宪法》第 126 条及当时的《中华人民共和国民事诉讼法》第 2 条、第 6 条和第 8 条,认为"中国的法院在法律上享有独立裁判权,而且将公平、合理性作为民事诉讼的理念,[5]因此以上判决并没有违反程序公序"。同时,韩国法院认为"即使中国法官的社会地位不高,而且法官也包括了一些不知晓法律的人员,但不能因此认为确定判决违反了程序公序"。[6]

虽然原告主张《中华人民共和国民事诉讼法》第 219 条对判决的执行申请期限设定较短,承认的标准比韩国的法律更为严格;但首尔地方法院认为,这样的期

---

① 这是改为首尔中央地方法院之前的老名称。

② 此外,仁川地方法院 2009. 11. 27. 宣告 2009KA 段 26373 判决也承认了相互保证。但只写了结论,指出具备了民事诉讼法第 217 条的要件,但采用旧民事诉讼法第 203 条的条文降低了说服力。

③ 它是以中国法院的判决在中国民事诉讼法上当然具有既判力为前提的。首尔地方法院的判决在判断中国判决的既判力的过程中认为:"外国法院的确定判决如果具备《民事诉讼法》第 203 条规定的要件,则可以在我国得到承认。因此下面将审查中国法院的判决是否具备了《民事诉讼法》第 203 条承认要件的问题。"

④ 这意味着作为既判力的效果适用矛盾禁止的法理。这一点由法定地法的韩国法决定。

⑤ 韩国认为民事诉讼的理想和基本理念包括裁判的合理、公平、迅速和经济,《民事诉讼法》(第 1 条第 1 项)也明确声明公正(合理和公平)、迅速和经济是民事诉讼的理想。

⑥ 关于中国法上法官的独立请参照[韩]郑哲:《中国的司法制度》,景仁文化社 2009 年版,第 124 页。

间限制不仅在外国判决上适用,也在中国的法院判决上适用,因此没有接受原告的主张。但是,法院的这种观点多少是存在一些疑问的。因为虽然韩国法律没有这样的期限限制,因此可能会认为即使期限届满,如提出请求执行判决之诉也应该允许执行,但是实际上不是这样的。也就是说,中国法律规定了期限限制,如果在期间届满以后基于中国判决提起执行判决请求之诉,法院应以没有相互保证为由驳回该执行判决请求。此种理论在德国称为"局部性相互保证"(partielle verbürgung der gegenseitigkeit),该理论不仅依据判决的种类而且在细分个别承认要件及承认的效力等的基础上,个别地判断相互保证的有无。① 假如在上述案件中,期间内提出了执行判决请求的话,就不会出现问题;而且上诉判决的结论具有合理性,但在理论构成上还是存在欠妥当的地方。

上述判决的末尾追加了这样的论述:"韩国法院认为,韩国和中国之间存在相互保证,所以维持了中国法院的原判。但是如果中国法院以韩中不存在相互保证为理由,对韩国裁判不予以承认和执行,那么韩国也不再坚持中韩之间存有相互保证的立场。"法院追加此类陈述的理由在于法院首次承认两国之间存在相互保证,因此感到很大的压力。

(2)广东省深圳市中级人民法判决

令韩国感到遗憾的是,广东省深圳市中级人民法院在2011.9.30. 深中法民一初字第45号判决中,对首尔西部地方法院2010.12.14宣告2009加合6806判决(这是被告要赔偿原告一部分损害赔偿的判决)的承认及强制执行申请,并没有明确详细的理由,以韩中之间没有相关条约且没有互惠关系为由驳回了请求。此案原告为韩国公司(Spring Comm. 韩国语商号"Spring Comm股份有限公司"),被告为在中国拥有不动产的韩国人。在此案件中承认中国法院判决的韩国法院的判决是否提交并不清楚,但是从笔者询问相关代理律师的情况来看,是提交过的。

5. 关于相互保证有无的韩国判决和中国判决的评价

从外国判决的承认及执行相关的中国民事诉讼法的规范来看,如果中国法院的实务按照法规来进行,则韩中之间是可以认定相互保证的存在的。但如果中国

---

① Dieter Martiny, Handbuch des Internationalen Zivilverfahrensrecht: Band III/1 Kap. I (1984), Rn. 1280-1286. 关于管辖要件,即使外国的要求更严格,如只有有关管辖协议的裁判,也应承认相互保证。

法院认为不管民事诉讼法的条文如何规定,只要没有条约就不能认定互惠关系的话,①首尔地方法院认定存在相互主义的结论是值得商榷的。

日本有观点主张中日间没有相互保证,②韩国法和日本法对外国判决的承认和执行要件因都受到德国民事诉讼法的影响而具有相似性,因此日中之间关于相互承认的观点也可能适用于中韩之间关系。

日本此种主张的理由在于,中国法院以中日之间不存在相互保证为由否认了日本裁判的承认、执行。③ 但是,韩国并没有采用日本的观点。以前笔者认为:如果有韩国法院承认韩中之间存在相互主义,以此作为先例,这种立场就能得到中国法院的认可,就能期待中国法院也能够做出相应的判决。因此,笔者曾经期待首尔地方法院的先例能够起到"先供后得"的作用。但遗憾的是,广东省深圳市中级人民法院拒绝了韩国法院判决的承认。中国法院以中韩间不存在互惠关系为由,拒绝承认韩国法院的判决,由此放弃了确立相互关系的最佳机会。因为中国法院的此种判决,以后韩国法院也可以像日本一样拒绝承认中国法院的判决。如果这样的话,就不能达到外国裁判承认制度的宗旨:确保通过外国裁判而获得的纠纷解决的终局性;防止不稳定法律关系的发生,从而稳定涉外法律关系。

也有观点认为,上述首尔地方法院的判决只是承认了中国判决,并没有以执行该判决的形式赋予其在韩国内的执行力,因此两国法院在对方法院判决的执行力问题上并没有认可。④ 这种观点看起来似乎合理,但事实上没有说服力。前述首尔地方法院判决的案件中,原告在中国法院败诉,只涉及中国判决的承认问题,而执行问题并没有涉及。如果那是可以请求执行的案件,韩国法院肯定是认可判决的执行的。从《韩国民事执行法》(第27条)规定可以得知,韩国法院在判断是否做出执行判决的过程中,只对是否具备承认要件进行审查。如果具备承认要

---

① 虽然不是1999年之前的意见,但是[韩]金现雅:"中国法上关于国际性团体损害的国际司法争端",载2014年10月7日韩国国际司法、ILA韩国总部共同举办的学术论坛材料,第115页如此说明。

② [日]渡辺惺之:"香港高等法院でなされた第3當事者訴訟を含む一連の訴訟にかかる訴訟費用の負擔命令について執行裁判を認めた事例",载《判例時報》1999年第1670号,第209页。

③ Alice Jong, Red - chips boom, H - share bust: Can the chinese legal system cope, LAWASIA Journal (1998), pp. 34 - 35([日]渡辺惺之:"香港高等法院でなされた第3當事者訴訟を含む一連の訴訟にかかる訴訟費用の負擔命令について執行裁判を認めた事例",载《判例時報》1999年第1670号,第209页,再引用)。

④ 齐湘泉、刘畅:"韩国法院判决在中国获得承认及执行的路径——以互惠原则为切入点"(在中国接受承认与执行韩国法院判决的方法——互惠原则的观点下),国际民事诉讼管辖权问题研究,载《中韩国际司法研讨会论文集》2012年,第197页。

件,韩国法院就必须做出执行判决。因此笔者认为,中国法院应该认可事实上的互惠关系,即使不是那样,至少也应该认定法律上的互惠关系。

当然,前述广东省深圳市中级人民法不能代表所有中国法院的立场,但是如果再次涉及其他中国法院判决在韩国的承认、执行的话,韩国法院极有可能拒绝中国判决的承认、执行。当然,韩国法院不顾中国法院的态度,以极大的耐心再次承认相互主义也不是绝对没有可能的,但应该说这种可能性是非常小的。

四、中韩司法协作改善方案

下文将分别论述韩中条约所规定的司法协助类型即送达、调查取证和法律信息的提供,以及韩中条约没有规范的外国判决的承认及执行,由此探讨韩中司法协助的改善方案。①

(一)送达

如同前述内容,韩中两国在缔约送达公约时,都对第8条关于外交官或领事对本国民以外的人的直接送达的条款以及第10条规定的简易送达方式提出了异议。韩中两国都已是送达公约(多边公约)的缔约国,再签订双边条约应该是为了改善现状,而不该是为了再次确认多边公约已经确认的事项。② 因此,在签订韩中条约时,两国如果对以前没有采纳的简易送达方式相互认可的话,是非常好的。但是却没有做到这一点,笔者感到非常遗憾。将来在韩国签署关于司法协作的双边条约时,我们应当区分已经签署送达协议的国家和没有签署送达协议的国家,从而采用内容不同的双边条约。③

应特别关注的是,电子邮件等现代通信方式逐渐与第10条a号规定的邮寄送达方式相结合,向电子邮件服务(electronic postal mail services)形式方面发展。如今,海外送达不仅是为了行使国家主权,更是为了保障被告人的防御权,使其获

---

① 此外,对于韩中条约规定为按照纽约公约承认或执行外国仲裁判决的事项,有必要制定提高协助水平的方案。目前正在修改韩国仲裁法,预计在修改过程中有关承认与执行外国仲裁判决要件有所松动。

② 例如,欧洲联盟有2007年修订的"成员国之间,关于民商事判决及非判决文书送达的2000年5月29日董事会规定"的送达规定。后者于2008年11月13日生效。2000年制定的送达规定与送达公约没有明显区别,但2007年送达规定进一步提高了送达协助。概述参照[韩]朴德英:《EU法讲座》(第2版),博英社2012年版,第564页(石光现执笔部分)。

③ 关于这一点韩澳条约和韩中条约内容不可能相同。除此之外,还应考虑不同法系之间的区别。关于两者的不同,请参考[韩]梁石完:"关于司法协助的韩中条约和韩澳条约的比较考察",载《横川李基秀教授华甲纪念论文集》2005年,第658页。

得更充分的时间了解诉讼材料的内容。由此考虑的话,排除简易送达方式过于苛刻,应该在送达协议的框架内对此进行缓和。如果这也比较困难的话,可以在双边条约中允许其中的一部分。

(二)调查取证

在签署韩中条约时,韩国还不是证据公约的缔约国,在此后的 2010 年 2 月 12 日才正式缔约了证据公约。因此,韩中两国在缔结证据公约时所保留的调查取证方法,通过韩中条约是没有办法相互允许的,因为韩中条约缔结当时韩国还不是证据公约的缔结国。① 韩国加入证据公约以后,韩中条约就有必要进行修改;但是因为调查取证的司法协助活动并不活跃,因此两国也没有感到修改双边条约的实际必要性。②

如上所述,《证据公约》第 15 条规定了外交官或者领事官员对本国民(派遣国)的调查取证;第 16 条规定了外交官或者领事官员对受理国国民或对第三国国民的调查取证;第 17 条规定了特派员的调查取证。韩国做出声明,排除适用第 2 章第 16 条和第 17 条;而中国做出声明,只适用第 15 条,对其他条款均排除适用。基于这种立场,韩中条约第 24 条规定:一方当事国为了协助该国法院开始的诉讼程序,可以通过本国的外交官或领事馆人员,向他方当事国领域内的自国国民进行调查取证。

但是,笔者认为可以在韩中条约中做出特殊安排,允许《证据条约》第 16 条规定的事项即对受理国国民或第三国国民进行调查取证的方案。韩国根据 1963 年 12 月 19 日生效的条约 121 号"大韩民国和美利坚众合国间的领事协约"(第 4 条 c 号),允许美国领事不仅对美国国民而且对韩国人和第三国国民进行调查取证。也就是说,虽然韩国做出了排除适用第 16 条的宣言,但是根据双边条约,美国的领事官员可以在韩国对韩国人或第三国国民进行非强制的调查取证。韩国和中

---

① 例如,欧盟"关于成员国法院间民商事取证合作的 2001. 5. 28 理事会规定",此规定于 2004 年 1 月 1 日起生效。证据规定虽然维持邀请书制度,但是邀请书原则上从受诉法院直接送达执行法院,例外情形下经由被送达国家的中央机关。概述参照[韩]朴德英:《EU 法讲座》(第 2 版),博英社 2012 年版,第 565 页(石光现执笔部分)。

② 如送达公约所述,将来我国关于司法协助签订双边条约时应根据这一观点区分已经加入证据公约的国家与未加入的国家,签订不同内容的公约。除此之外,还应考虑不同法系的特点。实际上,韩澳条约与韩中条约有区别,例如,典型的是与韩中条约不同,韩澳条约(第 25 条)允许特派员的取证。

国于2014年7月3日缔结了领事磋商协议,但该协议尚未生效。①

(三)提供法律信息

韩国和中国的法院目前还没有建立法律信息协助,但是韩中两国法院利用对方国家的法律进行审判的案例却有很多。② 由此看出韩中两国法院是通过其他渠道了解对方国家法律。因此,有必要使韩中条约关于法律信息协助的规定发挥真正的作用。首先应当向两国的法官和律师宣传韩中条约和相关法律信息协助的内容,然后制定相关细则使其在实务中起到作用。

(四)外国判决的承认和执行

为了使韩中承认和执行外国裁判,提高目前的司法协助水平,可以考虑采用两种方案:第一,运用对现行法的解释论(下文1);第二,修改韩中条约(下文2)。③

1. 以解释论解决的方案

为解决外国判决的承认和执行问题,首先应当改变中国法院的态度。尽管韩国法院实际上承认了中国法院判决,但中国法院却否认了韩国法院的判决。因此,当务之急的是确立事实上的互惠关系乃至相互主义,使其他的中国法院对韩国法院的判决能够承认和执行。

2. 修订韩中条约的解决方案

对于家庭案件不要求相互保证,因此这里不成问题,但在其他案件中可以修

① 韩中领事协定从通知完成两国国内程序之日起30日后生效。这一协定是继1963年美国、1992年俄罗斯之后的第3个双边领事协定。请参考上述日期的外交部报道资料,尚未公开条文。

② 韩国方面的事例请参照[韩]石光现:“提出韩国法院的中国法争端:合同法、侵权责任法、婚姻法和外国法的承认、执行为中心”,载《国际私法和国际诉讼》2012年第5卷,第742页;[韩]苏晓凌:“外国法的适用:外国法的调查和证明为中心”,首尔大学大学院2014年法学博士学位论文。第285页。中国方面的事例请参照,[韩]苏晓凌:“外国法的适用:外国法的调查和证明为中心”,首尔大学大学院2014年法学博士学位论文。第280页。

③ [韩]崔性秀:“外国判决及仲裁判决承认要件的相互保证”,载《第四届中韩国际私法学术研讨会论文集》2014年,第113页内容如下:第一,韩国法院再次承认中国判决的方案;第二,修改韩中条约的方案;第三,韩中两国都加入全球性公约的方案;第四,协调韩中两国承认及执行的方案;第五,维持韩中条约的同时,另外签订协定来予以补充的方案;第六,签订新的双边条约代替韩中条约,新条约包括承认与执行的方案。但是未废除韩中条约而签订新条约的方案不具有可行性。另外,中国的杜涛在《东亚自由贸易区背景下国际民商事判决相互承认制度的构建》第252页提出,第一,修订韩中条约的方案;第二,签订海牙管辖协议公约的方案;第三,建立东亚共同体,并在其框架内订立例如布鲁塞尔公约和卢加诺公约等规范的方案。但是,第二个方案效力有限,第三个方案在较短的时间内难以出台。上述第四届中韩国际私法学术研讨会上讨论了韩中条约的改善方案,并约定以两个学会的名义制定改善韩中条约的文件。

订韩中条约,从而实现外国判决的承认和执行。关于这一点,两国完全可以通过协商达成协议。但是,这一修订实际操作起来并不容易。韩中条约缔结当时,我们没有将外国判决的承认、执行纳入条约的理由在于,我们还没有足够信任中国判决的公正性和法官的独立性。

进一步讲,韩国还没有充分了解中国的司法制度和民事诉讼法制。在韩国甚至有观点认为,对于最终判决当事人和中国法院具有再审申请权,而且法院的再审申请期间也没有限制,所以应认定中国的最终判决没有既判力。① 如果认可这种观点,并认为作为承认对象的判决必须具有既判力的话,中国的判决将无法得到承认。相反,如果认为没有既判力也无所谓的话,中国法院的效力(对于这一点,需要更加具体地掌握)将适用于韩国。笔者认为,中国法上的再审事由虽然很多,但是不至于否认判决的既判力。②因此,修订韩中条约的前提是,中韩之间努力学习和理解对方的法律制度以提高对方判决的信任度。当然也有像法国一样,对中国及外国判决的承认和执行也以双边条约来解决的国家。但是,从韩国立场上考虑,中韩之间的交易规模庞大,而且 2014 年 12 月韩中两国签署了 FTA 合意会议录,FTA 协定即将生效。在这种背景下,韩国对中国法院判决的承认及执行会出现更多的问题。

因此,从保守态度出发,短期内法院还是应该依据民事诉讼法、通过个别审查来处理(当然,这必须以中国法院态度的变更为前提),并不断加深对对方国家法制的理解,在其理解达到一定程度以后、我们认为中国法院的判决值得信赖时,可以提议修改韩中条约。

---

① [韩]郑仙珠:"对中国民事判决的效力与执行上问题的评论",载《韩国法和中国法的交流》(2010 年 6 月 11 日在首尔大学法学研究所举行的,关于韩国法和中国法的交流的国际学术会议发表文),第 280 页;[韩]孙韩基:"中国民事执行程序的概观:修订民事诉讼法为中心",载《民事诉讼》2008 年第 12 卷第 1 号,第 517 页,注 32 是:"中国的终审是有执行力,但没有既判力。"[韩]孙韩基:"关于中国再审程序的研究",载《民事诉讼》2011 年第 15 卷第 2 号,第 407 页:"因中国民事诉讼法的宽泛再审事由,很难赋予既判力,不仅中国民事诉讼法没有关于既判力的规定,而且即使学说及实务欲接受这一观点,因为明文规定的再审事由过于宽泛,事实上既判力几乎没有发挥效力的余地。"

② [韩]郑然镐:"中国民事判决的效力和执行上的问题",载《韩国法和中国法的交流》(2010 年 6 月 11 日于首尔大学法学研究所举行的,关于韩国法和中国法的交流的国际学术会议发表文),第 242 页;[韩]全大圭:《中国民事诉讼法》,2008 年版,第 304 页;[韩]韩大元等:《现代中国法概论》,博英社 2002 年版,第 585 页(郑二根执笔部分)。

五、国际民事司法协助的日后修订

韩中条约和韩国的国际民事司法条约中虽然没有涉及,但是司法协助的领域可能不断扩大,这一点值得关注。首先要关注的一个现象是:就像韩国也加入的1980年海牙私法会议的《诱拐儿童公约》一样,[①]不论是司法机关还是行政机关,为了达到目的,通过缔结国的中央机关构筑了一个协助体制。这是国家间相互协助的强化,在属于传统民事非诉讼领域内发挥缔约国的监护和监督机能。海牙国际私法会议的1993年收养公约[②]和1996年儿童保护公约[③]采纳了上述协助体制,在国际上,类似的协作体制成扩散的趋势;而韩国还没有加入到上述的公约当中,并对体制概念本身模糊不清,所以韩国应在日后多加关注。一般认为国家司法的主题包括国际管辖审判、准据法的决定和外国裁判的承认和执行,但是笔者认为广义的国际民事司法协助的重要性会逐渐受到重视。将来韩国也要利用类似关于儿童福利的海牙国际私法会议的协助,通过修订国际民事司法协助法来扩大协助的范畴。

六、结束语:缔结中日韩司法协助条约

综上,围绕送达、调查取证和外国判决的承认和执行问题,论述了韩中之间民事司法协助的实践情况和改善方案。可以得知:目前与送达相关的司法协助正在顺利进行,而与法律情报的提供相关的司法协助几乎没有实现;与调查取证相关的司法协助虽然不多,但案件数量呈攀升的趋势。另外,与外国判决的承认、执行相关的司法协助几乎没有成效。这是因为韩中条约没有相关规定,但更为重要的原因是,韩国法院承认了中国法院的判决并提供了司法协助,而中国法院却拒绝了韩国法院判决的承认和执行。为此可以考虑修订韩中条约,但事实上修订并非易事。当务之急是认可事实上的互惠关系以及确认相互主义的存在。最后,笔者想介绍一下国际民事司法协助领域的长远课题,这也是笔者一直考虑的问题。

笔者曾经提议过,韩中日三国缔结民事司法协助相关的三方条约。具体步骤

---

① 这是指《国际性诱拐儿童民事方面的公约》。

② 这是指《跨国收养方面保护儿童及合作公约》。

③ 这是指《关于父母责任和保护儿童措施的管辖权、法律适用、承认、执行和合作公约》。

为,第一阶段,韩日间签署关于民事司法协助的双边条约;①第二阶段,扩大韩日条约范畴,达成中日韩三国之间的民事司法协助条约。② 三国条约的签署,有利于为东北亚国家提供经济交流的坚实后盾和实现广泛的司法协助,并能有效解决纠纷,而且也有利于东北亚的和平和稳定。如果三国条约成功缔结,则以后可以在此基础上缔结亚洲国家在内的多方条约,并将其适用范围不断向西部扩展。就像于1968年6国间签署的欧洲联盟布鲁塞尔公约,在过去的40年时间里不断向东部扩张一样。不论中日韩和其他亚洲国家是以"ASEAN + 3"形式存在还是缔结"东亚共同体"(EAC),这些构想都有尝试的价值。韩中日之间的协助,并不是忽略与其他国家的协助的意思;更重要的是,韩中日三国通过各自国家的多方条约不断加强司法协助以提高中日韩三方司法协助的水平。

但是,日本对缔结条约持消极态度。特别是日本不信任中国的法制、法院以及法院的实际操作程序,并且韩日之间和中日之间具有政治上的紧张关系。笔者认为,此等难关是可以克服的。狭义的民事司法协助是国家之间提供帮助的行为,因此没有太大问题,只有外国审判的承认或执行才是一个大问题。韩国在缔结韩中条约时,排除外国判决的承认及执行,也是因为这种不信任。可以说,三方条约的缔结,还有很长的一段路要走。

笔者认为,为了实现司法协助,中日韩三国的专家们有必要深入理解对方的民事诉讼法制度。我们不仅要付出汗水去实现这个梦想,而且需要起到法律文化桥梁作用的中国法律专家们付出努力,尤其希望精通韩语、了解韩国法的延边大学的教授们在此扮演重要角色。假如,朝鲜也能参与其中,那将是再好不过了。

石光现教授简介

学历

首尔大学校法科大学司法研修院毕业(11期),德国弗莱堡法科大学

① 笔者于2003年10月11~12日参与在名古屋以"Unity in Diversity: Asian Perspectives on International Law in the 21st Century"为主题举行的日本国际法学会,以"The Possible Bilateral Agreements between Japan and Korea in the Field of Private International Law: the Korean Perspectives"为标题提出了韩中日之间双边条约的签订,之后对其进行补充提出了三边条约。参照[韩]石光现:"建议韩中日之间民事司法协助条约的签订",载《国际私法和国际诉讼》2007年第4卷,第207页。

② 韩日条约应同时规制外国判决的承认与执行。上述观点认为应优先制定实现可能性大的方案,因此,如果修改韩中条约追加外国判决的承认及执行则可以优先实施。

LL. M. ,首尔大学校大学院法学博士。

经历

1981年至1984年海军法务官。1984年至1999年,任金&张法律事务所律师。1991年上半年,英国 Linklaters & Paines 法律事务所研修。1999年至2007年,汉阳大学校法科大学教授。现任首尔大学校法科大学、法学专门大学院教授,讲授国际贸易法、国际私法、国际民事诉讼法;政府代表团顾问,参加多数海牙国际会议(UNCITRAL 和 UNIDROIT)。

代表性学术作品

著作

《国际货物销售合同的法理:UN统一销售法(CISG)的评论》,博英社;《国际商事仲裁法研究》第1卷,博英社;《关于调查取证国际民事司法协助的研究》,法务部;《关于国际审判管辖的研究》,首尔大学出版部;《国际私法和国际诉讼》第1~5卷,博英社;《2001年修订国际私法解说》(第1版、第2版),图书出版·芝山;《国际民事诉讼法:国际私法》(程序篇);《国际私法解说》,博英社。

论文

《关于合同以外债务准据法的欧盟规则(罗马 Ⅱ)》、《在韩国进行的ICC仲裁中,ICC仲裁规则和韩国仲裁法的相互作用》、《国际知识产权纠纷和国际私法:ALI原则(2007)和CLIP原则(2011)为中心》、《关于拒绝承认强制征用赔偿的日本判决》、《1993年海牙国际收养公约》。

附　　录

朝鲜韩国法律研究信息*

蔡永浩　整理

法学理论

著作

1. 韩国法通论/胡建淼、方立新//杭州大学出版社，1996。

期刊论文

1. 韩国的司法公开制度及其启示/杨春福//唯实，2013(4)。

2. 韩国法科大学院制度的革新与缺失/陶然//法学理论，2012(17)。

3. 韩国法科大学院教育制度评介/陶建国、谢奎柱//保定学院学报，2011(5)。

4. 试论韩日司法能动性及其对我国的启示/蔡永浩//延边大学学报：社会科学版，2011(2)。

5. 朝鲜民主主义人民共和国法律现状评述——以西方法律传统为视角/刘宇//河北法学，2009(12)。

6. 韩国的法学教育及律师资格考试改革/崔润哲//法学家，2009(6)。

7. 韩国法的渊源/马光//当代韩国，2009(2)。

8. 中韩两国法的渊源比较研究/马光//庆熙法学(韩)，2009(1)。

---

* 本统计得到延边大学朝鲜半岛研究协同创新中心文献资料库建设项目——“朝鲜韩国法研究数据统计项目”的支持。

9. 基于社会教育的韩国终身教育立法进程研究/王红云//现代远程教育研究,2009(4)。

10. 韩国法学教育的转折——论法科专门大学院的设立方案/姜海顺//东疆学刊,2009(1)。

11. 韩国法学教育与法曹培养制度的改革/徐东旭//中国法学教育研究,2008(3)。

12. 韩国国家司法考试及法学教育改革概览/金昌禄//国家检察官学院学报,2008(6)。

13. 韩国新法学专业大学院(Law School)制度/金秉泰//中国法学教育研究,2008(2)。

14. 中华法系透视——中朝法文化交流概观/李青//美中法律评论,2007(3)。

15. 韩国法学教育与法曹培养制度改革之成因及现状/郑泽善、朴龙玉//河北法学,2006(8)。

16. 韩国的司法改革/刘贤贞//人民司法,2006(11)。

17. 韩国法学教育的基本体制与改革趋势/韩大元//法学家,2002(4)。

18. 韩国法学教育的弊病与改进方案/尹大奎//当代韩国,2004(2)。

19. 韩国司法考试和司法官遴选制度概况/赴韩国考察团//国家检察官学院学报,2002(2)。

20. 韩国的法律文化初探/章莉//东南大学学报,2000(Z1)。

21. 韩国法治主义的意义及界限/金富灿//法制现代化研究,1999。

22. 中韩法律现代化比较/金德贤//研究生法学,1998(3)。

23. 中国的改革开放与韩中法文化的抵触/金明基//韩国学论文集,1998。

24. 韩国法制现代化过程述略/韩大元//法制现代化研究,1996。

25. 韩国人的法意识/张台柱//中外法学,1995(5)。

26. 韩国法与西洋法——移植与变化过程分析/崔钟库、韩大元//比较法研究,1995(2)。

27. 韩国法与伦理道德/朴秉濠//法学家,1993(3)。

法律史

学位论文

论韩国混合法文化的历史演进/唐清霞//湘潭大学硕士学位论文,2009。

期刊论文

1. 试论朝鲜王朝后期《大明律》之地位/张春海//韩国学论文集,2011。

2. 在宗藩体制与国际公法之间:晚清中朝秩序的重新建构/ 张卫明//学术研究,2011(3)。

3. 论明亡后《大明律》在朝鲜地位的动摇——以“礼讼”为中心的考察/张春海//暨南学报:哲学社会科学版,2011(6)。

4. 试论高丽与中国法制关系之演进——以“华化”与“土俗”之争为中心/张春海//复旦学报:社会科学版,2011(1)。

5. 论唐律对朝鲜王朝前期法制之影响——以“华化”与“土俗”之关系为中心/张春海//中外法学,2010(4)。

6. 中国古代法律对朝鲜法律制度的影响/孙蕊//山西经济管理干部学院学报,2009(3)。

7. 会通之路:儒教对韩国现代法律的影响/杜文忠//中国人民大学学报,2008(4)。

8. 韩国近代法律体系的形成及其保守性特质/崔林林//法律文化研究,2007。

9. 中华法系透视——中朝法文化交流概观/李青//美中法律评论,2007(3)。

10. 试析从古朝鲜至高句丽时代的韩国古代法/张春海//解放军外国语学院学报,2002(5)。

宪法

著作

1. 韩国宪法法院制度研究/宋永华//上海三联书店,2012。

2. 韩国宪政与总统选举/林秋山//台湾“商务印书馆”,2009。

3. 近代中国的宪政化:兼与韩国比较/杜文忠//法律出版社,2009。

4. 中韩宪法中有关经济秩序规定的比较研究/姜纪元//民族出版社,2006。

5. 反分裂国家法:中朝对照/中国民族语文翻译中心//民族出版社,2005。

6. 韩国公职选举与选举违法防止法/杨人从//“中央选举委员会”,2003。

学位论文

1. 韩国违宪审查制度对我国的启示/申爱顺//延边大学硕士学位论文,2013。

2. 论韩国宪法上的正当程序原则/何乐//延边大学硕士学位论文,2012。

3. 韩国的地方自治及其对我国的启示/朴圣杰//延边大学硕士学位论文,2010。

4. 中韩犯罪嫌疑人权利保障制度比较研究/郑炳淳//中国社会科学院硕士学位论文,2010。

5. 韩国宪法修改中关于总统制的问题探讨/金辉//延边大学硕士学位论文,2009。

6. 韩国宪法法院审判权理论与实践解读/崔京美//延边大学硕士学位论文,2009。

7. 韩国宪法诉愿制度的理论与实践解析/孙浩林//延边大学硕士学位论文,2009。

8. 韩国宪法的历史变迁与民主政治的建立发展/刘家坤//延边大学硕士学位论文,2008。

9. 从民主制度及违宪审查的发展解析韩国的宪政历程/高云鹏//延边大学硕士学位论文,2006。

10. 中韩两国外国人法律地位的比较研究/赵文晧//中国社会科学院硕士学位论文,2005。

11. 中日韩法官制度比较借鉴/金祎//延边大学硕士学位论文,2001。

12. 外国人出入境及其法律地位的韩、中法律比较/徐炯起//外交学院硕士学位论文,2001。

期刊论文

1. 韩国官员财产申报法制化路径分析与经验启示/杨建国//东北亚论坛,2013(4)。

2. 刍议韩国《在外同胞法》的违宪诉讼/严海玉//延边大学学报,2013(2)。

3. 韩国宪法诉愿制度/孙浩林//学术论坛,2012(4)。

4. 韩国宪法上的消费者安全权/金珉宇、程金池//法治湖南与区域治理研究,2012(2)。

5. 论韩国农民发展权的实现/项萍//金卡工程:经济与法,2011(5)。

6. 韩国宪法法院变形判决制度的形成与发展/宋永华//当代韩国,2011(4)。

7. 试论韩国政党在权力制约中的作用/蔡永浩//吉林公安高等专科学校学报,2011(2)。

8. 日本与韩国违宪审查制度的比较研究/蒲方合//黄河科技大学学报,2010(6)。

9. 韩国违宪审查制度发展历程及其对我国的启示/蔡永浩//延边大学学报社科版,2010(5)。

10. 关于韩国禁止裁判诉愿的宪法评价/李熙勲,孙汉基(译)//浙江社会科学,2010(5)。

11. 论韩国对欧美违宪审查制度的继受与变通/杨盛达//暨南学报:哲学社会科学版,2010(4)。

12. 试析联合国人权理事会与涉朝人权问题——兼及朝鲜人权问题对周边国家的影响/王秀梅//政法论丛,2010(4)。

13. 韩国立宪主义:实践考察与经验借鉴——以卢武铉悲剧为视角/马可//学术论坛,2010(2)。

14. 韩国反歧视法律制度研究/蔡定剑、王福平//政治与法律,2010(1)。

15.《传媒三法》的修改何以成了韩国朝野争论的焦点/尔东//卫星电视与宽带多媒体,2009(18)。

16. 韩国司法制度中的检察官体制概要/庄宇//吉林教育,2009(13)。

17. 由韩国"姜浩淳案"引发对犯罪嫌疑人人权保护的思考/周奕//管理与财富,2009(12)。

18. 韩国隐私权的宪法保护/林宗浩//太平洋学报,2009(7)。

19. 韩国拟修《国籍法》将允许外国精英持双重国籍/孙一//侨园,2009(5)。

20. 韩国拟修改法律允许海外公民参加选举投票/徐宏//法制资讯,2008(10)。

21. 韩国宪法裁判的基本原理/申平、许身健//法律适用,2008(8)。

22. 试论韩国国家人权委员会的体制与功能/李星燕//人权,2008(3)。

23. 韩国国家人权委员会对国家机关侵害平等权行为的保障作用/李星燕//河南省政法管理干部学院学报,2008(1)。

24. 韩国《在外同胞法》的性质及影响分析/张英//东北亚研究,2008(1)。

25. 韩国宪法法院审判权述评/董茂云、宋永华//上海政法学院学报:法治论丛,2008(1)。

26. 韩国《出版及印刷振兴法》出台后的尴尬/甄西//出版参考,2007(9)。

27. 韩国实施《公民权利和政治权利国际公约》简介/金玄卿//环球法律评论,2007(4)。

28. 韩国国民大会的预算权力/叶娟丽//深圳大学学报:人文社会科学版,2007(1)。

29. 韩国宪法法院建立的背景和基本体制/梁建//宪政与行政法治评论,2007。

30. 宪法与政治——韩国总统弹劾案的启示/陈新//湖北警官学院学报,2006(2)。

31. 韩国检察制度简介(下)/马相哲//国家检察官学院学报,2006(2)。

32. 韩国检察制度简介(上)/马相哲//国家检察官学院学报,2006(1)。

33. 韩国国家安全与表达自由案例研究/高中、刘道远//时代法学,2005(4)。

34. 韩国检察人员分类管理制度简析/张建军、郑建秋、张步洪//人民检察,2005(1)。

35. 浅论韩国的宪法法院制度/陶建国、奉小政//零陵学院学报,2004(12)。

36. 宪政的历程——韩国违宪审查:制度与背景之考察/邢益精//河北法学,2004(9)。

37. 东亚国家司法改革的宪政基础与意义——以韩国司法改革的经验为中心/韩大元//浙江社会科学,2004(3)。

38. 通往韩国宪政主义的新路径/尹大奎、李海霞(译)//浙江社会科学,2004(3)。

39. 韩国地方议会的组成、职权与运作/金瑛//当代韩国,2004(2)。

40. 韩国的弹劾制度及卢总统弹劾审判案的主要争议/罗胜福//当代韩国,2004(2)。

41. 韩国法治化进程中人权的法律保护及其启示/杨春福//法制与社会发展,2003(6)。

42. 法、美、德、日、韩等国家宪法关于私有财产权的规定/廖加龙//人大研究,2003(6)。

43. 朝鲜半岛和平统一进程中的难点问题论略/刘福江//湘潭师范学院学报:社会科学版,2003(6)。

44. 中韩日老年妇女的福利政策及生活/李玉子//云南民族大学学报:哲学社会科学版,2003(3)。

45. 韩国法律援助制度的现状与课题/金淑子//韩国学论文集,1998。

46. 韩国宪法法院法/韩大元//外国法译评,1994(3)。

行政法

著作

1. 韩国行政法与行政诉讼法/卢青锡、金河禄//香港亚洲出版社,2014。

2. 韩国食品安全法规标准汇编/王霓霓、林伟//中国质检出版社，中国标准出版社,2012。

3. 韩国科技法规选编/中华人民共和国科学技术部政策法规司//中国农业科学技术出版社,2010。

4. 韩国行政法/金河禄、卢青锡//香港亚洲出版社,2010。

5. 中韩国家赔偿制度比较研究/吴东镐//法律出版社,2008。

6. 韩国食品卫生新法规/章强华//中国计量出版社,2008。

7. 经济行政的结构及其法律控制:中韩两国比较研究/金河禄//法律出版社,2006。

8. 韩国食品安全法规与标准译编/姜宗亮//中国工商出版社,2004。

9. 日本韩国土地管理法律制度与土地利用规划制度及其借鉴/汪秀莲、王静//中国大地出版社,2004。

10. 韩国农畜食品卫生法规汇编/刘勇、顾绍平//海口:南海出版公司,2003。

11. 中日韩三国图书馆法规选编/简耀东//管理资讯股份有限公司,1994。

12. 朝鲜民主主义人民共和国人民保健法//外文出版社,1992。

学位论文

1. 韩国行政程序中公众参与制度与对我国的启示/崔勇万//延边大学硕士学位论文,2012。

2. 论韩国《行政调查基本法》及其对我国的立法启示/赵雪巳//延边大学硕士学位论文,2012。

3. 韩国行政复议司法化及其对中国的启示/仲婷婷//延边大学硕士学位论文,2012。

4. 韩国网络实名制度对我国网络规制的启示/车永浩//延边大学硕士学位论文,2012。

5. 中韩劳动法律制度若干问题比较分析/金岐泰//东北师范大学硕士学位论文,2012。

6. 中韩犯罪被害人国家补偿制度比较研究/朴志盛//中国海洋大学硕士学位论文,2011。

7. 朝鲜《土地租赁法》的发展方案/朴京水//对外经贸大学硕士学位论文,2009。

8. 韩中两国国家公务员法比较研究/朴承浩//中国社会科学院硕士学位论文,2006。

期刊论文

1. 韩国《游戏中毒法》引争议/瑞瑶//新民周刊,2014(6)。

2. 国外终身教育立法启示:基于美、日、韩法规文本的分析/吴遵民、黄健//现代远程教育研究,2014(1)。

3. 韩国:多部法律构建食品安全体系 /崔吉子//法制日报,2013(7)。

4. 韩国发布《电器安全控制法实施细则》草案//信息技术与标准化,2013(6)。

5. 中韩食品安全行政检查制度比较研究/康贞花、王淑敏//延边大学学报:社会科学版,2013(2)。

6. 韩国公共营造物瑕疵所致损害国家赔偿制度/王连鹏//黑龙江科技信息,2012(26)。

7. 韩国图书馆法对我国图书馆立法的启示/薛梅//时代报告:学术版,2012(6)。

8. 韩国老年人福利法的变迁及对我国的启示/林宗浩//法学论坛,2012(5)。

9. 中韩教育社会化、产业化及其法律调整之比较/金河禄//延边大学学报:社会科学版,2012(4)。

10. 韩国《个人信息保护法》的主要特色及对中国的立法启示/康贞花//延边大学学报:社会科学版,2012(4)。

11. 韩国器官移植法对我国的启示/莫洪宪、李颖峰//复旦学报,2010(6)。

12. 中韩行政复议程序若干问题比较研究/康贞花//法制与社会,2010(5)。

13. 韩国新修订终身教育法的内容、特色与省思(续)/黄富顺//终身教育,2010(1)。

14. 论行政行为概念的确立意义——以韩国的学术讨论为中心兼论我国的行政行为概念移植问题/吴东镐//延边大学学报:社会科学版,2010(1)。

15. 韩国与日本的行政诉讼制度比较研究/咸仁善//宪政与行政法治评论,2010。

16. 韩国电子政府初探:立足于法制与成效的考察/许琳//法制与社会,2009

(31)。

17. 韩国《新闻法》与法国《出版自由法》的对比研究/辛香兰//新闻传播,2009(12)。

18. 韩国环境教育振兴法解析/王民、王元楣、陈亚娇//环境教育,2009(9)。

19. 韩国新《报纸法》的修订过程、主要内容及其争议/王波//中国报业,2009(9)。

20. 韩国互联网监管制度发展现状——一位韩国法学教授对互联网监管制度的意见/丁相朝、孟可待//信息网络安全,2009(8)。

21. 日本、韩国土地管理法律制度//农村实用技术,2009(8)。

22. 中韩食品安全监管法律制度比较研究/康贞花//食品科技,2009(7)。

23. 韩国新修订终身教育法的内容、特色与省思/黄富顺//终身教育,2009(6)。

24. 中韩国家公务员考试制度的比较/李全森//新西部(下半月),2009(6)。

25. 试析我国图书馆法应有之基本内容——基于韩国《图书馆法》的考察/张婷婷、袁庆东//河南图书馆学刊,2009(4)。

26. 中韩行政复议制度之比较研究/高华丽//金卡工程:经济与法,2009(4)。

27. 试评韩国《集合建筑物法》第三次修订/金荣喜//现代法学,2009(3)。

28. 韩国行政调查基本法/金玄默//行政法学研究,2009(2)。

29. 韩国行政调查基本法施行令/金玄默//行政法学研究,2009(2)。

30. 韩国的司书公务员制度/郑显泰、陈珠、段明莲//图书情报工作,2008(6)。

31. 韩国图书馆法/李炳穆、太贤淑、段明莲//图书情报工作,2008(6)。

32.《建筑法》修订的思考——与韩国《建筑法》的比较研究/向必元、刘文峰//青岛理工大学学报,2008(2)。

33. 韩国公共营造物瑕疵所致损害国家赔偿制度及其对我国的启示/吴东镐//延边大学学报:社会科学版,2008(2)。

34. 新村运动中韩国政府的行政作为及其对中国的启示/吴可亮//行政与法,2008(2)。

35.《韩国灾难和安全管理法》的历史沿革及现行规定/何赞国//行政法学研究,2008(1)。

36. 对日韩两国国家赔偿制度的思考/刘志新、苏戈、吴立香//人民司法,2007(9)。

37. 中韩行政复议制度之比较与借鉴/仇秀珍//法制与经济(上半月),2007(7)。

38. 韩国国家赔偿法研究——公共营造物设置或管理上的瑕疵所引起的国家赔偿责任/吴东镐//美中法律评论,2007(7)。

39. 韩国国家赔偿制度及其借鉴意义——韩国国家赔偿法考察报告/张红//行政法学研究,2007 (4)。

40. 论韩国公务员职务违法行为致害国家赔偿责任/吴东镐//延边大学学报:社会科学版,2007(2)。

41. 中韩国家赔偿制度的比较研究/骆元卡//中外企业家,2006(9)。

42. 韩国的信息公开法制/林宗浩//行政法学研究,2006(4)。

43. 韩国行政诉讼法/吴东镐、康贞花//行政法学研究,2006(3)。

44. 中韩行政诉讼程序若干问题比较研究/康贞花//延边党校学报,2006(3)。

45. 中韩行政复议法若干问题比较/康贞花//延边党校学报,2006(1)。

46. 韩国终身教育立法及启示/朴永周//职业技术教育研究,2005(9)。

47. 新韩国农业协同组合法及其启示/申龙均、周景艳//吉林省经济管理干部学院学报,2005(3)。

48.《韩国图书馆法》及其启示/周世江//江西图书馆学刊,2005(1)。

49. 韩国《基础科学研究振兴法》及实施情况/王超//全球科技经济瞭望,2005(1)。

50. 朝鲜民主主义人民共和国教育法/辛立军//世界教育信息,2004(Z1)。

51. 韩国的行政审判法(下)——解说与全译/尹龙泽、吕艳滨//行政法学研究,2003(1)。

52. 韩国的行政审判法(上)——解说与全译/尹龙泽、吕艳滨//行政法学研究,2002(4)。

53. 面向21世纪——韩国教育法体系的全面修订/林大镐//比较教育研究,2001(4)。

54. 韩国新农业协同组合法简介/申龙均//东北亚研究,2001(3)。

55. 韩国妇女立法综述/姜海顺//延边大学学报,2001(2)。

56. 韩国城市规划实践中的城市问题:谈韩国城市规划法实施与变革下的汉城/林峰、吴晓苹//建筑技术及设计,2000(4)。

57. 韩国政府采购法律制度简介/肖渭明//中国招标,1998(25)。

58. 简论韩国的图书馆法/胡广翔//法律文献信息与研究,1998(3)。

59. 从韩国行政程序法的制定看韩中行政程序法的异同/金光洙//韩国学论文集,1998。

60. 朝鲜《儿童保育教养法》评介/李麦浪//教育导刊,1997(S3)。

61. 韩国地籍法概述/姜爱林、陈海秋//中央政法管理干部学院学报,1997(4)。

62. 韩国行政程序法(1996 年) /车美玉//行政法学研究,1997(3)。

63. 韩国公职人员的财产申报和公开制度/费京润//法学杂志,1997(2)。

64. 首届中韩劳动法学术研讨会综述/郑爱青//法学家,1993(5)。

65. 南朝鲜图书馆法修正案 附:图书馆法实行令改正令/杜云//图书馆界,1991(4)。

66. 南朝鲜图书馆法修正案/杜云//图书馆界,1990(4)。

67. 南朝鲜图书馆法修正的原委和内容/赵国林//江苏图书馆学报,1990(3)。

68. 南朝鲜母子保健法/陈明光//中国卫生事业管理,1989(3)。

69. 南朝鲜修改教育法增设开放大学制度/林起荪//外国教育情况,1982(2)。

70、南朝鲜教育法初探/闫一心//外国教育情况,1982(1)。

刑法

著作

1. 韩国死刑制度改革及其对中国的启示/郭健//中国人民公安大学出版社,2009。

2. 朝鲜民主主义人民共和国刑法典/陈志军//中国人民公安大学出版社,2008。

3. 中韩死刑制度比较研究——“第五届中韩刑法学术研讨会”学术文集(中韩刑法比较研究系列之五)/赵秉志//中国人民公安大学出版社,2008。

4. 中韩经济刑法比较研究——“第四届中韩刑法学术研讨会”学术文集(中韩刑法比较研究系列之四)/赵秉志、张军//中国人民公安大学出版社,2008。

5. 韩国刑法总论/金日秀、徐辅鹤//武汉大学出版社,2008。

6. 中韩国际刑事司法协助及相关犯罪研究——“第三届中韩刑法学术研讨会”学术文集(中韩刑法比较研究系列之三)/赵秉志//中国人民公安大学出版社,2006。

7. 中韩刑事制裁的新动向——“第二届中韩刑法学术研讨会”学术文集(中韩刑法比较研究系列之二)/赵秉志//中国人民公安大学出版社,2005。

8. 中韩刑法基本问题研究——“第一届中韩刑法学术研讨会”学术文集(中韩刑法比较研究系列之一)/赵秉志//中国人民公安大学出版社,2005。

9. 韩国刑法典及单行刑法/金永哲//中国人民大学出版社,1996。

学位论文

1. 韩国关于奸淫幼女犯罪的立法以及保安措施的执行对我国的启示/崔美娜//延边大学硕士学位论文,2013。

2. 中韩单位犯罪中双罚制的比较研究/崔丽娜//延边大学硕士学位论文,2012。

3. 论我国环境刑法在立法和实践中存在的问题及完善——以韩国环境刑法为视角/朴龙国//延边大学硕士学位论文,2012。

4. 日韩少年法及其中国借鉴/陈超//西南政法大学硕士学位论文,2012。

5. 中韩两国检警关系比较/文艺兰//延边大学硕士学位论文,2010。

6. 中韩两国网络犯罪比较研究/金时永//大连海事大学硕士学位论文,2009。

期刊论文

1. 韩国的过失共同正犯理论及其对中国的启示/金光虎//2014 韩国发展报告,2014。

2. 韩国罚金刑的特色及其对我国的启示/邢绡红//东疆学刊,2013(3)。

3. 韩国犯罪被害人保护立法考察与借鉴/张云鹏//政法论丛,2013(3)。

4. 韩国反腐败法述评——附:韩国《关于腐败防止与国民权益委员会设立运营法》/韩相敦//环球法律评论,2013(2)。

5. 韩国刑法不能犯之探究——以韩国刑法第27条为核心/郑军男、王茜//当代法学,2013(1)。

6. 韩国检察制度介绍/梁坤//当代检察官,2012(4)。

7. 韩国刑法中对被胁迫行为的规定及其对中国的启示/邢绡红//延边大学学报:社会科学版,2012(3)。

8. 韩国新的犯罪被害人保护制度及其启示:以实质性保护犯罪被害人为视角/金昌俊//河北法学,2011(11)。

9. 实质性死刑废除困于希望与绝望之间——韩国死刑问题分析 /赵炳宣、赵秉志//法学杂志,2011(5)。

10. 韩国的犯罪故意论及其启示/金昌俊//河北法学,2010(11)。

11. 韩国等国家罚金刑制度对我国的启示 /玄松鹤//东疆学刊,2010(2)。

12. 中国延边地区涉韩毒品犯罪对策研究——以中韩警务合作为视角/崔军勇//学术交流,2010(2)。

13. 社会分层与韩国首尔的群体性暴力犯罪问题/安泳壹//金卡工程,2010(2)。

14. 韩国刑事“量刑基准制度”推进动向及“量刑调查”主导权之争考察 /杜向前//西部法学评论,2009(3)。

15. 中韩死刑制度比较研究/方元//企业家天地:理论版,2008(8)。

16. 韩中犯罪故意论的比较法考察/金昌俊//东北亚法研究,2008(7)。

17. 韩国现行刑法的变迁过程及理论特征/郑泽善//当代韩国,2008(2)。

18. 中韩死刑制度比较研究:第五届中韩刑法学术研讨会综述/阴建峰、张勇//刑法论丛,2008(1)。

19. 死刑制度改革与暴力犯罪死刑控制——从中韩死刑制度比较研究的角度/莫洪宪//河南省政法管理干部学院学报,2008(1)。

20. 韩国死刑制度的回顾与展望/许一泰、郭健//政法论丛,2007(6)。

21. 韩国刑法典之优劣与借鉴/石玮玮//法制与社会,2007(3)。

22. 试论韩国的信息网络犯罪及相关文化政策/申玹丞//东疆学刊,2007(3)。

23. 美日韩三国死刑适用状况及刑事政策反思/张远煌//甘肃政法学院学报,2006(5)。

24. 中日韩三国税收犯罪的罪名比较/胡巍//集团经济研究,2005(17)。

25. 韩国的《腐败防止法》和腐败防止委员会/张利//党建,2005(9)。

26. 日韩犯罪被害人补偿制度比较及其对我国的启示/尹晓莉、付璇//贵州工业大学学报:社会科学版,2005(2)。

27. 中韩反腐败法律制度之比较研究/殷涛、胡斌//山西警官高等专科学校学报,2005(1)。

28. 韩国检察官职权简介/闵钐//检察实践,2004(3)。

29. 韩国犯罪被害人保护法律制度概说/田思源//犯罪与改造研究,2004(2)。

30. 韩国《腐败防止法》的制定和实施/李秀峰//新东方,2003(8)。

31. 韩国刑法上的通奸罪考察/吴昌值//中国刑事法杂志,2003(6)。

32. 中韩日刑事法中保护犯罪被害人制度的比较/金昌俊//东疆学刊,2003(1)。

33. 中韩两国刑事法中的保护被害人制度比较/金昌俊//延边党校学报,2001(5)。

34. 中韩法律文化交流的重要贡献——《韩国刑法典及单行刑法》序言/赵秉志//法学家,1996(6)。

35. 大韩民国少年院法/陈中绳//青少年犯罪问题,1994(4)。

民法

著作

1. 韩国商标法(国外知识产权法律丛书)/龚卫、李宗基//知识产权出版社,2013。

2. 韩国物权法专题研究/崔吉子//北京大学出版社,2013。

3. 韩国法专题研究:民法·经济法/崔吉子//法律出版社,2013。

4. 韩国最新民法典/崔吉子//北京大学出版社,2010。

5. 韩国民法典朝鲜民法/金玉珍//北京大学出版社,2009。

6. 中韩家族法的比较研究/姜海顺//法律出版社,2009。

学位论文

1. 中韩合同解除权的比较研究/张英实//延边大学硕士学位论文,2013。

2. 中韩两国监护制度比较研究/金英兰//延边大学硕士学位论文,2013。

3. 中韩两国探望权制度比较研究/刘海燕//延边大学硕士学位论文,2013。

4. 韩国知识产权行政体系法律制度改善方案/房明姬//对外经济贸易大学硕士学位论文,2013。

5. 中韩驰名商标制度比较研究/沈奉洙//中国海洋大学硕士学位论文,2013。

6. 论韩国的反家庭暴力法及其对我国的启示/李花//延边大学硕士学位论文,2012。

7. 韩国对网络游戏软件知识产权的法律保护/崔风恒//延边大学硕士学位论文,2012。

8. 中韩建设工程合同制度比较研究/金昌杰//延边大学硕士学位论文,2012。

9. 论我国住房抵押贷款证券化制度的完善——以中韩比较为中心/金丁

玲//延边大学硕士学位论文,2011。

10. 中韩动产抵押制度比较研究/申金平//延边大学硕士学位论文,2011。

11. 论信用卡不正当适用的法律规制——以中韩法律的比较为视角/朴春兰//延边大学硕士学位论文,2011。

12. 中韩赠与合同制度比较研究/朱金荣//延边大学硕士学位论文,2011。

13. 中韩专利权保护制度比较研究/文汉圭//中国海洋大学硕士学位论文,2011。

14. 韩中知识产权边境保护措施比较研究/尹圣闵//对外经济贸易大学硕士学位论文,2011。

15. 中韩医疗过失认定标准比较研究/柳卉//延边大学硕士学位论文,2010。

16. 中韩交通事故损害赔偿责任比较研究/李艺兰//延边大学硕士学位论文,2010。

17. 中韩两国离婚制度的比较研究/南善玉//延边大学硕士学位论文,2010。

18. 中韩离婚损害赔偿制度的比较研究/朴婷//延边大学硕士学位论文,2010。

19. 中韩买卖合同制度的比较研究/崔斌//延边大学硕士学位论文,2010。

20. 韩国传贳权制度研究/朴恩惠//华东政法大学硕士学位论文,2010。

21. 中韩知识产权领域的反垄断规制比较研究/姜承秀//华东政法大学硕士学位论文,2010。

22. 韩中两国合同法的比较研究/宋汶奎//中国政法大学硕士学位论文,2010。

23. 中日韩民法的统一和协调/朴成姬//中国人民大学硕士学位论文,2009。

24. 中韩著作权法律制度比较研究/方纲德//中国海洋大学硕士学位论文,2009。

25. 中韩驰名商标保护制度的比较研究/姜京镐//中国社会科学院硕士学位论文,2009。

26. 数字环境下韩国著作权法律保护研究/金钟元//中国政法大学硕士学位论文,2009。

27. 中韩城市房地产物权制度比较研究/金玄卿//中国人民大学硕士学位论文,2007。

28. 韩国资产管理公社的不良债权整理制度对中国的启示/金钟顺//华东政法大学硕士学位论文,2006。

29. 中韩商标纠纷解决机制比较研究/金妧淳//中国政法大学硕士学位论文,2005。

30. 韩国电子交易中的契约成立/崔洙源//对外经济贸易大学硕士学位论文,2003。

期刊论文

1. 韩国成年监护制度的新动向/金路伦//2014 韩国发展报告,2014。

2. 中韩知识产权战略比较研究/华鹰//科技与经济,2013(4)。

3. 论韩国民法对不动产二重买卖中第一买受人权益的保护/朴常赫//常州大学学报,2013(4)。

4. PACL 与韩国民法修改/李英俊、金路伦//清华法学,2013(3)。

5. 论韩国的赠与合同撤销权制度及其对我国的启示/姜海顺//延边大学学报:社会科学版,2013(1)。

6. 韩国《多文化家族支援法》/崔金海//武汉理工大学学报:社会科学版,2013(1)。

7. 中韩版权交流之变化和发展方向/刘叶华//出版参考:业内资讯版,2012(18)。

8. 中韩离婚的法定理由比较分析/孔令伟//中国—东盟博览,2012(5)。

9. 论韩国的亲权制度及其对我国的启示/姜海顺//延边大学学报:社会科学版,2011(6)。

10. 韩美 FTA 及对韩国知识产权法的可能影响/杨达//企业导报,2011(6)。

11. 韩国土地所有权的近代转型/林宗浩//法治湖南与区域治理研究,2011(4)。

12. 必留份制度与特留份制度的比较研究——以中韩法律为例/姜海顺//延边大学学报,2011(2)。

13. 韩国信托法的改正/崔埈璿//商事法论集,2010(Z1)。

14. 浅析中韩两国的婚姻制度/许宁//法制与社会,2010(36)。

15. 给付障碍在韩国民法中的理论继受与发展:自历史与比较法的视野/成升铉、金可可//华东政法大学学报,2010(6)。

16. 从韩国家族和婚姻法律的修改看韩国女性地位的改善/刘红梅//中华女子学院山东分院学报,2010(1)。

17. 当代韩国家族法的发展脉络与主要内容/刘训智、朴圣杰//经济研究导刊,2009(25)。

18. 韩国老人长期看护保险法评介/钟仁//中国社会工作,2009(20)。

19. 韩国新《专利法》之变化/尚世浩//电子知识产权,2009(9)。

20. 韩国家族法制度考察/刘红梅//山东法官培训学院学报,2009(5)。

21. 韩国监护制度探析/玄丽华//延边党校学报,2009(3)。

22. 中韩 FTA 中知识产权条款的路径选择/任虎//华中师范大学学报,2009(2)。

23. 韩国侵权行为法基本原则和构成体系/金相容、朴爱圣//金陵法律评论,2009(2)。

24. 韩国的机动车事故发生现状和损害赔偿责任:以机动车损害赔偿保障法第三条为中心/高翔龙、朴爱圣//金陵法律评论,2009(2)。

25. 中韩著作权法律保护制度比较/方纲德//山东商业职业技术学院学报,2009(1)。

26. 韩国传贯权立法对中国民法典的启示——兼谈法律移植过程中如何对待本土资源/崔吉子//华东政法大学学报,2009(1)。

27. 台湾设立智慧财产法院的评析:以泰国、日本、韩国为主的法制比较研究/魏忆龙//法律适用,2008(Z1)。

28. 韩国著作权的刑事保护/韩相敦//中外法学,2007(5)。

29. 试析朝鲜的法定财产继承制度/姜海顺//延边党校学报,2005(2)。

30. 中韩民事行为能力之法律比较/尹茂国、庾成日//延边党校学报,2004(3)。

31. 中韩典权制度比较研究/高贤升、刘向涛//政治与法律,2003(3)。

32. 论韩国民法典编纂的历史性基础以及法典的性质/尹太顺//当代法学,2002(12)。

33. 无奈的法典:中日韩三国民法现代化道路之比较/苏亦工//当代韩国,2002(4)。

34. 缺乏明确界定——韩国知识产权权利耗尽与平行进口体制解析/余翔//国际贸易,2002(4)。

35. 中韩继承法的比较研究/姜海顺//东疆学刊,2000(4)。

36. 朝鲜族亲戚制度与“寸数法”/朴莲玉//黑龙江民族丛刊,1999(1)。

37. 韩国继承法述要/柳铉锡、吴春成//法学家,1993,(2)。

38. 南朝鲜对技术引进合同的法律调整及其管理/赵秀文//法律学习与研究,1989(4)。

商法

著作

1. 中国企业赴韩国投资法律指南/禹昌禄、吴日焕//中国政法大学出版社,2014。

2. 韩国资本市场法/董新义//知识产权出版社,2011。

3. 韩国公司法/郑燦亨、崔文玉译//上海大学出版社,2011。

4. 中国企业韩国上市法律实务/马林江//法律出版社,2007。

5. 韩国商法/吴日焕//中国政法大学出版社,1999。

6. 中韩商法比较研究/陈信勇//杭州大学出版社,1997。

学位论文

1. 韩国无面额股制度研究/李燕//延边大学硕士学位论文,2013。

2. 中韩外国直接投资准入法律制度比较研究/王德华//辽宁大学硕士学位论文,2013。

3. 中韩公司破产整顿制度的比较研究/郑桂花//延边大学硕士学位论文,2012。

4. 中韩商品房预售制度对比研究/李香顺//延边大学硕士学位论文,2012。

5. 中韩破产法制度的特征比较研究/朴淳//南京大学硕士学位论文,2011。

6. 中韩破产法中的破产程序比较研究/西门达//中国海洋大学硕士学位论文,2010。

7. 中韩金融监管法制演进比较研究/金永镇//西南政法大学硕士学位论文,2010。

8. 中韩两国禁止内幕交易立法制度比较研究/金菊华//延边大学硕士学位论文,2009。

9. 中韩异议股东股份回购请求权比较研究/崔国峰//延边大学硕士学位论文,2009。

10. 中国与韩国企业并购法律制度比较研究/张东俊//华东理工大学硕士学位论文,2009。

11. 中韩两国内幕交易规制的比较/柳圣恩//华东政法大学硕士学位论文,2009。

12. 韩·日股份回购请求权比较研究/朴正铉//复旦大学硕士学位论文,2008。

13. 中韩两国公司法制度的比较研究/徐承喜//对外经济贸易大学硕士学位论文,2008。

14. 试论中韩董事责任保险制度/尹仁贞//中国社会科学院硕士学位论文,2008。

15. 中韩公司资本制度比较研究/李云//中国社会科学院硕士学位论文,2007。

16. 中韩外资准入制度比较研究/李基元//西南政法大学硕士学位论文,2007。

17. 中韩企业收购兼并程序和法律文件的比较/崔元铎//华东政法大学硕士学位论文,2007。

18. 中韩一人公司制度比较研究/金俊镐//华东政法大学硕士学位论文,2007。

19. 韩国网络游戏法相关问题及改善方案/文昶集//上海交通大学硕士学位论文,2007。

20. 韩国公司重整制度立法的研究//金星均//中国政法大学硕士学位论文,2006。

21. 中韩两国的外资法及其相关制度比较研究//金志勋//对外经济贸易大学硕士学位论文,2006。

22. 中朝两国外商投资企业法比较研究/姜武//延边大学硕士学位论文,2006。

23. 韩国公司治理问题研究/贺福春//中国政法大学硕士学位论文,2005。

24. 中韩监事会制度比较/金泰勋//清华大学硕士学位论文,2005。

25. 中韩股份公司法律制度之比较研究/王燕//华东政法大学硕士学位论文,2005。

26. 中韩船舶扣押和船载货物扣押的法律制度研究/崔裕男//北京工商大学硕士学位论文,2005。

27. 中国与韩国外资并购法律制度的比较研究/姜沼年//中国人民大学硕士学位论文,2005。

28. 中韩外商直接投资法律制度比较研究/林薰基//中国政法大学硕士学位论文,2003。

29. 论消费者破产的法律制度/李锡润//对外经济贸易大学硕士学位论文,2003。

30. 中、韩两国股份有限公司制度的比较研究/吴相学//对外经济贸易大学硕士学位论文,2002。

31. 中韩外国人直接投资法比较研究/梁孝玲//中国社会科学院硕士学位论文,2002。

32. 中韩商法对抽逃出资规制制度的比较研究/崔栋彬//中国政法大学硕士学位论文,2001。

期刊论文

1. 2013 韩国商法的修改动向/李鲜花//2014 韩国发展报告,2014。

2. 独具特色的韩国商贸流通立法/中国商界,2014(1)。

3. 韩国公司法的最新修改及其评析/李薇//宜春学院学报,2012(7)。

4. 韩国农林渔业灾害保险法律制度研究及启示/张长利//农村金融研究,2012(6)。

5. 韩国农林渔业灾害保险制度研究及其借鉴/张长利//商业研究,2012(5)。

6. 刍议韩国外资法及对我国的借鉴/王军有//云南社会主义学院学报,2012(4)。

7. 韩国农业灾害保险制度浅论/尹君//上海保险,2012(4)。

8. 韩国资本市场法上内幕交易规制研究/董新义//河北法学,2012(2)。

9. 中朝两国外商投资鼓励保护制度比较/金河禄//东北亚论丛,2012(1)。

10. 中韩保险法比较研究——以韩国商法保险篇修正案若干条款为中心/金香兰//延边大学学报:社会科学版,2012(1)。

11. 论韩国违反金融适合性原则的民事责任/董新义//证券市场导,2012(1)。

12. 论韩国信用卡业法律监管的特色——兼评《韩国信贷金融业法》的最新修正/崔金珍//华东政法大学学报,2012(1)。

13. 韩国电子商务消费者保护法研究/徐义景//理论界,2011(11)。

14. 韩国资产证券化法律制度及其对我国的启示/尹太顺、李鲜花//延边大学学报:社会科学版,2011(6)。

15. 韩国渔业保险法律制度探析/张长利//中国渔业经济,2011(3)

16.《中日韩投资协定》的构建/史晓丽//东北亚论坛,2011(1)。

17. 韩国《资产流动化法》评说/许凌艳//社会科学,2010(8)。

18. 在韩外资并购的法律规制/姜承秀//企业导报,2010(2)。

19. 简论中韩破产法律制度/西门达//山东商业职业技术学院学报,2010

(2)。

20. 韩国法中的“金融投资商品”定义小考/赵晟植//金融法苑,2010(1)。

21. 韩国宪法法院认定其商标法第7条(3)内容违宪//中华商标,2009(8)。

22. 变更原则对金融衍生品交易法律基础的冲击——以韩国法院对KIKO合约纠纷案的裁决为例/楼建波、刘燕//法商研究,2009(5)。

23. 韩国资本市场法系列之一:金融投资商品概念简析/张珍宝//金融法苑,2009(2)。

24. 韩国证券集团诉讼法/刘定湘//商事法论集,2009(2)。

25. 韩国公司法修改试案与中国公司法之比较——以股份公司治理结构为中心的考察/金香兰//延边大学学报:社会科学版,2009(2)。

26. 破产重整调查人制度评介/张英伦、郭健//郑州航空工业管理学院学报:社会科学版,2009(2)。

27. 韩、中、日统一买卖法草案/崔吉子//民商法论丛,2008(40)。

28. 中韩信用卡相关法律关系与挂失风险承担之比较/崔金珍//现代财经(天津财经大学学报),2008(7)。

29. 韩国证券监管机制的发展与改革/卢恩泳//法学家,2008(4)。

30. 联合国国际货物销售合同公约与韩国民商法比较研究——以合同成立为中心 /张铉进、高花粉//长春理工大学学报,2008(1)。

31. 韩国海商法评介/于耀东//海大法律评论,2008。

32. 再议票据瑕疵之于取得——从韩国票据法第16条等规定引出的思考/汤伟平、朱友君//时代经贸,2007(SA)。

33. 中韩公司法的比较看中国公司法——从资本制度入手/刘娟//商情:科学教育家,2007(4)。

34. 韩国证券交易法/金仁权、金滋永//商事法论集,2007(1)。

35. 韩国营业(商业)秘密的法律保护/李武勇//财经界(下半月),2006(9)。

36. 韩国企业并购法之演化/陈柱//理论观察,2006(6)。

37. 山东涉韩商事纠纷与诉讼若干问题与对策/山东省高级人民法院民四庭//山东审判,2006(4)。

38. 韩国法下保险人代位求偿权行使范围/马炎秋//大连海事大学学报:社会科学版,2006(3)。

39. 韩国商法上对股份公司虚假出资的规制/丁珍燮//法学杂志,2005(5)。

40. 韩国再建型企业倒闭制度中的重整——以韩国《公司重整法》为中心/金

星钧//比较法研究,2005(4)。

41. 韩国法下保险人代位求偿权的行使条件/马炎秋//大连海事大学学报:社会科学版,2005(1)。

42. 韩国证券交易法修正和并购的影响/蒋凤圭、丁斗植、南姬、刘树艳//青岛科技大学学报,2004(3)。

43. 关于韩国《外国人投资促进法》的研究/金秋、任虎//当代韩国,2004(2)。

44. 韩国的外资立法及对我国的借鉴/田卫国//世界贸易组织动态与研究,2003(9)。

45. 韩国的公司治理/李基秀、宋彪//安徽大学法律评论,2003(2)。

46. 中韩信用证法律比较研究——以韩国新湖商社案与韩国国民银行案为例/曹伟峰//研究生法学,2003(2)。

47. 一人公司:韩国商法的困惑/崔完铃//咸宁学院学报,2003(1)。

48. 韩国1998年《外国人投资促进法》/梁孝玲//环球法律评论,2002(2)。

49. 中韩法律有关保险人代位求偿权的行使条件比较/马炎秋//青岛远洋船员学院学报,2002 (2)。

50. 韩国《外国人投资促进法》的修订与发展/李揆哲、喻洁//比较法研究,2001(1)。

51. 从金融危机及IMF的救助探析韩国商法制度之修改/李揆哲//华东政法学院学报,2001(1)。

52. 日、韩对国有企业的法律保护/何才明、汪慧//经济与法,2000(4)。

53. 韩国社会间接资本设施民间投资法的制定与修改/郑秀哲、荣朝和//铁道经济研究,2000 (3)。

54. 中韩公司法律制度若干问题的比较研究/李宝奇、李海燕//东疆学刊,2000(3)。

55. 韩国企业集团法律规制研究/陈婉玲//华侨大学学报,2000(1)。

56. 罗津先锋经济贸易地区外国投资关系法制度的建立与特点/全星日//东北亚论坛,1999(1)。

57. (韩国)船员法/郑寿德//中国海商法年刊,1997。

58. 韩国商法的修改/孙晟//外国法译评,1996(4)。

59. 韩国的外国投资法律制度/沈乐平//东南亚研究,1995(5)。

60. 中韩外商投资企业法的比较研究/房绍坤//法学论坛,1995(2)。

61. 韩国保险合同法的基本结构/李鸿旭、太贤淑//中外法学,1994(5)。

62. 韩国的商事仲裁法律制度/钟国定、丁奎琫//政治与法律,1994(3)。

63. 韩国股份有限公司法初探/许元宪//当代法学,1993(4)。

64. 中国与韩国外资法的比较研究/黄来纪//吉林大学社会科学学报,1993(3)。

65. 朝鲜外资法评介/路遥//东北亚论坛,1993(2)。

66. 南朝鲜对外资法的灵活运用及其经验/陶士贵//对外经贸实务,1991(4)。

67. 南朝鲜的对外商业仲裁/朴杜宾、陈浩铨、黄春红//法治论丛,1990(5)。

诉讼法

著作

1. 韩国民事执行法/姜大成//法律出版社,2010。

2. 韩国民事诉讼法导论/孙汉琦//中国法制出版社,2010。

3. 韩国大法院判例选编(第1卷)/吴日焕//法律出版社,2009。

4. 判例解读中韩法律/马林江//法律出版社,2005。

5. 韩国刑事诉讼法/马相哲//中国政法大学出版社,2004。

6. 朝鲜民主主义人民共和国刑事诉讼法典/方蔼如//法律出版社,1957。

学位论文

1. 韩中两国刑事强制措施制度比较研究/白种善//中国政法大学硕士学位论文,2011。

2. 中韩国际商事仲裁法比较研究/朴正岘//对外经济贸易大学硕士学位论文,2011。

3. 中韩两国国际商事仲裁裁决制度比较研究/宋忠燮//吉林大学硕士学位论文,2010。

4. 中韩商事仲裁制度比较研究/金泳奎//中国政法大学硕士学位论文,2009。

5. 中韩ADR比较研究——以价值标准多元化为视角/吴宁哲//华东政法大学硕士学位论文,2005。

期刊论文

1. 韩国检察官在刑事诉讼中的地位与机能/金日秀、李颖峰//人民检察,2013(11)。

2. 中韩间投资待遇刍议/王军有//中国外资,2012(22)。

3. 网络犯罪对中韩刑事追究程序法的挑战/崔永哲//企业家天地(下旬刊),2012(8)。

4. 关于韩国被判刑人移管法律制度研究/李院炯//知识经济,2011(19)。

5. 中韩劳动争议仲裁制度的比较研究/任虎//东疆学刊,2011(4)。

6. 韩国刑诉法辩护权制度之借鉴/孙瑞玺//刑事法评论,2011(2)。

7. 中韩刑事司法改革学术研讨会述要/倪爱静、潘申明//人民检察,2010(22)。

8. 韩国公益诉讼述评/徐晨//环球法律评论,2010(4)。

9. 韩国检控制度及其存在的问题/郑明华、周长军//人民检察,2009(21)。

10. 比较与借鉴:韩国刑事诉讼法的主要变化——以被追诉人权利保障为视角/尹茂国//河北法学,2009(8)。

11. 集团诉讼通知制度研究——以美国、澳大利亚、加拿大和韩国为对象的比较法考察/罗斌//法学杂志,2009(6)。

12. 侦查措施的适用与程序控制前瞻——"中韩刑事司法改革的新进展"研讨会述要/张建升//人民检察,2008(22)。

13. 韩国民事强制执行机关的设置/谢鹏远//东疆学刊,2008(2)。

14. 韩国刑事诉讼法最新发展/李炯泽//刑事司法论坛,2008。

15. 韩国刑事诉讼法的修改及发展趋向/陈学权//人民检察,2007(3)。

16. 证券集团诉讼的研究:韩国的经验/权赫在//河北法学,2007(2)。

17. 中韩仲裁立法的比较研究/马炎秋//大连海事大学学报:社会科学版,2004(1)。

18. 韩国仲裁法/姚俊逸、朱建林//仲裁与法律,2003(4)。

19. 韩国民事诉讼法基本原则探析/孟涛、房国宾//河北法学,2003(3)。

20. 韩国律师的义务及其惩戒/杨春福//法学杂志,2003(1)。

21. 韩国仲裁裁决的中国承认——一起韩国仲裁裁决在中国提请承认案分析/任虎//风雨兼程案例选,2003。

22. 韩国刑事诉讼法中保护被害人制度的探析/金昌俊//延边大学学报:社会科学版,2001(2)。

23. 中韩两国刑事诉讼原则之比较/金昌俊//东疆学刊,2001(1)。

24. 韩国刑事诉讼制度简介(下)/金柄权//诉讼法论丛,2000(2)。

25. 韩国刑事诉讼制度简介(上)/金柄权//诉讼法论丛,2000(1)。

26. 韩国《检事惩戒法》简介/孙智慧//人民检察,1998(2)。

27. 中韩刑事辩护制度比较研究/顾振哲//东北亚论坛,1994(4)。

经济法

著作

1. 东亚消费者合同法比较研究/崔吉子//北京大学出版社,2013。

2. 中韩城市房地产交易法律制度比较研究/金玄卿//中国人民大学出版,2012。

3. 中韩两国竞争法比较研究/金河禄、蔡永浩//中国政法大学出版社,2012。

4. 日本暨韩国劳动法学研究特集/李哲洙//台湾劳动法会,2012。

5. 韩国经济法/权五乘//北京大学出版社,2009。

6. 经济全球化背景下所得税制的发展趋势与法律对策研究——第二届中日韩税法国际研讨会论文选(2007)/刘隆亨//中国税务出版社,2009。

7. 亚洲经济权利及其救济程序/陈刚、龙汉文、袁野//合肥工业大学出版社,2007。

8. 外国经济法韩国(卷1)/陈龙山//吉林人民出版社、中国经济法制音像出版社,1994。

9. 外国经济法韩国(卷2)/陈龙山//吉林人民出版社、中国经济法制音像出版社,1994。

10. 外国经济法韩国(卷3)/陈龙山//吉林人民出版社、中国经济法制音像出版社,1994。

11. 中国大陆和亚洲“四小龙”外资法/潘抱存、王耀梁//苏州大学出版社,1994。

12. 韩国对外经济贸易法规——外贸、外资部分/王旭、王永武//辽宁民族出版社,1993。

13. 外国经济法(卷3)——南朝鲜/顾明、陈龙山//吉林人民出版社,1992。

14. 韩国市场经济法律导论/王家福//中国社会科学出版社,1992。

15. 外国经济法(卷2)——南朝鲜/顾明、陈龙山//吉林人民出版社、中国经济法制音像出版社,1991。

16. 外国经济法(卷1)——南朝鲜/顾明、陈龙山//吉林人民出版社、中国经济法制音像出版社,1991。

17. 南朝鲜涉外经济法令汇编/吉林省社会科学院朝鲜研究所//吉林省社会科学院朝鲜研究所,1980。

学位论文

1. 韩国反垄断法的企业规制及其对中国的借鉴/赵雄焕//中国社会科学院硕士学位论文,2011。

2. 中日韩各国与东盟自由贸易协定之分析比较/崔光珍//中国人民大学硕士学位论文,2011。

3. 韩国反垄断法研究/丁元强//暨南大学硕士学位论文,2010。

4. 反垄断法损害赔偿制度中韩两国比较/李敏敬//华东政法大学硕士学位论文,2010。

5. 中韩反垄断法中企业合并制度的比较研究/金俊镐//华东政法大学硕士学位论文,2010。

6. 中韩贸易争端解决机制的构建/张营//山东科技大学硕士学位论文,2010。

7. 韩国公平交易委员会制度及对中国借鉴意义/林成灿//中国社会科学院硕士学位论文,2009。

8. 论韩国国会在对外贸易谈判中的作用/金恩希//中国政法大学硕士学位论文,2009。

9. 中韩劳动法比较研究/柳正国//中国政法大学硕士学位论文,2009。

10. 论竞争法律制度的完善与发展——中韩两国比较研究/安雪花//延边大学硕士学位论文,2008。

11. 论消费者权益法律保护制度的完善——中韩两国比较研究/崔虎哲//延边大学硕士学位论文,2008。

12. 韩中两国卡特尔规制的比较研究/金伯焕//中国海洋大学硕士学位论文,2008。

13. 韩国参与东北亚区域经济合作的现状与法律对策/李周炫//吉林大学硕士学位论文,2008。

14. 韩中企业合并法律制度比较研究:从反垄断法视角的法律分析/朴济炫//中国人民大学硕士学位论文,2007。

15. 日本、韩国反倾销法律制度研究/王伟铭//天津财经大学硕士学位论文,2006。

16. 韩国反垄断法的新发展及其对中国的借鉴/崔彰益//中国社会科学院硕士学位论文,2006。

17. 韩国公正交易法对企业结合之规制:对中国反垄断法草案的启示/全海

奂//复旦大学硕士学位论文,2004。

18. 中韩劳动争议处理制度的比较研究/金明信//对外经济贸易大学硕士学位论文,2004。

19. 中韩两国反不正当竞争法比较研究/李基英//北京工商大学硕士学位论文,2002。

20. 美国对中韩出口产品反倾销措施比较研究/罗胜福//北京大学硕士学位论文,2002。

期刊论文

1. 韩国金融法现况及修改方向/金香兰//2014 韩国发展报告,2014。

2. 朝鲜对外商投资的法律保护——以制度考察为中心/崔东日、吴东镐//延边大学学报:社会科学版,2013(2)。

3. 韩国反垄断法宽免制度及其借鉴/刘蓓//价格理论与实践,2013(2)。

4. 新韩国《农业协同组合法》/申龙均//中国农民合作社,2012(6)。

5. 中韩两国反垄断法之比较 /金河禄//东疆学刊,2012(4)。

6. 美"归零"法在 WTO 再次败诉——韩国诉美"归零"法案介评/张永晖//WTO 经济导刊,2011(8)。

7. 中韩直销法移植比较/毛洪刚//科教新报,2011(8)。

8. 韩国《外国人投资促进法》及其施行令 2010 年修改的主要内容与特点/李国章//国际工程与劳务,2011(2)。

9. 中韩反倾销案中"期终复审"制度的比较研究/任虎、马光//华东理工大学学报,2011(1)。

10. 韩国对中国产品特别保障措施机制研究/马光//新亚洲论坛(韩),2011(1)。

11. 韩国反垄断法及其对我国的启示/汤振、滕腾//魅力中国,2010(32)。

12. 浅析朝鲜投资法/金香兰//法制与社会,2010(24)。

13. 美国、欧盟、韩国、日本微软案件比较研究——以软件产业中滥用支配地位的认定和规制为视角/罗先觉//河北法学,2010(12)。

14. 我国《电影产业促进法》的立法背景考察——兼与韩国《电影振兴法》比较分析/李敏//兰州学刊,2010(12)。

15. 日韩产业政策立法与反垄断法关系探析——两种制度博弈/宾雪花//政治与法律,2010(10)。

16. 中韩两国信息资源产业政策比较/朱雪宁、刘兰华//行政与法,2010(5)。

17. 浅谈外商对华非法撤资的法律规制——以重点规制韩国对华非法撤资为视角/王军有//法制与社会,2010(4)。

18. 韩国反垄断法上的损害赔偿制度简介/李敏敬//青年科学,2010(4)。

19. 日韩产业政策立法的演进及启示/宾雪花//东南亚纵横,2009(12)。

20. 韩国反垄断法上的宽恕制度研究/全淑英//商场现代化,2009(8)。

21. 中韩创意产业立法比较/陈艺婷//合作经济与科技,2008(20)。

22. 韩国《公平交易法》上卡特尔的构成要件/金伯焕//时代经贸,2008 (6)。

23. 韩国观光基本法的制订与改革及其对中国的启示/高春姬//当代韩国,2008(4)。

24. 中韩旅游合作发展现状及前景分析/朴英姬、宣善文//当代韩国,2008(4)。

25. 韩国保障措施法律制度的特征及其启示/刘钻扩//山东师范大学学报:人文社会科学版,2008(3)。

26. 韩国实行独特的简易征税法//涉外税务,2008(3)。

27. 中韩两国的反倾销制度比较研究/马光//中国法研究(韩),2008(1)。

28. 韩国消费者保护法律制度简介/赵冬、徐瑜//理论界,2007(8)。

29. 韩国《消费者保护法》的标本意义/赵冬、徐瑜//消费导刊,2007(8)。

30. 中韩两国的对外贸易壁垒法律制度比较研究/马光//中国法研究(韩),2007(1)。

31. 韩国海外投资法制评析及启示/谈萧//国际贸易问题,2006(9)。

32. 韩国反倾销法中行政复审制度研究/马光//高丽法学(韩),2006(2)。

33. 金融危机后韩国金融监管法律制度改革之借鉴/薛锋刚//中国海洋大学学报:社会科学版,2006(2)。

34. 韩国农业协同组合法/申龙均//中国合作经济,2005(7)。

35. 中韩税收协定有关税收饶让抵免及股息所得间接抵免问题的分析/蔡磊//涉外税务,2005(4)。

36. 韩国反不正当竞争法对知名标识的保护/曹阳//中华商标,2005(1)。

37. 韩国反垄断法及对中国的启示/金炯默//江苏商论,2004(10)。

38. 论反垄断法与规模经济——以韩国经验为背景的展开/王薇//武汉科技学院学报,2004(7)。

39. 韩国反倾销法的不足与完善 /李哲焕//浙江工商大学学报,2004(5)。

40. 国外反垄断执法机关的设置及其职能/吴振国//中国工商管理研究,2003

(6)。

41. 韩国防止不正当竞争及保护营业秘密法/郑德培//经济法论丛,2003(2)。

42.《韩国防止不正当竞争及保护营业秘密法》的制定及修改情况简介/郑德培//经济法论丛,2003(2)。

43. 韩国规制垄断与公平交易法施行令/赵嵩、余音//经济法论丛,2003(1)。

44. 韩国的反垄断法经验/崔吉子//竞争法与经济发展(社会科学文献出版社),2003。

45. 韩国化妆品法规/缪丽华//中国化妆品,2002(11)。

46. 韩国农业机械化促进法/韩研、金瑛// 世界农业,2002(10)。

47. 简析韩国农业机械化促进法/金瑛//延边党校学报,2002(6)。

48. 韩国 1998 年《外国人投资促进法》/梁孝玲//环球法律评论,2002(2)。

49. 简论韩国新农业合作社法/崔振东、申龙均//吉林省经济管理干部学院学报,2001(4)。

50. 韩国规制垄断与公平交易法/赵嵩、余音//经济法论丛,2001(2)。

51. 韩国产业发展法/赵嵩、余音//经济法论丛,2001(2)。

52. 日、韩对国有企业的法律保护/何才明、江慧//学习与实践,2000(4)。

53. 韩国社会间接资本设施民间投资法的制定与修改/郑秀哲、荣朝和//铁道经济研究,2000(3)。

54. 中韩反倾销法若干问题比较研究/戴仲川//东南学术,1999(6)。

55. 韩国实施新科技革新特别法/袁世升//全球科技经济瞭望,1999(6)。

56. 试析韩国新《公平交易法》的主要特点/宋锡祥//外国经济与管理,1999(6)。

57. 试论中韩两国反倾销法的异同/李廷//中国纺织大学学报,1999(2)。

58. 韩国制定《科学技术革新特别法》/韩科//科技与法律,1999(1)。

59. 韩国消费者保护法简介/王晓冬//经济与法,1998(5)。

60. 论韩国反倾销法实质性损害之认定/沈培新//国际商务,1998(3)。

61. 论韩国反倾销法/栾信杰//外国经济与管理,1997(6)。

62. 韩国竞争法的立法背景/王玉柱//经济经纬,1997(5)。

63. 我国与韩国经济法立法技术的比较和借鉴/李建华//东北亚论坛,1997(2)。

64. 中韩外贸许可制和外贸代理制比较/邓德雄//外国经济与管理,1997

(2)。

65. 韩国的竞争法律制度/杨洁//中国工商管理研究,1997(2)。

66. 韩国国税基本法的内容和借鉴/徐志、陈申生//当代韩国,1997(1)。

67. 韩国修改引进外资法//中国乡镇企业信息,1996(11)。

68. 韩国将实施产品责任法//世界标准化与质量管理,1996(8)。

69. 一个值得研究和借鉴的粮食法规体系——韩国《粮食管理法》简介/阎明//粮食科技与经济,1996(4)。

70. 日本、韩国的反不正当竞争/李善昌、贺林峰、户锦华//北京工商,1995(5)。

71. 韩国反倾销法/杨坚/国际经济合作,1994(3)。

72. 中韩竞争法律制度比较/金多才//政法学报,1994(1)。

73. 朝鲜自由贸易区法评介/徐文吉、路遥//东北亚论坛,1993(4)。

74. 朝鲜立法扩大对外经济合作/张锦芳//瞭望周刊,1992(45)。

75. 朝鲜投资法内容简介/邓标伦//法学杂志,1989(2)。

76. 南朝鲜作出保护消费者利益的具体规定/耿//国际问题资料,1986(8)。

环境法

著作

中韩环境行政诉讼理论与判例/卢青锡//中国政法大学出版社,2012。

学位论文

1. 中韩环境侵权责任的比较研究/赵明官//延边大学硕士学位论文,2012。

2. 中韩海洋渔业资源法比较研究/姜玥//中国海洋大学硕士学位论文,2012。

3. 中韩固体废物管理法律制度比较研究/梁明植//中国社会科学院硕士学位论文,2003。

期刊论文

1. 2013年韩国环境法综述及“四大江治理工程”/卢青锡//2014韩国发展报告,2014。

2. 韩国建设废弃物处理设施法律制度及对中国的借鉴意义/卢青锡//韩国法论坛2014(中国政法大学出版社),2014。

3. 韩国《绿色增长基本法》立法过程研究/王冬、权赫凡、王荻//价值工程,2013(13)。

4. 韩国低碳绿色增长基本法/郑彤彤//南京工业大学学报:社会科学版,2013(3)。

5. 韩国的海洋环境影响评价制度及启示/林宗浩//河北法学,2011(2)。

6. 中日韩循环经济立法比较/段海燕、王宪恩、李鱼//环境保护,2011(1)。

7. 中韩地下水资源保护制度比较/刘佳//环境与可持续发展,2011(1)。

8. 论韩国环境行政诉讼中第三者的原告资格/卢青锡//中国海洋大学学报:社科版,2010(12)。

9. 韩国环境保护法律机制研究/范纯//亚非纵横,2010(5)。

10. 韩国的环境影响评价制度/林宗浩//河北法学,2009(9)。

11. 韩国《环境政策基本法》研究/罗丽、徐今姬//环境科学与技术,2009(7)。

12. 韩国的环境纠纷调停制度/林宗浩//政法论丛,2009(5)。

13. 中韩化学品环境管理立法比较/王晓冬//理论界,2009(2)。

14. 日本、韩国的土壤污染防治法及其对我国的借鉴/邱秋//生态与农村环境学报,2008(1)。

15. 中韩环境纠纷解决机制比较研究/李建勋、颜正魁//黑龙江省政法管理干部学院学报,2007(3)。

16. 韩国的环境纠纷行政解决制度及其借鉴/黄锡生、邓禾//环境保护,2004(3)。

17. 韩国水环境保护法律制度/易鸿祥//环境导报,2001(3)。

18. 韩国《能源利用合理化法》介绍/杨立新//中国能源,1997(5)。

19. 韩国的"新垃圾法"/朱丽静//科技信息,1996(4)。

国际法

著作

1. 韩国海洋法律法规文件汇编/孙运道、常志强、邢建芬//海洋出版社,2012。

2. 韩国海洋警察制度研究/阎铁毅//法律出版社,2011。

3. 韩国海洋执法体制、制度及管理力量/韩京云//海洋出版社,2008。

4. 香港(地区)、澳门(地区)、日本、韩国航路航法/王海东、邹增禄//大连海事大学出版社,1994。

学位论文

1. 中日韩自由贸易区法律问题研究/戚永鑫//中国海洋大学硕士学位论文,2013。

2. 中韩对外贸易管理法比较研究/金镇赫//吉林大学硕士学位论文,2012。

3. 韩国补贴与反补贴法律制度研究/程惠炳//中国社会科学院硕士学位论文,2012。

4. 中韩投资争端解决机制研究/申有美//黑龙江大学硕士学位论文,2012。

5. 中韩海洋渔业资源法律和政策比较研究/金祯弘//中国海洋大学硕士学位论文,2011。

6. 论韩国海洋警察厅的主要职能/金泉宇//湘潭大学硕士学位论文,2011。

7. 中韩自由贸易协定构建研究/刘冰//辽宁大学硕士学位论文,2011。

8. 中朝在图们江区域合作的预期研究/朴泓妍//东北师范大学硕士学位论文,2011。

9. 中韩海岸带管理制度比较研究/李外庚//中国海洋大学硕士学位论文,2010。

10. 中韩两国海上灾难处理合作研究/吴龙植//中国海洋大学硕士学位论文, 2010。

11. 从韩美FTA看中韩FTA对汽车产业的影响及对策/李璟旻//中国政法大学硕士学位论文,2010。

12. 中韩引渡制度比较研究——相关条约与国内立法/南在都//外交学院硕士学位论文,2009。

13. 韩中自由贸易协议立法模式探究/李相模//中国政法大学硕士学位论文,2009。

14. 韩国在WTO争端解决中的实证分析与研究/韩善伊//上海交通大学硕士学位论文,2008。

15. 中日韩三国在黄海、东海区域海洋环境预警合作制度的建立/李佳丽//厦门大学硕士学位论文,2008。

16. 日、韩参与区域贸易协定的法律研究/倪芳//吉林大学硕士学位论文,2008。

17.《联合国海洋法公约》体制下中国与日本韩国海洋实践比较研究/熊须远//中国海洋大学硕士学位论文,2008。

18. 韩国船员法研究/裴勇真//大连海事大学硕士学位论文,2008。

19. 中韩扣押船舶制度比较研究/崔胜雄//大连海事大学硕士学位论文,2006。

20. 韩国电子署名法与电子认证的法律问题研究/朴真佑//中国政法大学硕

士学位论文,2001。

21. 韩国国际民事诉讼制度研究/王肃//武汉大学硕士学位论文,1999。

期刊论文

1.“海娜”号韩国被扣谈扣船法及其运用/徐新铭、徐捷//世界海运,2014(3)。

2. 中韩苏岩礁问题的国际海洋法分析/车玉琪//学理论,2012(14)。

3. 国际法视野下的“捕捞冲突”/欧阳晨雨//民主与法制,2012(9)。

4. 韩国在争议海区“抢先下手”有失公平原则——从国际法角度评析韩国“作为”/曹玮//太平洋学报,2012(3)。

5. 中韩国际商事仲裁中的可仲裁性问题比较研究/李永申、金汝善//北京仲裁,2012(3)。

6. 浅谈韩国与朝鲜之间的国际私法问题/成又庆//佳木斯教育学院学报,2012(1)。

7. 韩国空间立法的发展及其启示/张宇//黑龙江社会科学,2011(2)。

8. 中韩 FTA 中的贸易救济议题/马光//韩国研究论丛,2011(1)。

9.《中韩渔业协定》实践情况评析/金祯弘//法制与社会,2010(35)。

10. 韩美与中国对《联合国海洋法公约》的认知分歧及其给中国带来的危害/马维英//法制与社会,2010(30)。

11. 朝核问题中美国因素的现代国际法律评析/高英彤//东北师大学报:哲学社会科学版,2010(1)。

12. 韩国海上执法机制探析/朱建庚//太平洋学报,2009(10)。

13. 国际法视角下的中韩苏岩礁之争/杨红伟//金卡工程,2009(6)。

14. 适用 GATT 第 20 条(d)款第一案——韩国牛肉案/全小莲、郑维炜//学理论,2009(4)。

15. 中韩海洋权益之争/杨昭全、马维英//东北亚研究,2009(1)。

16. 论《联合国海洋法公约》在我国的适用/曲波//行政与法,2009(1)。

17. 韩国与朝鲜国际私法立法对我国的借鉴与启示/刘仁山//暨南学报:哲学社会科学版,2008(4)。

18. 朝鲜半岛和平机制的构建:国际政治和国际法的视角/韩献栋//当代亚太,2008(3)。

19. 中韩国际商事仲裁若干法律问题比较(下)/秦瑞亭//北京仲裁,2008(3)。

20. 中韩国际商事仲裁若干法律问题比较(上)/秦瑞亭//北京仲裁,2008(2)。

21. 中韩自由贸易区构建思路/杨树明、陈功//辽宁大学学报:哲学社会科学版,2007(4)。

22. 国际投资自由化进程中的排斥与吸引博弈关系法辨——以韩国为例/徐泉//河北法学,2007(3)。

23. 实在国际法的危机与强行法的作用——从朝鲜进行核试验说起/罗国强//法学杂志,2007(2)。

24. 从国际法视角解析韩日"独/竹岛"归属问题/任蓉//韩国研究论丛,2007(1)。

25. 朝鲜核试验问题的国际法考量/曾令良//世界经济与政治,2007(1)。

26. 韩国海上保险人代位求偿权行使条件/马炎秋//中国海商法年刊,2006(17)。

27. 中韩日 FTA 的发展趋势与我国的对策/董跃//全国商情:经济理论研究,2006(8)。

28. 中韩双边自由贸易协定构想/王传丽、董刚//国际经济法学刊,2006(4)。

29. 论 GATT1994 第3条国民待遇原则中"同类产品"的认定——以日本酒税案、智利酒税案、韩国酒税案、欧共体石棉案为视角/张淑钿//时代法学,2006(2)。

30. 朝鲜核问题中的美国与国际法/钮维敢//淮南师范学院学报,2006(2)。

31.《海商法》第277条的理解与适用——兼评韩 SEKWANG 船务公司申请设立海事赔偿责任限制基金案/邬先江//法律适用,2004(11)。

32. 外贸代理合同纠纷中的当事人、管辖权、准据法、仲裁庭、债务人等问题剖析——韩国C公司诉中国X市A、B两公司案件述评/陈安//国际经济法学刊,2004(2)。

33. 中韩海商法对承运人货物留置权规定的比较研究/马炎秋//中国海洋大学学报:社会科学版,2003(3)。

34. 山东省临朐县进出口公司诉韩国先进海运航空株式会社提单签发及货物交付纠纷案/杨俊杰//航海,2002(4)。

35. 冷静应对《中韩渔业协定》/徐博龙//海洋开发与管理,2002(2)。

36. 朝鲜半岛南部水域航法浅谈/郝安临//世界海运,1998(2)。

37. 韩国制订国际税收事务协调法//涉外税务,1997(1)。

38. 简析韩国的海外投资法律制度/王志荣、张韬//投资研究,1996(10)。

39. 韩国海商法的修改/王秀娟//世界海运,1993(4)。

40. 韩国对外贸易法浅析/黄来纪//国际商务研究,1993(1)。

军事法

期刊论文

1.《不扩散核武器条约》的评判与展望——从朝鲜、伊朗核危机说起/徐学银//行政与法,2007(12)。

2. 论《不扩散核武器条约》的缺陷与朝鲜“核危机”/魏友宏//河南司法警官职业学院学报,2003(3)。

韩国法学专门大学院介绍

韩国法学专门大学院(law school)

韩国法学专门大学院是为了使大学(本科)毕业生进一步接受法学教育而设立的研究生院。例如,在美国大学(本科)阶段是没有法律系(法学课)的,只有进入 law school 才能学习法学。如果要成为一名法官、检察官或律师,必须在大学(本科)毕业后,进入 law school 获得学位,并通过 BarExam(美国律师考试)。在韩国,法学专门大学院(law school)同样也是大学(本科)毕业生继续学习法学知识的研究生院。韩国法学专门大学院将综合考察学生的本科阶段的成绩和法学专门大学院的入学考试(LEET)成绩而选拔学生。

大学院 1 ~ 2 年级时,学生将学习宪法、民法、刑法、诉讼法等专业必修课;2 ~ 3 年级时,可以选择自己的学习方向。从法学专门大学院结业后,学生可以考律师资格考试(BAR 测试),而且法学专门大学毕业的学生一般会顺利通过律师资格考试。韩国经过 12 年的讨论,于 2007 年 7 月通过了《关于法学专门大学院的建立、运行的法律案》(法学专门大学院法),并于 2009 年 3 月开始实施。目前,韩国的 25 所大学拥有建立、运行法学专门大学院的资格,而且各个法学专门大学院的研究领域和学生名额都有差异。设立法学专门大学院的大学,必须逐步取消法学本科。以 2013 年的学费为准,韩国法学专门大学院的学费为每年 1000 万元(韩元)至 2400 万元(韩元)不等。

1. 首尔大学法学专门大学院

首尔大学前身之一是1895年建立的朝鲜最早的近代法学教育机构“法官培养所”，具有悠久的法学教育历史。首尔大学的法学教育走在时代前沿，引领韩国法学的发展，并且培养了众多优秀的法律家。首尔大学培养的众多毕业生目前活跃于韩国各个领域，如在韩国国会、行政部、司法部，等等。同时，首尔大学培养的这些学员们对法律研究也起到了主导作用。2009年，首尔大学获得政府的许可，正式建立了法学专门大学院，其专业领域是国际法、公共利益·人权法、企业金融法；学生名额150名。网页：http://law. snu. ac. kr。

2. 高丽大学法学专门大学院

高丽大学法科大学的前身是1905年建设的普成专门学校的法学系，此后隶属于“民族高大”。高丽大学培养的学生具有社会责任感和挑战精神，是社会公认的法科大学。高丽大学于2005年迎来了建校100周年，具有法学教育百年历史。高丽大学法科大学根据法律制度的改革以及市场需求的变化，结合专业知识培养了国际性的法律家。2009年，高丽大学获得政府的许可，正式建立了法学专门大学院，专业领域为国际法，学生名额是120名。网页：http://www. korealawschool. com。

3. 延世大学法学专门大学院

延世大学法学专门大学院是在延世大学建校120多年的历史中最值得骄傲的学院。结合着传统和创新的法学教育理念，2009年，延世大学获得政府的许可正式建立法学专门大学院，已经成长为法学专门教育机构。延世大学通过法学专门大学院的运营，逐步实现了“真理和自由”的办学理念。专业领域：公共governance、global business、医疗·科技法；学生名额是120名。网页：http://lawschool. yonsei. ac. kr。

4. 成均馆大学法学专门大学院

成均馆大学法学专门大学院的前身是朝鲜太祖时期1398年建立的韩国最初学部机关。成均馆大学法学专门大学院继承了1948年建校以来的法科大学的历史和传统，并于2009年3月2日获得政府许可，建立了法学专门大学院。成均馆大学法学专门大学院的专业领域是企业法，学生名额是120名。网页：http://sls. skku. edu。

5. 汉阳大学法学专门大学院

汉阳大学法学专门大学院具有优秀的法学教育能力。汉阳大学法科大学建立于1959年，培养了1100多名（包括大法院法官）法务人员，具有法律名门大学的称号。2009年,获得政府的许可,建立了法学专门大学院。大学院的毕业生中有19名是在职的法官和检察官。汉阳大学法学专门大学院的专业领域:国际诉讼、知识·文化产业、公共利益·少数人权利,学生名额是100名。网页:http://lawschool. hanyang. ac. kr。

6. 梨花女子大学法学专门大学院

具有128年悠久历史的梨花大学,1950年设立了政法大学法学系,并于1996年将其更名为法科大学。梨花女子大学秉着以人的尊严和价值为本的办学理念,培养出了一批又一批工作能力强、具有责任心的法律专家。梨花女子大学法科大学拥有自己独特的办学经验,通过司法考试人数达到600多名,培养了众多社会不同领域的优秀人才。2009年,获得政府的许可,建立了法学专门大学院。梨花女子大学法学专门大学院的专业领域是生命医疗、gender,学生名额为100名。网页:http://law. ewha. ac. kr/。

7. 庆熙大学法学专门大学院

2009年,庆熙大学获得政府的许可,建立了法学专门大学院,继承了拥有着60多年的名门私学庆熙大学法科大学的历史和传统。庆熙大学法学专门大学院教育目标是"引领全球性时代,积极服务国家,培养社会的优秀人才"。庆熙大学法学专门大学院的专业领域是全球性企业法,学生名额为60名。网页:http://www. khls. ac. kr/。

8. 釜山大学法学专门大学院

釜山大学法学专门大学位于韩国第二大城市釜山市,基于"教育、真理、奉献"的教学理念,釜山大学法科大学培养了众多法务人员。2009年,釜山大学获得政府的许可,建立了法学专门大学院。为了培养坚强优秀的法务人员,釜山大学法学专门大学院不断改善进取。釜山大学法学专门大学院的专业领域是金融·海运通商,学生名额是120名。网页:http://law. pusan. ac. kr/。

9. 中央大学法学专门大学院

中央大学法学专门大学院传承了1949年成立的中央大学法科大学的历史和传统,以"满足社会阶层的要求,提供高质量的法律服务"为教育目标。2009年,中央大学获得政府的许可,建立了法学专门大学院,其专业领域为文化法,学生名额是50名。网页:http://law. cau. ac. kr/20120409/main/main. php。

10. 西江大学法学专门大学院

西江大学法学专门大学院以培养优秀的法务人员、服务社会为梦想,是为社会提供服务的教育机关。学校通过长时间的研究和努力,形成了严格的学士管理体系和完整的英语能力认证系统。与学生名额相比,学院一直保持着较高的司法考试通过率。2009 年,西江大学获得政府的许可,建立了法学专门大学院,其专业领域为企业(金融)法,学生名额是 40 名。网页:http://lawschool.sogang.ac.kr/。

11. 韩国外国语大学法学专门大学院

韩国外国语大学正如其办学宗旨,作为韩国最高外国语学府,它培育了许多社会有用人才。在韩国逐步向发达国家迈进的背景下,学校为了培养适应全球性环境的同时、具备国际性的并且具有实力和正义感的法务人员,在外国语和区域性研究的基础上,2009 年,获得政府的许可建立了法学专门大学院。韩国外国语大学院法学专门大学院的专业领域是国际法,学生名额是 50 名。网页:http://law.hufs.ac.kr/。

12. 庆北大学法学专门大学院

庆北大学法学专门大学院是一所区域性的国立法学专门大学院。它在 60 多年的本科教育中培养了许多法务人员,直到 2009 年 3 月获得政府的许可,建立了法学专门大学院。庆北大学法学专门大学院以"发展法学教育研究、致力于社会和国家、培养具有国际竞争力和道德的法务人员"为办学目标。庆北大学法学专门大学院的专业领域是 IT 法,学生名额是 120 名。网页:http://lawschool.knu.ac.kr/。

13. 首尔市立大学法学专门大学院

首尔市立大学法学专门大学院在 2008 年的定量评价中取得了全国第三的成绩,并且获得设立法学专门大学院的许可,它是公立法学专门大学院。首尔市立大学法学专门大学院的专业领域是租税法,学生名额是 50 名。网页:http://lawschool.uos.ac.kr/。

14. 全南大学法学专门大学院

全南大学法学专门大学院以培养"关怀社会、为公共利益服务、具备专业精神、带有国际性"的法务人员为办学目标。学院至 2008 年,每年保持着两位数的司法考试通过率。2009 年,全南大学获得政府的许可,建立了法学专门大学院,其专业领域是公共利益·人权法,学生名额是 120 名。网页:http://lawschool.chonnam.ac.kr/。

15. 全北大学法学专门大学院

全北大学于 1950 年设立了全北大学法科大学,并于 2009 年 3 月 1 日获得政府的许可,建立了法学专门大学院。学院的办学目标为"培养具备专业性,服务于社会的国际化法务人员”。全北大学法学专门大学院的专业领域是东北亚法,学生名额是80名。网页:http://lawschool. chonbuk. ac. kr/。

16. 忠南大学法学专门大学院

1952年忠南大学建校,并设立了法科大学,培养了众多人才以满足国内不同领域和社会的发展。随着法律制度的改革,2009年,忠南大学获得政府的许可,以法科大学为基础建立了法学专门大学院。忠南大学法学专门大学院的专业领域是知识产权法,学生名额是100名。网页:http://law. cnu. ac. kr/。

17. 忠北大学法学专门大学院

忠北大学法学专门大学院是以培养法务人员为目标的法学专门大学院,学院位于忠清北道清州市。2009年,忠北大学获得政府的许可,建立了法学专门大学院,其专业领域是科学技术法,学生名额是70名。网页:http://lawschool. chungbuk. ac. kr/。

18. 建国大学法学专门大学院

建国大学法学专门大学院是以培养法务人员为目标的法学专门大学院。建国大学法学专门大学院着眼于国际投资对象,培养有关法律法规及房地产法制方面的精英型人才。2009年,建国大学获得政府的许可,建立了法学专门大学院,其专业领域是房地产法,学生名额是40名。网页:http://lawschool. konkuk. ac. kr/。

19. 东亚大学法学专门大学院

1947年东亚大学设立了法律系,距今有60多年的历史和传统,已成长为韩国法学教育的支柱。2009年,东亚大学获得政府的许可,以法科大学为基础建立了法学专门大学院。东亚大学法学专门大学院的专业领域是国际交易法,学生名额是80名。网页:http://dals. donga. ac. kr/。

20. 岭南大学法学专门大学院

1947年10月建立的大邱大学法学系和1950年4月建立的青丘大学,于1967年12月合并,形成了当今的岭南大学法科大学。2009年,岭南大学获得政府的许可,建立了法学专门大学院,并且继承了60多年岭南大学法科大学的传统。岭南大学法学专门大学院的专业领域是公共利益·人权法,学生名额是70名。网页:http://lawschool. yu. ac. kr/。

21. 亚洲大学法学专门大学院

亚洲大学法学专门大学院一直以“培养具有正义感和服务意识的法律家、培养具有创建和革新意识的法律家、培养发挥国际性才能的法律家”为办学目标。

为了发展为国际性学院，与中国、日本、美国等国外法学专门大学院(law school)进行合作交流。2009年，亚洲大学获得政府的许可，建立了法学专门大学院，其专业领域是中小企业法，学生名额是50名。网页：http://lawschool. ajou. ac. kr/。

22. 圆光大学法学专门大学院

圆光大学法学专门大学院是以培养法务人员为目标的法学专门大学院，位于全罗北道益山市。2009年，圆光大学获得政府的许可，建立了法学专门大学院。圆光大学法学专门大学院的专业领域是医学·生命科学，学生名额是60名。网页：http://lawschool. wonkwang. ac. kr/。

23. 仁荷大学法学专门大学院

仁荷大学是1954年建立的工科大学，培养出了众多优秀人才，在韩国的工业化和现代化发展中起到了主导作用。随着法律制度的改革，为适应时代的需求，2009年，获得政府的许可，仁荷大学建立了法学专门大学院。仁荷大学法学专门大学院的专业领域是物流法·知识产权法，学生名额是50名。网页：http://ils. inha. ac. kr/。

24. 江原大学法学专门大学院

江原大学法学专门大学院是以培养法务人员为目标的法学专门大学院，位于江原道春川市。2009年，获得政府的许可，江原大学建立了法学专门大学院，其专业领域是环境法，学生名额是40名。网页：http://law. kangwon. ac. kr/。

25. 济州大学法学专门大学院

济州大学是韩国地方性国立大学，专注于法学教育和法务人员的培养。2009年，获得政府的许可，济州大学以法科大学为基础建立了法学专门大学院。济州大学法学专门大学院的专业领域是国际法，学生名额是40名。网页：http://law-school. jejunu. ac. kr/。

崔龙哲编制

参照：各大学法学专门大学院网页

法学专门大学院协议会 http://info. leet. or. kr/

朝鲜韩国法律网站

朝鲜网站

朝鲜中央通讯 http://www.kcna.kp/

劳动新闻 http://www.rodong.rep.kp/

朝鲜的声音 http://www.vok.rep.kp/

我的国家 http://www.naenara.com.kp/

我的民族 http://www.uriminzokkiri.com/

朝鲜的今日 http://www.dprktoday.com/

韩国网站

国会 http://www.assembly.go.kr/

大法院 http://www.scourt.go.kr/supreme/

宪法裁判所 http://www.ccourt.go.kr/

法务部 http://www.moj.go.kr/

大检察院 http://www.spo.go.kr/

法制处 http://www.moleg.go.kr/

司法部(大法院) http://www.scourt.go.kr/info/scrt_intro/judicial/

大法院综合法律信息 http://glaw.scourt.go.kr/

大韩商事仲裁院 http://www.kcab.or.kr/intro.jsp

大韩律师协会 http://www.koreanbar.or.kr/

大韩法务师协会 http://www.kjaa.or.kr/home/

大韩法律援助公社 http://www.klac.or.kr/main.jsp

LAWnB http://www.lawnb.com/

国家法律信息中心 http://www.law.go.kr/main.html

法律新闻 http://www. lawtimes. co. kr/
法律杂志 http://www. lec. co. kr/

国会图书馆 http://www. nanet. go. kr/
KSI KISS(韩国学术信息网)http://kiss. kstudy. com/
DBPIA(韩国学术信息服务网)http://www. dbpia. co. kr/
RISS(韩国教育学术信息网)http://www. riss. kr/index. do
全国大学学位论文 http://dcollection. korea. ac. kr/
首尔大学校法学研究所 http://lawi. snu. ac. kr/
高丽大学校法学研究院 http://www. korealawschool. com/kulri/
延世大学校法学研究院 http://ils. yonsei. ac. kr/

图书在版编目(CIP)数据

朝鲜韩国法研究. 第1卷 / 金河禄,蔡永浩主编. —北京:法律出版社,2015.7
ISBN 978 -7 -5118 -8141 -0

Ⅰ.①朝… Ⅱ.①金…②蔡… Ⅲ.①法律—朝鲜—文集②法律—韩国—文集 Ⅳ.①D931.2 -53 ②D931.26 -53

中国版本图书馆 CIP 数据核字(2015)第133377号

责任编辑/陈 妮 吴 镝 **装帧设计**/汪奇峰

出版/法律出版社 **编辑统筹**/财经出版分社
总发行/中国法律图书有限公司 **经销**/新华书店
责任校对/杨锦华 **责任印制**/吕亚莉
印刷/北京京华虎彩印刷有限公司

开本/720毫米×960毫米 1/16 **印张**/18.5 **字数**/320千
版本/2015年7月第1版 **印次**/2015年7月第1次印刷

法律出版社/北京市丰台区莲花池西里7号(100073)
电子邮件/info@ lawpress. com. cn **销售热线**/010 -63939792/9779
网址/www. lawpress. com. cn **咨询电话**/010 -63939796

中国法律图书有限公司/北京市丰台区莲花池西里7号(100073)
全国各地中法图分、子公司电话:
第一法律书店/010 -63939781/9782 **西安分公司**/029 -85388843 **重庆公司**/023 -65382816/2908
上海公司/021 -62071010/1636 **北京分公司**/010 -62534456 **深圳公司**/0755 -83072995

书号:ISBN 978 -7 -5118 -8141 -0 **定价:**49.00元